Endrik Schiemann und Martina Bölck

hören – sprechen – richtig schreiben

Ein kombiniertes Übungsprogramm zu Phonetik und Rechtschreibung
für den Unterricht Deutsch als Fremdsprache

Schmetterling Verlag

Bibliografische Informationen *Der Deutschen Bibliothek*
Die Deutsche Bibliothek verzeichnet diese Publikation in der Deutschen Nationalbibliografie;
detaillierte Daten sind im Internet über
http://dnb.ddb.de
abrufbar

Schmetterling Verlag GmbH
Lindenspürstr. 38b
70176 Stuttgart
www.schmetterling-verlag.de
Der Schmetterling Verlag ist Mitglied von aLiVe.

ISBN 3-89657-805-7
2., durchgesehene Auflage 2008
Printed in Germany
Alle Rechte vorbehalten
Satz und Reproduktionen: Schmetterling Verlag
Umschlagsentwurf und -gestaltung: Doris Bölck
Zeichnungen: Elske Schiemann
Druck: Druckerei Hertle GmbH, Kirchheim/Teck

Inhalt

Vorwort

Sie lernen Deutsch und möchten Ihre Aussprache verbessern? Sie suchen Übungen um Rechtschreibung zu trainieren? Sie sind LehrerIn und möchten in Ihren Deutschkursen mehr Phonetik und Rechtschreibung üben? Für Sie alle ist dieses Buch geeignet.

Wenn Sie Deutsch lernen, dann können Sie mit diesem Buch auch zu Hause arbeiten. Die meisten Übungen können Sie allein machen. Nur für die Partnerübungen brauchen Sie eine andere Person. Das kann jemand aus Ihrem Kurs sein oder ein deutscher Partner. Es gibt drei CDs zu diesem Übungsprogramm. Auf den CDs finden Sie alle Hör- und Sprechübungen und viele Diktate. Auf der CD **V** finden Sie die Hör- und Sprechübungen zu Vokalen, auf der CD **K** zu den Konsonanten und auf der CD **D** Diktate zu beiden Übungsteilen.
Als LehrerIn finden Sie zusätzliche Hinweise für den Unterricht auf den Seiten 7-10 und Übungsformen/Spiele mit Spielvorlagen auf den Seiten 158-166 und 183-186.

Das Buch ist für die Grundstufe, aber auch für fortgeschrittene DeutschlernerInnen geeignet. Schwierigere Übungen erkennen Sie an diesem Zeichen: 👍

Sie müssen das Buch nicht von vorne bis hinten durcharbeiten. Sie können sich die Kapitel aussuchen, die für Sie oder Ihren Kurs wichtig sind. Auch innerhalb der Kapitel können Sie die Reihenfolge nach Ihren Bedürfnissen verändern.

Die Kapitel im Übungsteil behandeln Themen, die erfahrungsgemäß bei Aussprache und Rechtschreibung die meisten Probleme machen. Die Kapitel haben denselben Aufbau:

Im Abschnitt *Hören* lernen Sie, ähnliche Laute voneinander zu unterscheiden.

Im Abschnitt *Sprechen* üben Sie die Aussprache der Laute.

Wenn man ein Wort liest, dann kann man meistens wissen, wie man das Wort aussprechen muss – wenn man die Regeln kennt. Im Abschnitt *Lesen und sprechen* lernen Sie die wichtigsten Ausspracheregeln kennen.

Wenn man ein Wort hört, kann man es (meistens) richtig schreiben – wenn man die Rechtschreibregeln kennt. Diese lernen Sie im Abschnitt *Richtig schreiben* kennen. Dort gibt es auch viele Übungen zur Rechtschreibung und zum Wortschatz.

Probleme mit der Aussprache? Im *Aussprachetraining* finden Sie viele Tipps und Übungen für die einzelnen Laute. Zu den meisten Tipps gibt es Zeichnungen, die Ihnen helfen.
Als LehrerIn können Sie die Tipps auch nutzen, um einzelne TeilnehmerInnen mit bestimmten phonetischen Schwierigkeiten gezielt zu beraten.

In der Zusammenfassung der *Regeln* finden Sie die wichtigsten Aussprache- und Rechtschreibregeln zum Wiederholen und Nachschlagen.

Wir haben mit diesem Übungsprogramm ein Buch gemacht, das uns selbst bisher im Unterricht gefehlt hat. Wir würden uns freuen, wenn auch Sie gerne damit arbeiten. Wenn Sie Anregungen und Tipps haben, bitten wir Sie, sich an den Verlag zu wenden, damit wir diese bei weiteren Auflagen berücksichtigen können.

Viel Spaß und viel Erfolg!

Martina Bölck und Endrik Schiemann

Wir danken allen, die uns geholfen haben:

Guido Jäger für Ruhe, Timing und Sound; unseren SprecherInnen Sylvia Haase-Bock, Silke Häußler und Jörg Wagner; Inger Mustelin für die Entfernung von Schmatzern; Reinhard Fritz-Komossa, der das Mastern meisterte; Elske Schiemann und ihrem Illustrator; Birte Köhn für ihre grafischen Anregungen; Doris Bölck für die Konkretisierung unserer Vorstellungen für den Umschlag; Jupp Hartmann, weil er immer noch einen Fehler fand; Svea Bölck und Hussein Dozen, weil sie bereit waren, die Aussprachtipps am eigenen Leib zu erproben; unseren KollegInnen, die das Material ausprobiert haben und unseren KursteilnehmerInnen, weil wir ohne sie nie auf die Idee zu diesem Buch gekommen wären; den TeilnehmerInnen an unseren Fortbildungen für ihre Anregungen; Sylvia Pritsch für ihre Korrekturen; Anke Schiemann für ihre Hilfe; Juan Ancósmez für einen entscheidenden Tipp; Jörg Hunger und Paul Sandner, weil sie bereit waren, die wundersame Vermehrung der CDs zu akzeptieren; Kathrin Schmidt für ihren sorgfältigen Blick auf das gesetzte Manuskript.

Hinweise für den Unterricht

Wozu ein Übungsprogramm Phonetik und Rechtschreibung?

Unsere ausländischen KursteilnehmerInnen wollen Rechtschreibung üben, aber welches Material ist geeignet? Das Rechtschreibmaterial für deutsche SchülerInnen ist für sie – vom Wortschatz und der Formulierung der Erklärungen einmal ganz abgesehen – nicht geeignet, denn der Klang der Wörter wird als bekannt vorausgesetzt. „Nach einem kurzen *u* kommt ein Doppelkonsonant." Solche Rechtschreibregeln helfen nicht, wenn die LernerInnen den Unterschied zwischen einem langen und einem kurzen *u* gar nicht hören können. Wir gehen davon aus, dass man nur das richtig schreiben und sprechen kann, was man auch richtig hören kann. Das Üben von Rechtschreibung setzt das Üben von Phonetik voraus.

Phonetik und Rechtschreibung sind zwei Bereiche des DaF-Unterrichts, die normalerweise getrennt voneinander behandelt werden, obwohl sie eng zusammenhängen. Hör- und Sprechübungen werden in den neueren Lehrwerken inzwischen angeboten, allerdings wird der Schritt von der Phonetik zur Rechtschreibung nicht gemacht. Und zum systematischen Üben gibt es meist zu wenig Material. Zudem muss das Regelwissen – wie wir aus eigener Erfahrung wissen – von den KursleiterInnen recht mühsam aus mehreren Büchern zusammengesucht werden. Auch die speziellen Phonetik-Bücher bieten keine Übungen zur Rechtschreibung. Und fast alle sind für den Unterricht in der Grundstufe zu schwierig.

Mit dem Übungsprogramm *hören – sprechen – richtig schreiben* wird Rechtschreibung auf der Basis von Phonetik geübt. In das Programm haben wir vielfältige Übungsformen und Lernaktivitäten aufgenommen: Hörübungen, Aussprachetipps, Zungenbrecher, Alltagsdialoge, Regeln selbst finden, Silbenrätsel, Partnerdiktate, Laufdiktate, Lückentests etc. So können beide Bereiche gezielt und abwechslungsreich trainiert werden

Für wen ist das Übungsprogramm geeignet?

Ausspracheschwierigkeiten sind – im Gegensatz zu Grammatikproblemen – auf den verschiedenen Sprachniveaus häufig nicht so unterschiedlich. Deshalb können Sie das Buch in der Grund- und Mittelstufe einsetzen. Die Hör- und Sprechübungen sind problemlos für beide Zielgruppen geeignet. Auch die Erarbeitung von Regeln ist schon auf Grundstufenniveau möglich. Erklärungen und Übungen zu Ausnahmen und Besonderheiten sind anspruchsvoller, auch der Wortschatz einiger Diktate. Die Übungen werden im Verlauf eines Kapitels zunehmend schwieriger. Übungen für höhere Lernniveaus sind mit 👍 gekennzeichnet.

Bei einigen Lauten kann man davon ausgehen, dass sie immer geübt werden müssen, egal, welche Muttersprache die TeilnehmerInnen (TN) haben, z.B. lange und kurze Vokale und Umlaute. Sicher sind Ihnen auch einige Aussprache- und Rechtschreibprobleme aufgefallen, welche Ihre TN vor dem Hintergrund ihrer jeweiligen Ausgangssprachen haben. Die Kapitel sind so zusammengestellt, dass mehrere ähnliche Laute mit ihren spezifischen phonetischen Problemen bzw. Rechtschreibproblemen behandelt werden (z.B. Wörter mit o, ö und e oder Wörter mit t, s, z und tz). Sie müssen a so das Buch nicht von vorne bis hinten durcharbeiten, Sie können gezielt die Probleme bearbeiten, die für Ihre Lerngruppe interessant sind.

Im Prinzip können sie einfach mit einem Kapitel anfangen. Ihre TN sollten allerdings wissen, was Konsonanten, Vokale, Umlaute, Diphthonge und Silben sind.

Aufbau der Kapitel

Der logische Aufbau ist *Hören – Sprechen – Lesen und sprechen* (Ausspracheregeln) – *Richtig schreiben* (Rechtschreibregeln).

Die Ausspracheregeln sind einfacher als die Rechtschreibregeln, z.B. muss man für die richtige Aussprache wissen, dass man einen Vokal vor einem Dehnungs-*h* lang ausspricht, für die richtige Schreibweise muss man auch noch wissen, wann man ein Dehnungs-*h* schreiben muss.

Sie müssen die Kapitel nicht von vorne bis hinten durcharbeiten. Es kann sinnvoll sein, von den Hörübungen direkt zu den Schreibübungen überzugehen und die Ausspracheübungen erst später anzuschließen. Denn viele TN sind an Rechtschreibübungen interessiert, aber den Ausspracheübungen gegenüber zunächst zurückhaltend. Es ist möglich, sich auf die Hör- und Sprechübungen oder auf die Hör- und Rechtschreibübungen zu beschränken. Es kann auch sinnvoll sein, mit dem Schreiben zu beginnen. Auf diese Weise merken die TN, dass man die Lautunterschiede hören und trainieren muss, um richtig schreiben zu können.

Hören

Alle *Hörübungen und Diktate auf der CD* können Sie anhand des Lösungsteils auch selbst sprechen. Das erleichtert es Ihnen, sich an das Lerntempo der Gruppe anzupassen. Manchmal ist es aber ganz gut für die TN, eine Stimme zu hören, an die sie nicht so gewöhnt sind.

Die *internationale Lautschrift* wird für die Laute angegeben, ist aber keine Voraussetzung für die Übungen. Die Lautschriftzeichen verdeutlichen, dass es sich z.B. bei langen und kurzen Vokalen oder beim *ch* (wie in *ich* oder wie in *ach*) um verschiedene Laute handelt. Zudem ist für die Arbeit mit dem Wörterbuch das Kennenlernen der Lautschrift sinnvoll. Sie wird nicht extra eingeübt, Seite 156-157 finden Sie eine Übersicht.

Das *Wortmaterial* der Hör- und Ausspracheübungen enthält auch Wörter, die für den Grundwortschatz nicht wichtig sind und die Sie Ihren TN vielleicht nicht erklären wollen. Einerseits müssen die TN auch nicht jedes Wort kennen, es kann sogar hilfreich sein, sich unmittelbar auf den Klang und das Hören zu konzentrieren. Gerade mit unbekannten Wörtern lässt sich das genaue Hören besser trainieren. Andererseits verlangen die TN erfahrungsgemäß nach Worterklärungen und man kann die intensive Auseinandersetzung mit dem Klang und der Aussprache nutzen, das Vokabular zu erweitern. Zu den Hör- und Ausspracheübungen gibt es deshalb im Abschnitt „Richtig schreiben" auch Wortschatzübungen (Buchstabensalat, Silbenrätsel), die man als Stillarbeit oder Hausaufgabe gut an die Hörübungen anschließen kann. Entscheiden Sie selbst mit Ihrem Kurs, wie viel Zeit Sie auf den Wortschatz verwenden möchten.

Die *Hörübungen* basieren auf Minimalpaaren. Dies ermöglicht es den TN, sich ganz auf einen bestimmten Lautunterschied zu konzentrieren. Die Übungen bauen in kleinen Schritten aufeinander auf: Zunächst müssen die TN die Laute diskriminieren („Sie hören zwei Wörter. Sind die Wörter gleich oder verschieden?"), dann in isolierten Wörtern („Welches Wort hören Sie?" / „Hören Sie und markieren Sie ...") und später bei den Lückendiktaten im Kontext identifizieren.

Sprechen

Hier soll den TN der *Zusammenhang zwischen Laut und Mund- bzw. Zungenposition* deutlich werden. Im Abschnitt „Aussprachetraining" finden Sie Aussprachetipps, Zeichnungen und Übungen, die dazu dienen, dass die TN sich mit den Zeichnungen beschäftigen. Sie können sich als Kursleiter die Aussprachetipps selbst durchlesen und dann im Unterricht den TN demonstrieren, Sie können die Aussprachetipps aber auch im Kurs erarbeiten.

Die *Ausspracheregeln* orientieren sich an der Standardaussprache, wie sie etwa im Aussprache-Duden vertreten wird. Regional und individuell werden einzelne Laute anders realisiert, als es der Norm entspricht. Seien Sie nicht irritiert, wenn eine Regel nicht Ihrer eigenen Aussprache entspricht. Nehmen Sie es zum Anlass, mit ihren Schülern regionale Eigenheiten zu thematisieren.

Die eigene Aussprache ist ein sehr persönliches Merkmal jedes Menschen, da lässt man sich nicht gerne korrigieren. Ihren TN geht es sicher ähnlich. Nicht alle sind bereit, ihre Aussprache korrigieren zu lassen. Und dass andere TN zuhören, macht die Situation nicht angenehmer. Voraussetzung für Ausspracheübungen ist ein vertrauensvolles Verhältnis zwischen KursleiterInnen und TeilnehmerInnen innerhalb der Gruppe.

Ein Aussprachetipp kann zu einem schnellen Erfolg führen. Seien Sie aber nicht frustriert, wenn eine Aussprachekorrektur nicht sofort zu einer Verbesserung führt. Oft muss man sich auf langsame Sensibilisierungsprozesse einlassen, auf eine Verfeinerung der Wahrnehmung und der Bewegungen von Lippen und Zunge. Dazu braucht es Zeit, Motivation und eine entspannte und konzentrierte Haltung. Aber wenn man sich darauf einlässt, ist es gerade dieser Prozess der Verfeinerung, der beim Hör- und Aussprachetraining Spaß macht.

Dass die Ausspracheübung („Können Sie die Wörter gut aussprechen?") als Partnerübung konzipiert ist, hat den Vorteil, dass sie im Gegensatz zu CD-Aufnahmen beliebig oft wiederholbar ist. Bei dieser Übung müssen sich die TN darüber verständigen, inwiefern Ausspracheprobleme des einen oder Hörprobleme des anderen Partners zu Missverständnissen führen. Dabei kann es durchaus zu Streitereien zwischen TN kommen! Indem Sie dieses Problem vorher ansprechen, haben Sie es aber wahrscheinlich auch schon weitgehend aus dem Weg geräumt. Fordern Sie Ihre TN auf, sich bei Unklarheiten an Sie zu wenden. Denkbar ist andererseits, dass die Partner sich relativ schnell einigen und dabei Ungenauigkeiten großzügig übergehen. Denn oft werden die Wörter nicht völlig falsch, aber ungenau gesprochen: z.B. kann ein langes e von Partner B richtig erkannt werden, wenn Partner A es deutlich lang gesprochen hat, auch wenn er es zu tief Richtung ä oder zu hoch Richtung *i* gesprochen hat. Achten Sie auf diese Fehler.

Lesen und sprechen

Bisher haben die TN nachgesprochen, was sie gehört haben. In diesem Abschnitt wird deutlich, dass es bestimmte Regeln gibt, mit denen man vom Schriftbild auf die Aussprache schließen kann. In Anfängerkursen kann man sich mit den Ausspracheregeln als Grundlage für die Rechtschreibregeln zunächst begnügen.

Die TN sollen versuchen, Regeln induktiv anhand des Wortmaterials selbst zu erkennen („Finden Sie die Regel selbst"). Das ist am Anfang oft ungewohnt und langwierig. Aber Lerntheorien gehen davon aus, dass selbst gefundene Regeln besser behalten werden. Entdeckendes Lernen beinhaltet folgende Schritte: Sammeln, ordnen, systematisieren („SOS") und Regeln formulieren. Die vorangegangenen Übungen bieten dafür genügend Material.

Kleine Dialoge sind eine Abwechslung und Erweiterung zu Nachsprechübungen. Auf der CD gibt es zu den Dialogen Beispiele, die Ihre TN animieren sollen, die Dialoge zu sprechen. Statt nur direkt abzulesen, sollten die TN die Sätze auch auswendig sprechen (☛ „Lesen und auswendig sprechen" im Abschnitt „Übungsformen", S. 159).

Richtig schreiben

In diesem Abschnitt erlernen die TeilnehmerInnen die wichtigsten Regeln, um vom Gehörten auf die richtige Schreibweise eines Wortes zu schließen. Diese Regeln sind komplexer als die Ausspracheregeln und sie werden zunehmend komplizierter. Aber dabei nimmt die Anzahl der Ausnahmen ab, denn mit komplexeren Regeln können die TN mehr Wortmaterial systematisch einordnen. Man kann beim Lernen die Regeln mit einem Netz vergleichen: Mit einem einfachen, groben Netz kann man die großen Fische fangen, aber es entgeht einem noch viel. Je feiner die Maschen, desto mehr Fische. Wir sind der Meinung, dass es sinnvoll ist, zumindest einige Grundregeln zu lernen (z.B. nach kurzem Vokal kommt häufig ein Doppelkonsonant).

Die Regeln werden in bestimmten Kapiteln (z.B. „Lange und kurze Vokale") selbst erarbeitet. Dadurch bleiben sie besser im Gedächtnis. In anderen Kapiteln werden die Regeln in kürzerer Form wiederholt und geübt. Dass es bei einigen Kapiteln zu Überschneidungen und Wiederholungen kommt, ist nicht zu vermeiden, aber zur Festigung der Regeln ja auch sinnvoll. Im Kapitel „Regeln" können Sie alle Regeln (getrennt nach Aussprache und Rechtschreibung) und die wichtigsten Besonderheiten und Ausnahmen nachschlagen. Die in unserem Buch zusammengestellten Regeln können letztlich nicht vollständig sein, sondern stellen aus Gründen der Übersichtlichkeit einen Kompromiss dar.

Die Alternative zum Regellernen ist das Lernen von Einzelwörtern. Aber auch die genaue Wahrnehmung der Schreibweise, das Lernen und Behalten von Einzelwörtern will geübt sein. In unserem Buch bieten wir für beide Möglichkeiten Übungsformen an: Einerseits werden die Regeln erarbeitet und eingeübt, andererseits üben wir das Behalten von Wörtern in verschiedenen Übungen (Laufdiktat, Wörter einsetzen, Silbenrätsel, Buchstabensalat, Kim-Spiel). Überlegen Sie sich, welche Methode für Ihren Kurs geeigneter ist und wie viele bzw. welche Rechtschreibregeln Sie Ihrem Kurs beibringen wollen.

Die Lückendiktate auf der CD sind für viele TN zu Beginn wahrscheinlich zu schnell. Manche TN schreiben sehr langsam und wollen alles mehrfach wiederholt haben. Dann ist es besser, wenn Sie die Diktate anhand der Lösungen selbst diktieren. Es kann dann aber durchaus ein Lernziel sein, die TN darauf zu trainieren, dem Diktattempo der CD zu folgen.

Lange und kurze Vokale und Umlaute
[a:/a] [e:/ɛ] [i:/ɪ]...

☛ Die Lösungen finden Sie auf den Seiten 167-168.

Es gibt im Deutschen 5 Vokale *a, e, i, o, u* und drei Umlaute *ä, ö, ü*. Alle Vokale und Umlaute kann man lang oder kurz sprechen. Aber nicht nur die Länge ist unterschiedlich. Die Vokale klingen auch verschieden (☛ Aussprachetraining Seite 118-122). Die Unterschiede sind für das Verstehen und Sprechen, aber auch für das richtige Schreiben sehr wichtig. Hören Sie die Beispiele:

①V

lang		kurz	
[a:]	St**aa**t	[a]	St**a**dt
[e:]	st**e**hlen	[ɛ]	st**e**llen
[i:]	M**ie**te	[ɪ]	M**i**tte
[o:]	**O**fen	[ɔ]	**o**ffen
[u:]	M**u**s	[ʊ]	m**u**ss
[ɛ:]	w**ä**hle!	[ɛ]	W**ä**lle
[ø:]	H**ö**hle	[œ]	H**ö**lle
[y:]	f**ü**hlen	[ʏ]	f**ü**llen

Die Aussprache- und Rechtschreibregeln sind für Vokale und Umlaute gleich. Deshalb schreiben wir in den Aufgaben und Regeln oft nur „Vokale".

Hören

②V 1. Sie hören zwei Wörter. Sind die Wörter gleich = oder verschieden /? Markieren Sie.

1 ☐   2 ☐   3 ☐   4 ☐   5 ☐   6 ☐   7 ☐   8 ☐

③V 2. Welches Wort hören Sie? Kreuzen Sie an. **X**

lang		kurz		lang		kurz	
1 a) Staat	☐	b) Stadt	☐	6 a) raten	☐	b) Ratten	☐
2 a) Kehle	☐	b) Kelle	☐	7 a) Beet	☐	b) Bett	☐
3 a) Wiesen	☐	b) wissen	☐	8 a) schief	☐	b) Schiff	☐
4 a) Ofen	☐	b) offen	☐	9 a) Rose	☐	b) Rosse	☐
5 a) spucken	☐	b) spucken	☐	10 a) Ruhm	☐	b) Rum	☐
11 a) wählen	☐	b) Wellen*	☐	14 a) Tränen	☐	b) trennen*	☐
12 a) Höhle	☐	b) Hölle	☐	15 a) Möhler	☐	b) Möller	☐
13 a) fühlen	☐	b) füllen	☐	16 a) Hüte	☐	b) Hütte	☐

* kurzes e und kurzes ä klingen gleich.

4V **3)** Lang oder kurz? Hören Sie und machen Sie unter lange Vokale einen Strich (das Mehl), unter kurze Vokale einen Punkt (das Messer).

> ledig, die Sonne, die Währung, die Blume, die Wand, der Schnupfen, das Wetter, sitzen, das Boot, der Bäcker, das Paar, der Platz, die Söhne, müde, die Liebe, können, die Lücke, das Geld

Sprechen

Können Sie lange und kurze Vokale und Umlaute gut aussprechen?

☛ Aussprachetipps mit Zeichnungen finden Sie auf den Seiten 123-128.

1V **4)** Hören Sie noch einmal die Beispielwörter (Seite 11). Sprechen Sie die Wörter nach.

☺☺ **5)** Können Sie die Wörter gut aussprechen?

Partner A
Lesen Sie Ihrem Partner nur *eines* der zwei Wörter vor. Kreuzen Sie das Wort an.

Partner B
Hören Sie. Welches Wort liest Ihr Partner vor? Kreuzen Sie an. Vergleichen Sie zum Schluss.

lang		kurz		lang		kurz	
1 a) Staat		b) Stadt		1 a) Staat		b) Stadt	
2 a) raten		b) Ratten		2 a) raten		b) Ratten	
3 a) stehlen		b) stellen		3 a) stehlen		b) stellen	
4 a) Kehle		b) Kelle		4 a) Kehle		b) Kelle	
5 a) Miete		b) Mitte		5 a) Miete		b) Mitte	
6 a) schief		b) Schiff		6 a) schief		b) Schiff	
7 a) Ofen		b) offen		7 a) Ofen		b) offen	
8 a) Rose		b) Rosse		8 a) Rose		b) Rosse	
9 a) Mus		b) muss		9 a) Mus		b) muss	
10 a) spuken		b) spucken		10 a) spuken		b) spucken	

lang		kurz		lang		kurz	
11 a) wähle		b) Wälle		11 a) wähle		b) Wälle	
12 a) Tränen		b) trennen		12 a) Tränen		b) trennen	
13 a) Höhle		b) Hölle		13 a) Höhle		b) Hölle	
14 a) fühlen		b) füllen		14 a) fühlen		b) füllen	
15 a) Hüte		b) Hütte		15 a) Hüte		b) Hütte	

6) Hören Sie und sprechen Sie die Sätze nach.

1 Kommt sein Sohn aus Rom?
2 Ist der Mann an der Bar Zahnarzt?
3 Suchen Sie ein gutes, lustiges Buch?
4 Ich stehle ein Bett und stelle es auf das Beet.
5 Frau Müller hat fünf Söhne, Frau Mühler hat vier Töchter.
6 Sie sitzen seit sieben Jahren in einem Zimmer und siezen sich.

Lesen und sprechen

Spricht man einen Vokal lang oder kurz? Meistens kann man das am Wort sehen.

Finden Sie die Regel selbst.

7) Suchen Sie aus den Übungen 1) bis 3) Wörter mit langen und kurzen Vokalen und Umlauten. Ordnen Sie die Wörter in zwei Gruppen.

langer Vokal/Umlaut	**kurzer** Vokal/Umlaut

8) Ergänzen Sie die Ausspracheregeln für Vokale und Umlaute, s. S. 29.

	Der Vokal ist lang / kurz		Beispielwort:
1a) Vokal + *Doppelkonsonant*			_____
1b) Vokal + *zwei Konsonanten*			_____
2) Vokal + *1 Konsonant + Vokal*			_____
3a) *Doppelvokal*			_____
3b) *i + e*			_____
4) Vokal + *h*			_____
(Achtung: Für Vokale + *ch, sch, st* und *x* gelten Extra-Regeln, siehe Seite 16.)			

13

6V **9)** Lang oder kurz? Sie sehen unten Namen von deutschen Orten. Lesen Sie und machen Sie unter lange Vokale einen Strich, unter kurze Vokale einen Punkt. Hören Sie zur Kontrolle die CD.

Stuttgart, Mühlheim, Mannheim, Siegen, Wuppertal, Mittenwald, Wetzlar, Ahrensfelde, Hagen, Düsseldorf, Rödermark, Saarbrücken, Kassel, Offenbach, Solingen, Köln, Bielefeld

☺☺ **10)** Machen Sie mit Ihrem Partner kleine Dialoge. Benutzen Sie die Namen von Übung 9).

7V

Im Zug:

● Guten Tag. Woher kommen Sie?

■ Ich komme aus _____. Und Sie?

● Ich komme aus _____.

■ Und wohin fahren Sie?

● Nach _____ . Und Sie?

■ Nach _____.

☺☺ **11)** Sie lesen diese Namen auf einem Klingelschild. Machen Sie unter lange Vokale einen Strich, unter kurze Vokale einen Punkt. Hören Sie jetzt vier kurze Dialoge von der CD. Welche Person suchen die Leute? Schreiben Sie die Nummer des Dialogs neben den Namen.

8V
9V
10V
11V

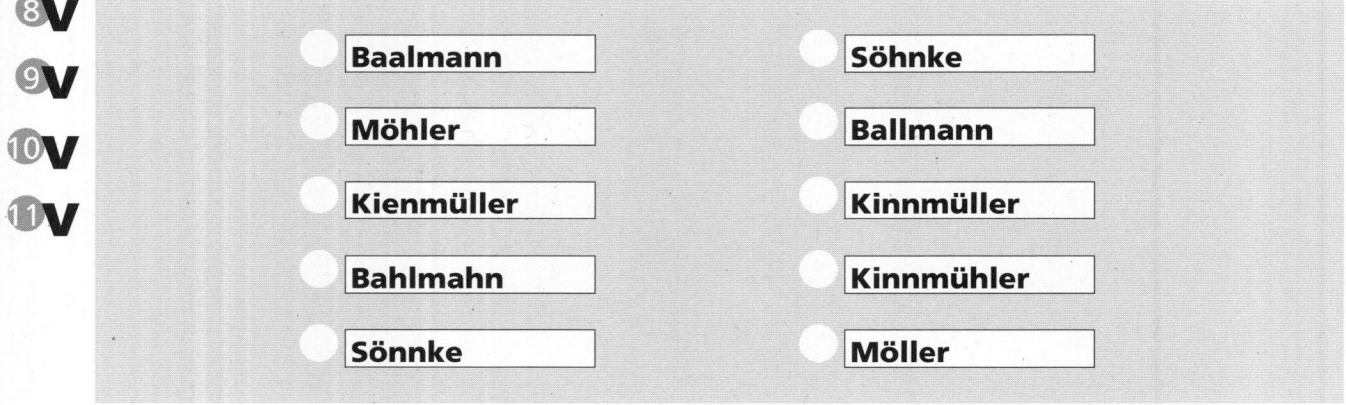

○ **Baalmann**   ○ **Söhnke**

○ **Möhler**   ○ **Ballmann**

○ **Kienmüller**   ○ **Kinnmüller**

○ **Bahlmahn**   ○ **Kinnmühler**

○ **Sönnke**   ○ **Möller**

☺☺ Spielen Sie mit Ihrem Partner ähnliche Dialoge.

☺☺ **12)** Auf der nächsten Seite finden Sie ein Spiel. Da können Sie mit einem Partner ausprobieren, wie gut Sie lange und kurze Vokale sprechen und verstehen können.

Partner A

1. In diesem Haus wohnen die Familien *Miller, Muhler, Mieler, Moller, Maller, Mohler, Muller, Mahler, Meller* und *Mehler*.

   Wo wohnen die Familien? Fragen Sie Ihren Partner. Schreiben Sie dann die Namen in das Haus.

Beispiel: A: Wo wohnt Familie Miller?	B: Familie Miller wohnt im Erdgeschoss rechts.

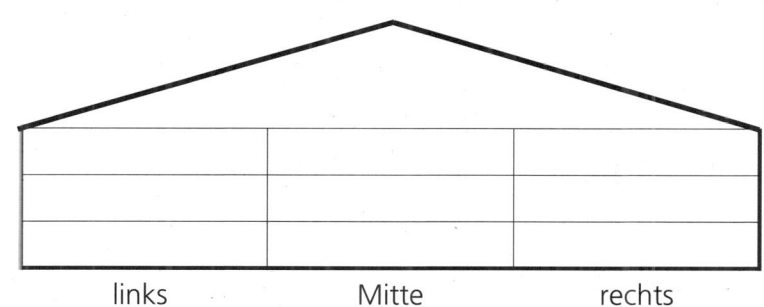

Im Dachgeschoss

Im zweiten Stock

Im ersten Stock

Im Erdgeschoss

| | links | Mitte | rechts |

2. Jetzt fragt Ihr Partner. Erklären Sie, wo die Familien wohnen.

Im Dachgeschoss — Mahler

	links	Mitte	rechts
Im zweiten Stock	Meller	Muhler	Mehler
Im ersten Stock	Miller	Mohler	Mieler
Im Erdgeschoss	Moller	Maller	Muller

——— nicht mogeln ——— knicken ——— oder abdecken ———

Partner B

1. Erklären Sie Ihrem Partner, wo die Familien wohnen.

Beispiel: A: Wo wohnt Familie Miller?	B: Familie Miller wohnt im Erdgeschoss rechts.

Im Dachgeschoss — Mieler

	links	Mitte	rechts
Im zweiten Stock	Mahler	Meller	Mohler
Im ersten Stock	Muhler	Moller	Muller
Im Erdgeschoss	Mehler	Maller	Miller

2. Jetzt suchen Sie die Familien *Moller, Miller, Meller, Mieler, Maller, Muller, Mahler, Mehler, Mohler* und *Muhler*. Fragen Sie Ihren Partner. Schreiben Sie dann die Namen in das Haus.

Im Dachgeschoss

Im zweiten Stock

Im ersten Stock

Im Erdgeschoss

| | links | Mitte | rechts |

Ausnahmen und Besonderheiten

Vokale vor ch / sch / st / x

„Das Buch" spricht man lang, aber „der Koch" spricht man kurz. Warum?

Für ch, sch, st und x gelten Extra-Regeln. (Leider gibt es auch viele Ausnahmen.)

Regel:		Man spricht den Vokal
● Vokale vor *ch, sch* und *st*	→	meistens *kurz* (z.B. der Koch, ich, die Sache, der Osten, der Fisch, die Liste. Ausnahmen: die Sprache, nach, hoch, Ostern, Österreich, husten, die Wüste, Prost, der Trost)
● *u* vor *ch*	→	meistens *lang* (z.B. suchen, das Buch)
● Vokale vor *x*	→	immer *kurz* (z.B. das Taxi, Mexiko) Denn x ist wie zwei Konsonanten: *k + s = x.*

 13) Lang oder kurz? Machen Sie unter lange Vokale einen Strich, unter kurze einen Punkt. Hören Sie zur Kontrolle die CD. Sprechen Sie die Sätze nach.

> 1 Ich suche die Gästeliste für das Osterfest.
>
> 2 Wir sprechen die Sprache noch nicht perfekt.
>
> 3 In Österreich gibt es keine Küste und keine Wüste.
>
> 4 Such doch das Kuchenrezept im Kochbuch.

Wörter mit einer Silbe

„Der *Weg*" spricht man lang, aber „ich gehe *weg*" spricht man kurz. Warum?

Es gibt einsilbige Wörter mit einem Konsonanten am Ende (z.B. Tag, weg, ab, gut). Hier kann man nicht sofort sehen: Spricht man das Wort lang oder kurz?
Es gibt einen Trick: die *Wortverlängerung*.

Regel:		
● Man kann das Wort so *verlängern*, dass nach dem letzten Konsonanten wieder ein Vokal kommt (*Vokal + Konsonant + Vokal*).	→	Man spricht den ersten Vokal *lang.*
● Man kann das Wort *nicht verlängern.*	→	Man spricht den Vokal *kurz.* Ausnahmen: wen, den, wem

		Wortverlängerung		**lang/kurz?**
der Tag	→	die Tage	→	Das *a* spricht man *lang.*
gut	→	das gute Essen	→	Das *u* spricht man *lang.*
ab	→	(geht nicht)	→	Das *a* spricht man *kurz.*

Wie können Sie ein Wort länger machen? Sie können
- den *Plural* bilden: der Tag – die Tage
- zu einem Nomen das *Adjektiv* suchen: die Wut – wütend
- zu einem Nomen das *Verb* suchen: der Ruf – rufen
- den *Komparativ* bilden: grün – grüner

14) Lang oder kurz? Machen Sie das Wort länger.

	Wortverlängerung	lang	kurz
0. der W**e**g	die Wege	x	
0. ich gehe w**e**g	(-)		x
1. der Z**u**g			
2. der M**u**t			
3. w**a**s			
4. h**i**n (hin und her)			
5. r**o**t			
6. kl**u**g			
7. **e**s			

Langer Vokal vor mehreren Konsonanten

Nach dem *u* in „du r**u**fst" stehen drei Konsonanten. Trotzdem spricht man das *u* lang. Warum?
Hier gibt es auch einen Trick: Suchen Sie zu einem Wort *die Grundform*.

Regel:
● Grundform lang → immer lang

	Grundform		**lang / kurz?**
du r**u**fst →	r**u**fen	→	Das *u* spricht man *lang*.
du tr**i**ffst →	tr**e**ffen	→	Das *i* spricht man *kurz*.

Wie finden Sie die Grundform? Sie können
- zu einem Verb den *Infinitiv* suchen: du rufst – r**u**fen
- zu einer Ableitung das *Nomen* suchen: täglich – der T**a**g
- zwei *Wörter trennen*: das Schlafzimmer – schl**a**fen + Z**i**mmer

15) Lang oder kurz? Suchen Sie die Grundform.

	Grundform	lang	kurz
1. du g**i**bst			
2. er h**o**fft			
3. sie l**ä**sst			
4. er hat ges**u**cht			
5. r**ö**tlich			
6. die Telef**o**nnummer			
7. die Z**u**gfahrt			

Ausnahme: Das Verb „h**a**ben":
Das *a* in „haben" ist lang. Trotzdem spricht man das *a* in „du h**a**st" und „er h**a**t" kurz.

☺☺ **16)** Lesen Sie den Dialog. Machen Sie unter lange Vokale einen Strich, unter kurze Vokale einen Punkt. Hören Sie zur Kontrolle die CD. Sprechen Sie dann den Dialog mit Ihrem Partner.

● Guten Tag, Herr Köhnke. Wie geht es Ihnen?

■ Guten Tag, Frau Müller. Danke, gut. Und Ihnen?

● Es geht. Ich fühle mich nicht sehr wohl.

■ Was fehlt Ihnen denn?

● Ich bin krank. Ich habe Schnupfen und Husten.

■ Oh, das tut mir leid. Legen Sie sich doch ins Bett.

● Ja, das mache ich. Auf Wiedersehen.

■ Auf Wiedersehen und gute Besserung.

☺☺ Lesen und auswendig sprechen
1. Lesen Sie still einen Satz aus dem Dialog.
2. Decken Sie den Satz mit der Hand zu und sehen Sie Ihren Partner an.
3. Sprechen Sie den Satz.
4. Ihr Partner kontrolliert und macht dann weiter.

☺☺ **17)** Verändern Sie jetzt den Dialog. Benutzen Sie die Wörter und Ausdrücke unten. Machen Sie vorher unter lange Vokale/Umlaute einen Strich, unter kurze einen Punkt. Sprechen Sie dann die neuen Dialoge mit einem Partner.

Namen:	Mahler, Maller, Ballmann, Bahlmann, Schmitt, Schmied, Keller, Kehler
Krankheiten:	Fieber, Halsweh, Magenschmerzen, Rückenschmerzen, eine Erkältung, Kopfschmerzen, Grippe, müde Beine
Ratschläge:	Nehmen Sie doch Nasentropfen. Nehmen Sie doch eine Tablette. Gehen Sie doch zum Arzt. Essen Sie nicht so fett. Rauchen Sie lieber nicht. Bleiben Sie doch im Bett. Trinken Sie Tee. Gehen Sie spazieren. Legen Sie die Beine hoch.

● Guten Tag, _____. Wie geht es Ihnen?

■ Guten Tag, _____. Danke, gut. Und Ihnen?

● Es geht. Ich fühle mich nicht sehr wohl.

■ Was fehlt Ihnen denn?

● Ich bin krank. Ich habe _____ .

■ Oh, das tut mir leid. _____.

● Ja, das mache ich. Auf Wiedersehen.

■ Auf Wiedersehen und gute Besserung.

Richtig schreiben
Kurze Vokale und Umlaute

Wenn Sie lange und kurze Vokale und Umlaute gut hören können, wissen Sie oft schon, wie Sie ein Wort schreiben müssen. Es gibt *vier wichtige Rechtschreibregeln.*

Finden Sie die Regeln selbst.

18) Suchen Sie zehn Wörter mit kurzen Vokalen und Umlauten. Ordnen Sie die Wörter in zwei Gruppen.

Vokal + Doppelkonsonant Beispiel: Be**tt**	**Vokal + 2 Konsonanten** Beispiel: Ge**ld**

19) Ergänzen Sie die Rechtschreibregel.

Regel 1:
Nach einem kurzen Vokal kommen *ein* _____
oder *zwei verschiedene* _____

Achtung: Für Vokal + *h*, *ch*, *sch*, *st* gelten Extra-Regeln. Siehe Seiten 22,16.

20) Einfacher Konsonant oder Doppelkonsonant? Setzen Sie die Buchstaben ein.

l/ll?	die Wo___ke, beste___en, he___fen, wo___en, ha___ten
s/ss?	die Flü___e, fa___ten, ma___kieren, der Ke___el, la___en
n/nn?	se___den, fü___f, gewi___en, die Badewa___e, wi___ken
f/ff?	ho___en, das He___t, lü___ten, tre___en, der Ka___ee
m/mm?	das Zi___er, das Arbeitsa___t, die A___pel, beko___en

Ausnahmen und Besonderheiten

Die Buchstaben k und z

Es gibt fast keine Wörter mit *kk* oder *zz*. Warum?
Die Konsonanten *z* und *k* kann man normalerweise nicht verdoppeln.

21) Ergänzen Sie.

● Man schreibt nicht Doppel-*k*.	➔ Man schreibt _____.	Ausnahmen: der Akku, der Akkusativ
● Man schreibt nicht Doppel-*z*.	➔ Man schreibt _____.	Ausnahme: die Pizza

Schreiben Sie zehn Beispiele für diese Regel auf.

Doppelkonsonant + Konsonant

In „das Heft" ist am Ende ein *t*. Deshalb schreibt man nur ein *f*. In „er hofft" ist am Ende auch ein *t*.
Trotzdem schreibt man ein *Doppel-f*. Warum?
Suchen Sie zu einem Wort die *Grundform*.

Regel:
● In der Grundform Doppelkonsonant ➔ immer Doppelkonsonant

		Grundform		**also**:
er ho___t (f/ff?)	➔	ho**ff**en	➔	er ho**ff**t
das Ba__spiel (l/ll?)	➔	der Ba**ll**	➔	das Ba**ll**spiel

22) Einfacher Konsonant oder Doppelkonsonant? Suchen Sie die Grundform.

	Grundform	**also**:
0. er beko_____t (m/mm?)	beko**mm**en_____	er beko**mm**t__
1. du re____st (n/nn?)	_____	_____
2. du bri____gst (n/nn?)	_____	_____
3. sie tri____t (f/ff?)	_____	_____
4. er vergi____t (s/ss?)	_____	_____
5. der Schlu___strich (s/ss?)	_____	_____
6. die Wa___dfarbe (n/nn?)	_____	_____
7. ihr beste_____t (l/ll?)	_____	_____

Richtig schreiben
Lange Vokale und Umlaute

23) Es gibt vier Möglichkeiten einen langen Vokal zu schreiben. (Vergleichen Sie Übung 8), Seite 13).
Ergänzen Sie.

Vokal + 1 _____   (z.B. müde)

_____   (z.B. Boot)

i + _____   (z.B. Miete)

Vokal + _____   (z.B. fühlen)

24) Suchen Sie zu jeder Möglichkeit sechs Wörter oder mehr.

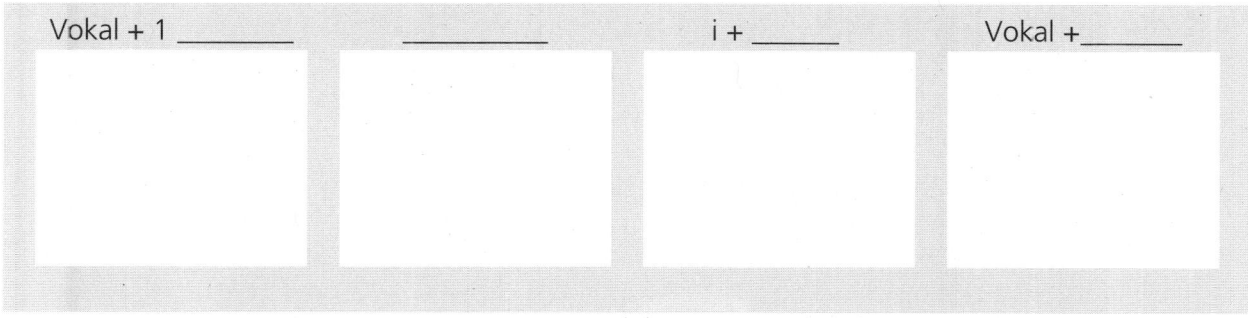

Vokal + 1 _____   _____   i + _____   Vokal + _____

Wie können Sie wissen, welche von diesen vier Möglichkeiten gerade passt? Es gibt leider keine
100 %-Regeln. Aber einige Regeln helfen Ihnen weiter.

25) Ergänzen Sie die Rechtschreibregeln für lange Vokale und Umlaute.

Regel 1 für die kurzen Vokale haben Sie Seite 19 kennen gelernt.

Regel 2
- Nach einem langen Vokal kommt nur *ein* _____ .

Regel 3 (Doppelvokal):
- 3a): Nur diese drei Vokale kann man verdoppeln: _____ .

  Die anderen kann man nicht verdoppeln.
- 3b): Ein langes *i* schreibt man meistens: *i* + _____ .

  Aber: Die Personalpronomen schreibt man mit *ih*: ihr, ihn, ihm, ihnen.

Lerntipp: Wörter mit Doppelvokal müssen Sie extra lernen. Dafür gibt es keine Regeln.

☞ Bei Übung 28) finden Sie eine Liste mit den wichtigsten Wörtern.

Regel 4 (Vokal + *h*):

Das *h* nach einem Vokal spricht man nicht. Es macht nur den Vokal lang. Man nennt dieses *h* auch *Dehnungs-h*.

● 4a) Nach einem Dehnungs-*h* stehen normalerweise diese 4 Konsonanten:

_____

● 4b) Wenn *vor dem langen Vokal p, t, v, sp, qu, sch, oder mehrere Konsonanten* zusammen kommen, steht *kein Dehnungs-h* (z.B. **T**on, **Sch**ule)

Merksatz: **P**eter **t**rinkt **v**iel **sp**anischen **Qu**itten**sch**naps.

Lerntipp: Machen Sie einen Merksatz mit den Konsonanten von Regel 4a). Bei den Lösungen finden Sie ein Beispiel.

26) Ordnen Sie die Wörter den Regeln zu.

sparen, der **Zoo**, die **Fa**hne, **ze**hn, die **Ro**se, die **U**hr, **i**hnen, die **Hö**hle, **sie**ben die **Waa**ge, der Ver-kehr, klar, angenehm, das **Mee**r, die Qual, bohren, ihm, die **Lie**be, müde, die Träne, die Schale, ledig

Regel 2 Vokal + 1 Konsonant	
Regel 3 a) Doppelvokal	
b) *i + e*	
Regel 4 a) mit Dehnungs-*h*	
b) ohne Dehnungs-*h*	

27) Lange Vokale. Einfacher Vokal, Doppelvokal oder Vokal + *h*? Setzen Sie die Buchstaben ein.

a / ah /aa?	die W___l, das Brautp___r, f____ren, sp_____ren, b____den
e / eh / ee?	der L___rer, bequ___m, der R___gen, die Erdb_____re, l___r
ih / ie?	___nen, l___gen, die Biolog____, der D___b, ___r, v____l
o / oh / oo?	die H___se, das ____r, das T____r, der S____n, das B___t
u / uh?	das R___der, r___fen, der R_____m, die K___le, die Sch___le
ä / äh?	w___len, die Tr____ne, die Z___ne, sp_____ter, der K_____se
ö / öh?	verw_____nen, die T___ne, die S_____ne, sch_____n, l____sen
ü / üh?	die R___be, die St___le, die Sch___ler, die B_____ne, die T___r

28) Doppelvokal. Setzen Sie die passenden Wörter ein.

Die wichtigsten Wörter mit Doppelvokal:
aa: das Haar, der Staat, das Paar, die Waage, der Saal, die Saat, der Aal
ee: der Tee, der Kaffee, das Beet, der See, das Meer, der Schnee, leer, die Idee, die Allee,
          die Beere, das Gelee, die Moschee, die Fee, die Armee, der Teer, der Speer, die Tournee
oo: der Zoo, das Boot, das Moor, das Moos, doof

1. Paris ist eine Stadt, Frankreich ist ein _____.
2. Meine Mutter hat einen großen Garten. Auf einem _____ wachsen im Sommer
    Erd_____ . Daraus macht sie ein sehr gutes _____.
3. Ein kleines Schiff: ein _____.
4. Ein warmes, dunkles Getränk: _____. Man trinkt es oft mit Milch und Zucker.
5. Sie sind verheiratet. Sie sind ein Ehe_____.
6. Eine Straße mit Bäumen auf beiden Seiten: _____.
7. Manchmal liegt im Winter _____. Dann ist alles weiß.
8. Das wächst auf dem Kopf: _____.
9. Italien, Spanien und die Türkei liegen am Mittel_____.
10. Am Sonntag waren wir im _____. Dort haben wir Affen und Elefanten gesehen.

Dehnungs-h oder silbentrennendes h

Das Wort „gehen" hat nach dem langen Vokal ein *h*. Trotzdem passen die Regeln für das Dehnungs-h (Regel 4a) nicht: Nach dem *h* kommt kein *l, m, n, r*. Warum?

Das *h* in „gehen" ist kein richtiges *Dehnungs-h*, sondern ein *silbentrennendes h*. Ein *silbentrennendes h* steht am Anfang einer Silbe: ge – **h**en. Man darf es auch sprechen. (Aber normalerweise spricht man es nicht.)

Ein Dehnungs-h steht *nicht am Anfang einer Silbe*. Man darf es nie sprechen.

29) Dehnungs-*h* oder silbentrennendes *h*?

	Infinitiv	Dehnungs-*h*	silbentrennendes *h*
0. es geht	ge-hen		x
0. ihr nehmt	neh-men	x	
1. es zieht	_____		
2. er sieht	_____		
3. sie fehlt	_____		
4. er bezahlt	_____		
5. der Wind weht	_____		
6. du stiehlst	_____		
7. er fährt	_____		

Gleich sprechen – anders schreiben / andere Bedeutung

Manche Wörter spricht man gleich. Aber man schreibt sie verschieden. Sie haben dann verschiedene Bedeutungen.

Beispiele:
das Meer / mehr, malen / mahlen, das Mal / das Mahl, der Name / -nahme (z.B. die Nachnahme), wider / wieder, die Waagen (Plural) / der Wagen, die Leere / die Lehre, der Wal / die Wahl, war / wahr, ur-/ die Uhr, das Lid / das Lied

 30) Setzen Sie die passenden Wörter ein.

1. Hier im Urlaub am _____ habe ich viel _____ Appetit. (Meer/mehr)
2. Die Teil_____ an dem Kurs ist kostenlos. Möchten Sie sich anmelden? Wie ist Ihr Familien_____? (-name/-nahme)
3. Ich habe keine Zeit den Kaffee zu _____. Ich muss noch dieses Bild fertig _____ . (malen/mahlen)
4. In der Kantine sagen die Leute immer „_____zeit", wenn sie zum Essen gehen. (Mal/Mahl)
5. Mein Chef sagt immer _____, dass ich ihm nicht _____sprechen soll. (wider/wieder)
6. Fahr bitte den _____ in die Garage. (Waagen/Wagen)
7. Wenn sie _____ singt, schließt sie die Augen_____ . (Lider/Lieder)
8. Mein Sohn macht gerade eine _____ als Frisör. (Leere/Lehre)
9. Was er gesagt hat, _____ nicht _____ . (war/wahr)
10. Nächsten Sonntag ist Bundestags_____ . (Wal/Wahl)
11. Die _____ von meinem _____großvater ist schon _____alt. (ur/Uhr)

24

Richtig schreiben
Lange und kurze Vokale und Umlaute

👍 **31)** Lückendiktat. *K* oder *ck*, *z* oder *tz*? Hören Sie und setzen Sie die Buchstaben ein.

Zur Erinnerung:
nach kurzen Vokalen und Umlauten ➔ ck, tz
nach langen Vokalen und Umlauten / nach Konsonanten ➔ k, z

⑭V

Die Mutter muss zum Ar___t gehen, weil ihr Rü____en schmer___t. Bevor sie geht, sagt sie ihren Kindern, was sie tun sollen: „Ei___e, kannst du bitte den Ha____en im Arbeits____immer befestigen und dann Hol___ ha____en und einhei____en. Schließ bitte auch die Dachlu____e und füttere die di___e Ka_____e. Und pass bitte auf, dass dein Bruder nicht wieder auf den frisch gepu____ten Boden spu____t." Ei___e ni___t.

👍 **32)** Lückendiktat. Hören Sie und setzen Sie die Wörter ein.

⑮V

Aber die Mutter ist noch nicht _____. Sie _____ _____ _____ _____: „Sieh nicht so _____ fern, _____ _____ ein bisschen mit deiner Schwester _____. Und du Annette, _____ _____ die _____ in die Vase und _____ nicht _____ den ganzen Tag auf der _____ herum." _____ _____ sie _____ und geht zum _____.

👍 **33)** Silbenrätsel. Welches Wort passt zur Erklärung? Suchen Sie aus den Silben das richtige Wort.

cker – Ha – Kel – ken – le – len – len – lüf – nen – Ruck – rung – sack – ten – Trä – wäh – Wäh – We – Wel

1. Eine Tasche. Man trägt sie auf dem Rücken: _____.
2. Ein Werkzeug. Maurer benutzen es: _____.
3. In Deutschland kann man alle vier Jahre eine Regierung _____.
4. Wenn ich weine, kommen aus meinen Augen _____.
5. Wenn er morgens klingelt, wache ich auf: _____.
6. Wenn Sturm ist, gibt es im Meer viele _____.
7. An der Garderobe hänge ich meinen Mantel an einen _____.
8. Das Fenster öffnen und frische Luft ins Zimmer lassen: _____.
9. Der Euro ist jetzt in vielen Ländern in Europa die _____.

Wörter mit a, ä, e und i

[a:/a] [ɛ:/ɛ] [e:/ɛ] [i:/ɪ]

☛ Die Lösungen finden Sie auf den Seiten 169-170.

Die vier Buchstaben a, ä, e, i kann man lang und kurz sprechen. Das kurze e und das kurze ä klingen gleich. Es gibt also sieben verschiedene Laute. Bei langen und kurzen Vokalen ist nicht nur die Länge unterschiedlich, sie klingen auch verschieden (☛ Aussprachetraining, S. 118-122).

16V

lang		kurz	
[a:]	lahm	[a]	Lamm
[ɛ:]	lähmen	[ɛ]	Lämmer
[e:]	Beet	[ɛ]	Bett
[i:]	bieten	[ɪ]	bitten

Der Klang des e und des ä liegt zwischen dem a und dem i. Deshalb werden diese Laute in diesem Kapitel zusammen geübt.

Die Aussprache- und Rechtschreibregeln sind für Vokale und Umlaute gleich. Deshalb schreiben wir in den Aufgaben und Regeln oft nur „Vokale".

Hören

17V **1)** Sie hören zwei Wörter. Sind die Wörter gleich = oder verschieden /? Markieren Sie .

1 ☐ 2 ☐ 3 ☐ 4 ☐ 5 ☐ 6 ☐ 7 ☐ 8 ☐ 9 ☐ 10 ☐ 11 ☐ 12 ☐

18V **2)** Welches Wort hören Sie? Kreuzen Sie an. **X**

lang		kurz		lang		lang	
1 a) lahm	☐	b) Lamm	☐	11 a) Vater	☐	b) Väter	☐
2 a) tränt	☐	b) trennt	☐	12 a) sägen	☐	b) Segen	☐
3 a) den	☐	b) denn	☐	13 a) siegen	☐	b) Segen	☐
4 a) schief	☐	b) Schiff	☐	14 a) sehen	☐	b) säen	☐
5 a) Qualen	☐	b) Quallen	☐	15 a) Beeren	☐	b) Bären	☐
6 a) quälen	☐	b) Quellen	☐	16 a) ziehen	☐	b) Zehen	☐
7 a) wen	☐	b) wenn	☐	**kurz**		**kurz**	
8 a) Miete	☐	b) Mitte	☐	17 a) Alter	☐	b) älter	☐
9 a) Beet	☐	b) Bett	☐	18 a) Welle	☐	b) Wille	☐
10 a) siezen	☐	b) sitzen	☐	19 a) Pilz	☐	b) Pelz	☐

3) Lang oder kurz? Hören Sie und machen Sie unter lange Vokale einen Strich (die N_a_se), unter kurze Vokale einen Punkt (nẹtt).

> bitter, riechen, die Fläche, das Gras, fremd, schnell, lachen, lächeln, die Dame, der Mensch, der Fisch, die Gräte, der Dreck, quälen, knacken, lehren

Sprechen

Können Sie die langen und kurzen Vokale gut aussprechen?

☛ Aussprachetipps mit Zeichnungen finden Sie auf den Seiten 123-128.

4) Hören Sie und sprechen Sie die Wörter nach.

> 1 lahm – Lamm, 2 Tränen – trennen, 3 Beet – Bett, 4 Miete – Mitte, 5 Vater – Väter,
> 6 Rachen – rächen, 7 sägen – Segen, 8 leben – lieben, 9 kennt – Kind

5) Können Sie die Wörter gut aussprechen?

Partner A
Lesen Sie Ihrem Partner nur
eines der zwei Wörter vor.
Kreuzen Sie das Wort an.

Partner B
Hören Sie. Welches Wort liest Ihr
Partner vor? Kreuzen Sie an.
Vergeichen Sie zum Schluss.

lang		kurz		lang		kurz	
1 a) lahm		b) Lamm		1 a) lahm		b) Lamm	
2 a) Tränen		b) trennen		2 a) Tränen		b) trennen	
3 a) Beet		b) Bett		3 a) Beet		b) Bett	
4 a) Miete		b) Mitte		4 a) Miete		b) Mitte	
5 a) Kehle		b) Kelle		5 a) Kehle		b) Kelle	
6 a) Riese		b) Risse		6 a) Riese		b) Risse	

langes a		langes ä		langes a		langes ä	
7 a) Vater		b) Väter		7 a) Vater		b) Väter	
8 a) Nah		b) näht		8 a) Naht		b) näht	

kurzes a		kurzes ä/e		kurzes a		kurzes ä/e	
9 a) Rachen		b) rächen		9 a) Rachen		b) rächen	
10 a) Qualle		b) Quelle		10 a) Qualle		b) Quelle	

langes ä		langes e		langes ä		langes e	
11 a) sägen		b) Segen		11 a) sägen		b) Segen	
12 a) zäh		b) Zeh		12 a) zäh		b) Zeh	
13 a) Bären		b) Beeren		13 a) Bären		b) Beeren	

langes e		langes i	
14 a) leben	☐	b) lieben	☐
15 a) See		b) sie	
16 a) legt	☐	b) liegt	

langes e		langes i	
14 a) leben	☐	b) lieben	☐
15 a) See		b) sie	
16 a) legt	☐	b) liegt	

kurzes e		kurzes i	
17 a) kennt	☐	b) Kind	☐
18 a) Pelz	☐	b) Pilz	☐

kurzes e		kurzes i	
17 a) kennt	☐	b) Kind	☐
18 a) Pelz	☐	b) Pilz	☐

Besonderheiten

Das schwache [ə]

Es gibt ein langes und ein kurzes *e*. Es gibt auch noch ein schwaches *e*.

21 V **6)** Hören Sie und sprechen Sie die Wörter nach.

> 1 Schuh – Schuhe,   2 Film – Filme,   3 Schrei – Schreie

☺☺ **7)** Können Sie die Wörter gut aussprechen?

Partner A
Lesen Sie Ihrem Partner nur
eines der zwei Wörter vor.
Kreuzen Sie das Wort an.

Partner B
Hören Sie. Welches Wort liest Ihr
Partner vor? Kreuzen Sie an.
Vergeichen Sie zum Schluss.

Singular		Plural	
1 a) Schuh	☐	b) Schuhe	☐
2 a) Paket	☐	b) Pakete	☐
3 a) Tau	☐	b) Taue	☐
4 a) Film	☐	b) Filme	☐
5 a) Schrei	☐	b) Schreie	☐

Singular		Plural	
1 a) Schuh	☐	b) Schuhe	☐
2 a) Paket	☐	b) Pakete	☐
3 a) Tau	☐	b) Taue	☐
4 a) Film	☐	b) Filme	☐
5 a) Schrei	☐	b) Schreie	☐

Plural mit -en oder Endsilbe -in?

„Die Doktor**en**" oder „die Doktor**in**"? Der Unterschied zwischen *-en* und *-in* am Wortende ist sehr klein. Denn die Endsilben sind nicht betont und das *e* und das *i* spricht man schwach.

22 V **8)** Hören Sie und sprechen Sie die Wörter nach.

> 1 Polizistin – Polizisten   2 Finnin – Finnen   3 Kundin – Kunden

☺☺ **9)** Können Sie die Wörter gut aussprechen? Betonen Sie nicht die letzte Silbe!

Partner A
Lesen Sie Ihrem Partner nur *eines* der zwei
Wörter vor. Kreuzen Sie das Wort an.

Partner B
Hören Sie. Welches Wort liest Ihr Partner vor?
Kreuzen Sie an. Vergeichen Sie zum Schluss.

Singular		Plural		Singular		Plural	
1 a) Finnin		b) Finnen		1 a) Finnin		b) Finnen	
2 a) Polizistin		b) Polizisten		2 a) Polizistin		b) Polizisten	
3 a) Slowenin		b) Slowenen		3 a) Slowenin		b) Slowenen	
4 a) Russin		b) Russen		4 a) Russin		b) Russen	
5 a) Kundin		b) Kunden		5 a) Kundin		b) Kunden	

☛ Ein ähnliches Problem sind Wörter mit *-er* und *-e* am Ende. Übungen dazu sind in dem Kapitel „Vokalisierung des *r*", S. 105.

Lesen und sprechen

Wann müssen Sie einen Vokal lang sprechen, wann kurz? Meistens kann man das am Wort sehen. Es gibt vier wichtige Ausspracheregeln.

10) Finden Sie die Regel selbst. Sehen Sie sich die Übungswörter aus Übung 5) an. Kreuzen Sie an und schreiben Sie ein Beispielwort auf.

Regel:	Der Vokal ist lang / kurz		Beispielwort:
1a) Vokal + *Doppelkonsonant*			_____
1b) Vokal + *2 Konsonanten*			_____
2) Vokal + *1 Konsonant + Vokal*			_____
3a) *Doppelvokal*			_____
3b) *i + e*			_____
4) Vokal + *h*			_____

Besonderheiten

Hinter dem *a* in „du sagst" stehen drei Konsonanten. Trotzdem spricht man das *a* lang. Warum? Das *a* im Infinitiv „sagen" ist lang.
Grundform lang ➔ *immer lang!*
(Ausnahme: das *a* in „haben" ist lang, aber „hast" und „hat" sind kurz.)

Wörter mit einer Silbe und *einem Konsonanten am Ende* können lang oder kurz sein, z.B. Tag, was.
- Man kann das Wort länger machen, z.B. Tage. Jetzt passt Regel 2): Vokal + 1 Konsonant + Vokal.　　　　➔ Man spricht den Vokal *lang*.
- Man kann das Wort nicht länger machen, z.B. was.　➔ Man spricht den Vokal *kurz*. (Ausnahmen: wen, den, wem)

11) Lang oder kurz? Machen Sie unter lange Vokale einen Strich (sch<u>a</u>de), unter kurze Vokale einen Punkt (r<u>e</u>chts). Hören Sie zur Kontrolle die CD. Lesen Sie dann die Sätze laut vor.

1 Hee! Sie! – Häh? Ich?

2 Jedes Kind kennt ihn.

3 Viel Glück und viel Segen auf all deinen Wegen.

4 Hasen hassen nasse Nasen.

5 Der Neandertaler trägt einen Bärenpelz und isst Beeren und Pilze.

6 Der Esel liebt das Telefon. Er redet sieben Stunden schon.

Ein Zungenbrecher: Sprechen Sie den Zungenbrecher zusammen mit Ihrem Partner. Sprechen Sie jedes Mal schneller. Wer macht zuerst einen Fehler?

Esel essen Nesseln nicht. Nesseln essen Esel nicht.

Richtig schreiben

Es gibt vier wichtige Rechtschreibregeln für die kurzen und langen Vokale.

> Regel 1:
> Nach einem *kurzen Vokal* kommt ein *Doppelkonsonant* (ke**nn**en)
> *oder* es kommen *zwei verschiedenen Konsonanten* (Ki**nd**).
> (Der Doppelkonsonant vom Infinitiv bleibt beim Konjugieren stehen: ke**nn**en – du ke**nn**st.)

12) Kurze Vokale. Setzen Sie ein.

f/ff?   der A____e, hel____en, das Gi____t, wer____en, die Wa____el, verha____ten,
        der Ap____elsa____t, der Gri____, das Schi____, scha____ en, gescha____t

t/tt?   das We____er, die Wel____, die Wa____e, war____en, re____en

n/nn?   ä____dern, ta____ken, die Ta____e, ta____zen

> Regel 2:
> Nach einem *langen Vokal* kommt nur *ein Konsonant* (der Schl<u>a</u>f, schl<u>a</u>fen).
> (Der lange Vokal vom Infinitiv bleibt beim Konjugieren lang, auch wenn er dann vor mehreren Konsonanten steht: schl<u>a</u>fen – du schl<u>ä</u>**fst**.)

V 13) Lückendiktat. Kurz oder lang? Ein Konsonant oder Doppelkonsonant? Sie hören die Sätze zwei - mal. Setzen Sie die Wörter ein.

m/mm?	1 Das ist _____.	2 Ich _____ mich.
l/ll?	3 Fahr _____.	4 Es ist nicht mehr so lange _____.
	5 Das _____ nicht.	6 Kannst du den Apfel _____?
	7 Kannst du bitte auch noch diesen _____ _____?	
	8 Wir wanderten durch Berge und _____.	
	9 Der Hund _____.	10 Er hat ein schönes _____.
n/nn?	11 Er ist ein _____.	12 Die Regen_____ ist kaputt.
	13 Das ist nicht _____voll.	

Regel 3:
Doppelvokale sind lang.
Man kann nur *a, e* und *o* verdoppeln (der S<u>aa</u>l, das B<u>ee</u>t, das B<u>oo</u>t).
Ein langes *i* schreibt man fast immer *ie* (die M<u>ie</u>te).
Das lange *i* in Personalpronomen schreibt man mit *h* (<u>ih</u>nen, <u>ih</u>r).

☛ Übungen zum langen *i* finden Sie im Kapitel „Wörter mit *u, ü* und *i*", Seite 43.

Es gibt nicht sehr viele Wörter mit einem Doppelvokal. Lernen Sie diese Wörter.

14) Doppelvokal. Setzen Sie die passenden Wörter ein.

aa   das Paar, die Waage, der Saal, der Aal
ee   der Tee, der Kaffee, leer, die Idee, die Allee, das Gelee, die Armee, das Beet, das Meer, die Beere, das Heer, die Seele, der See, der Speer, der Teer, die Tournee, die Fee

1.   Ein großer Raum: _____
2.   Zeigt, wie schwer etwas ist: _____
3.   Wasser (2 Wörter): _____
4.   Eine Straße mit Bäumen rechts und inks: _____
5.   Material für Straßen: _____
6.   Krieg: (3 Wörter) _____
7.   Zwei, die zusammengehören: _____
8.   Konzerte in vielen Städten: _____
9.   Das können Sie essen: (3 Wörter) _____
10. Das können Sie trinken: (2 Wörter) _____
11. Da wachsen Blumen oder Gemüse: _____
12. Psychologie ist die Wissenschaft von ihr: _____
13. Der Einfall: _____
14. Im Märchen erfüllt sie drei Wünsche: _____
15. Nicht voll: _____

Regel 4:
Das Dehnungs-h: Lange Vokale schreibt man oft mit einem *h* (l**ah**m).
Dieses Dehnungs-*h* spricht man nicht. Es macht nur den Vokal lang.

Aber wann schreibt man ein Wort mit *h*, wann nicht? Dafür gibt es zwei Regeln.

4a: *Nach dem Dehnungs-h* stehen normalerweise die vier Konsonanten *l, m, n, r.*

Können Sie sich diese Regel merken? Vielleicht hilft Ihnen für die vier Buchstaben ein Merksatz:
Lass mich nicht raten! – mit Dehnungs-*h*

4b: Aber: Wenn *vor dem langen Vokal p, t, v, sp, qu, sch* oder mehrere Konsonanten zusammen kommen, steht normalerweise kein Dehnungs-*h* (z.B. **p**ulen, **Sch**ule, **schw**ül, **sp**ülen).

Ein Merksatz für *p, t, v, sp, qu, sch*: **P**etra **t**rinkt **v**iel **sp**anischen **Q**uitten-**Sch**naps – ohne Dehnungs-*h*.

15) Lange Vokale: einfacher Vokal, Doppelvokal oder Dehnungs-*h*? Setzen Sie die Buchstaben ein.

a/ah/aa?	der L___den, der S___l, bez___len, die Vorw___l, das Gr___s, das Sch___f,
	w___nsinnig, das P___r, die G___bel, erf___ren, die W___rheit
ä/äh?	w___rend, sp___t, er schl___ft, regelm___ßig,
	der W___ler, der K___se, die Ern___rung
e/eh/ee?	die F___, r___den, r___geln, n___men, n___ben, der T___,
	st___len, die Sch___re, der N___bel, l___r, kl___ben

☺☺ **16)** Plural-Diktat: Viele Substantive mit einem *a* haben im Plural ein *ä*. Aber nicht alle. Diktieren Sie Ihrem Partner den Plural. Danach ist ihr Partner dran.

Partner A

1. der Magen	die Mägen	10. das Rad	
2. die Sache	die Sachen	11. die Stadt	
3. der Vater	die Väter	12. der Sack	
4. der Faden	die Fäden	13. die Klage	
5. die Last	die Lasten	14. die Kraft	
6. der Hafen	die Häfen	15. der Rabe	
7. der Saft	die Säfte	16. die Naht	
8. der Laden	die Läden	17. der Haken	
9. der Wagen	die Wagen	18. der Schaden	

16) Plural-Diktat. Viele Substantive mit einem *a* haben im Plural ein *ä*. Aber nicht alle. Ihr Partner diktiert Ihnen den Plural. Danach sind Sie dran.

Partner B

1. der Magen	_____	10. das Rad	die Räder
2. die Sache	_____	11. die Stadt	die Städte
3. der Vater	_____	12. der Sack	die Säcke
4. der Faden	_____	13. die Klage	die Klagen
5. die Last	_____	14. die Kraft	die Kräfte
6. der Hafen	_____	15. der Rabe	die Raben
7. der Saft	_____	16. die Naht	die Nähte
8. der Laden	_____	17. der Haken	die Haken
9. der Wagen	_____	18. der Schaden	die Schäden

☺☺ **17)** Komparativ-Diktat: **a**lt – **ä**lter – am **ä**ltesten. Einige Adjektive mit *a* haben im Komparativ und im Superlativ ein *ä*. Aber nicht alle. Diktieren Sie Ihrem Partner die Formen. Danach ist Ihr Partner dran.

Partner A

1. flach	flacher	7. schlank	_____
2. schwach	schwächer	8. mager	_____
3. klar	klarer	9. lang	_____
4. langsam	langsamer	10. brav	_____
5. kalt	kälter	11. hart	_____
6. scharf	schärfer	12. warm	_____

— – – – – nicht mogeln – – – – – – – – – – – knicken – – – – – – – – – – – oder abdecken – – – – – – – – –

17) Komparativ-Diktat: **a**lt – **ä**lter – am **ä**ltesten. Einige Adjektive mit *a* haben im Komparativ und im Superlativ ein *ä*. Aber nicht alle. Schreiben Sie die Formen auf, die Ihnen Ihr Partner diktiert. Danach sind Sie dran.

Partner B

1. flach	_____	7. schlank	schlanker
2. schwach	_____	8. mager	magerer
3. klar	_____	9. lang	länger
4. langsam	_____	10. brav	braver
5. kalt	_____	11. hart	härter
6. scharf	_____	12. warm	wärmer

18) Buchstabensalat. In den Buchstaben sind Wörter versteckt. Finden Sie die Wörter und schreiben Sie sie zum passenden Satz.

ZÄHÖÖKLUZMEHHEKELLETRRIOZIKLKLÖÖZPÜKLLATTKEHLEDFDFRERIEPZIOPPZIOPPZIOPPZIOPLOOT
OOPZIGIWEZZFFDFDFQWEWSIEZENHGHGJJKJGHFSÄGENFTIUILAMMIHHMZEHENMLLSSÄÄSSDPZID
SRTAÜSZQUZOTOOZDAZFEEKLESSALLOPSCHIEFTASPHENNEÖKLKJHMNBVCSEGENJHFAZFFDFDFQ
WEZFFDFDFQWEZFFDFDFQWEZFFDFDFQWEEWDFDFQWE

1. Die vordere Seite vom Hals: die _____.
2. Ein großer Löffel für Suppe: die _____.
3. Ein junges Schaf: das _____.
4. Nicht gerade: _____.
5. Das weibliche Huhn: die _____.
6. Am Fuß sind keine Finger, sondern _____.
7. Ich werde ihn nicht duzen, ich werde ihn _____.
8. Der Pastor gibt der Gemeinde seinen _____.
9. Wer Holz klein machen will, der muss _____.
10. Das Fleisch ist wie Gummi, es ist _____.

☺☺ **19)** Partnerdiktat + Buchstabenrätsel. Partner A diktiert z.B. die Buchstaben *T Ä N N E R*. Partner B muss sie aufschreiben und raten: Welches Wort aus dieser Lektion ist damit gemeint? Lösung: TÄNNER = TRÄNEN.

Partner A	Partner B	
Diktieren Sie:	Schreiben Sie auf:	Welches Wort ist gemeint?
1. MEITT	_____ =	_____
2. FEISCH	_____ =	_____
3. HAML	_____ =	_____
4. LOVKA	_____ =	_____
5. STIZILOPEN	_____ =	_____

- - - - - nicht mogeln - - - - - - - - - - - knicken - - - - - - - - - - - - - oder abdecken - - - - - - - - - -

Partner B	Partner A	
Diktieren Sie:	Schreiben Sie auf:	Welches Wort ist gemeint?
1. VERAT	_____ =	_____
2. SENITZ	_____ =	_____
3. HELEK	_____ =	_____
4. TANNONOKS	_____ =	_____
5. TEBE	_____ =	_____

☺☺ **20)** Sammeln Sie zehn Übungswörter aus diesem Kapitel. Diktieren Sie diese Wörter Ihrem Partner.

1 _____ Sie den _____ bitte an der _____.

2 Das _____ _____ sich automatisch ab.

3 Ich hatte den Hund _____, _____ er mich _____.

4 _____ sie ihn? – Nein, sie _____ ihn.

5 Nach _____ _____ _____ er ein.

6 Bei _____ solltest du ins _____ gehen.

7 _____ du dein neues Fahrrad nicht in den _____ _____? Sie werden es dir sonst _____.

8 _____ er immer noch? Du musst mal an seinen _____ _____. – Lass die _____ _____.

9. Wenn man einen Baum _____, _____ er.

10 Beim Abschied konnten sie sich nur unter _____ _____.

11 So, _____ , es ist _____. Darf ich euch in die _____ _____? Gute Nacht.

👍 **22)** Lückendiktat. Konjunktiv II oder Indikativ? (Konjunktiv II: ich spräche = ich würde sprechen.) Hören Sie und setzen Sie ein.

1D

1 Ich _____ gerne wieder so ein Fahrrad, wie ich es vorher _____.

2 Wir dachten, dass sie früher _____.

3 Ich _____ gern mit ihm.

4 Wir _____ gestern über dich.

5 Könntest du mal mit ihr _____?

6 Wir _____ mit ihnen, aber sie _____ nicht mit uns.

7 Wo unsere Kollegen in den Ferien _____, _____ wir jetzt auch gerne.

8 Ich dachte, dass hier die neuen Bücher _____. – Da _____ sie auch. Aber ich musste sie woanders hin_____.

9 Wolltest du den Text nicht bis heute _____? – Ja, ich sagte, ich _____ ihn bis heute. Aber dann _____ ich einen Krimi.

10 In der letzten Zeit _____ wir uns nicht sehr oft. Es wäre schön, wenn wir uns öfter _____. – Ja, ich möchte dich auch bald wieder_____.

Wörter mit o, ö und e

[o:/ɔ] [ø:/œ] [e:/ɛ]

☞ Die Lösungen finden Sie auf den Seiten 170-171.

Die drei Buchstaben *ö, o* und *e* kann man lang und kurz sprechen. Sie stehen deshalb für sechs verschiedene Laute. Bei langen und kurzen Vokalen ist nicht nur die Länge unterschiedlich, sie klingen auch verschieden (☞ Aussprachetraining, S. 118-122).

27 V

lang		kurz	
[o:]	**O**fen	[ɔ]	**o**ffen
[ø:]	H**ö**hle	[œ]	H**ö**lle
[e:]	K**e**hle	[ɛ]	K**e**lle

Der Klang des *ö* liegt zwischen dem *o* und dem *e*. Deshalb werden diese Laute in diesem Kapitel zusammen geübt.

Die Aussprache- und Rechtschreibregeln sind für Vokale und Umlaute gleich. Deshalb schreiben wir in den Aufgaben und Regeln oft nur „Vokale".

Hören

28 V   **1)** Sie hören zwei Wörter. Sind die Wörter gleich = oder verschieden /? Markieren Sie.

1 ☐   2 ☐   3 ☐   4 ☐   5 ☐   6 ☐   7 ☐   8 ☐   9 ☐   10 ☐

29 V   **2)** Welches Wort hören Sie? Kreuzen Sie an. **X**

lang		kurz		lang		lang	
1 a) Robe	☐	b) Robbe	☐	8 a) Vögel	☐	b) Vogel	☐
2 a) Ofen	☐	b) offen	☐	9 a) Söhne	☐	b) Sehne	☐
3 a) Kehle	☐	b) Kelle	☐	10 a) lösen	☐	b) lesen	☐
4 a) Polen	☐	b) Pollen	☐	11 a) Öfen	☐	b) Ofen	☐
5 a) Höhle	☐	b) Hölle	☐	12 a) Möhre	☐	b) Meere	☐
6 a) Töne	☐	b) Tonne	☐	**kurz**		**kurz**	
7 a) Beet	☐	b) Bett	☐	13 a) Töchter	☐	b) Tochter	☐
				14 a) Kölner	☐	b) Kellner	☐

30 V   **3)** Langer oder kurzer Vokal? Hören Sie und machen Sie unter lange Vokale einen Strich (der **O**fen), unter kurze Vokale einen Punkt (**ö**ffnen):

die B**o**hne, das K**o**rn, das **Ö**l, das M**e**hl, der K**o**ch, die K**ö**chin, die M**ö**hre, der Sp**e**ck, der T**o**pf, der L**ö**ffel, das M**e**sser, der B**e**sen, der D**o**sen**ö**ffner

36

Sprechen

Können Sie die langen und kurzen Vokale und Umlaute gut aussprechen?

☞ Aussprachetipps mit Zeichnungen finden Sie auf den Seiten 123-128.

31 V 4) Hören Sie und sprechen Sie die Wörter nach.

1 Ofen – offen, 2 Höhle – Hölle, 3 Kehle – Kelle, 4 losen – lösen,
5 Tochter – Töchter, 6 lösen – lesen, 7 können – kennen

☺☺ **5)** Können Sie die Wörter gut aussprechen?

Partner A
Lesen Sie Ihrem Partner nur *eines*
der zwei Wörter vor.
Kreuzen Sie das Wort an.

Partner B
Hören Sie. Welches Wort liest
Ihr Partner vor? Kreuzen Sie an.
Vergleichen Sie zum Schluss.

lang		kurz		lang		kurz	
1 a) Rose		b) Rosse		1 a) Rose		b) Rosse	
2 a) Ofen		b) offen		2 a) Ofen		b) offen	
3 a) Höhle		b) Hölle		3 a) Höhle		b) Hölle	
4 a) Beet		b) Bett		4 a) Beet		b) Bett	
5 a) Kehle		b) Kelle		5 a) Kehle		b) Kelle	

langes o		langes ö		langes o		langes ö	
6 a) schon		b) schön		6 a) schon		b) schön	
7 a) losen		b) lösen		7 a) losen		b) lösen	

kurzes o		kurzes ö		kurzes o		kurzes ö	
8 a) Tochter		b) Töchter		8 a) Tochter		b) Töchter	
9 a) konnte		b) könnte		9 a) konnte		b) könnte	

langes ö		langes e		langes ö		langes e	
10 a) lösen		b) lesen		10 a) lösen		b) lesen	
11 a) Söhne		b) Sehne		11 a) Söhne		b) Sehne	

kurzes ö		kurzes e		kurzes ö		kurzes e	
12 a) können		b) kennen		12 a) können		b) kennen	
13 a) Kölner		b) Kellner		13 a) Kölner		b) Kellner	

Lesen und sprechen

Wann müssen Sie einen Vokal beim Vorlesen lang oder kurz sprechen? Meistens kann man das am Wort sehen. Es gibt vier wichtige Ausspracheregeln.

6) Finden Sie die Regel selbst. Sehen Sie sich die Übungswörter aus Übung 5) an. Kreuzen Sie an und schreiben Sie ein Beispielwort auf.

Regel	Der Vokal ist lang / kurz		Beispielwort
1a) Vokal + *Doppelkonsonant*			_____
1b) Vokal + *2 Konsonanten*			_____
2) Vokal + *1 Konsonant + Vokal*			_____
3) *Doppelvokal*			_____
4) Vokal + *h*			_____

Besonderheiten

Hinter dem *e* in „du lebst" stehen drei Konsonanten. Trotzdem spricht man das *e* lang. Warum? Das *e* im Infinitiv „leben" ist lang.
Grundform lang ➔ *immer lang!*

Wörter mit einer Silbe und einem Konsonanten am Ende können lang oder kurz sein, z.B. Öl, ob, es.
● Man kann das Wort länger machen, z.B. Öle. Jetzt passt Regel 2):
   Vokal + 1 Konsonant + Vokal. ➔ Man spricht den Vokal *lang*.
● Man kann das Wort nicht länger machen, ➔ Man spricht den Vokal *kurz*.
   z.B. ob, es. (Ausnahme: wen, den, wem)

7) Lang oder kurz? Machen Sie unter lange Vokale einen Strich (die Bohne), unter kurze Vokale einen Punkt (öffnen). Hören Sie zur Kontrolle die CD. Lesen Sie dann mit Ihrem Partner den Dialog.

Im Supermarkt
● Guten Tag. Ich suche Öl.
● Und ich möchte Mehl.
● Wo sind Möhren?
● Können Sie mir sagen, wo Dosenöffner sind?
● Und wo finde ich Brot?

■ Öl? Gibt's nicht mehr.
■ Mehl? Ist leider alle.
■ Möhren? Ausverkauft.
■ Dosenöffner? Irgendwo dahinten, glaube ich.
■ Brot? Ich weiß nicht. Fragen Sie mal die Kollegin da.

Ausnahme: Das *o* in „Kollegin" ist kurz, aber geschlossen wie das lange *o*.

☺☺ Lesen und auswendig sprechen
1. Lesen Sie still einen Satz.
2. Decken Sie den Satz mit der Hand zu und sehen Sie Ihren Partner an.
3. Sprechen Sie den Satz auswendig.
4. Ihr Partner kontrolliert und macht dann weiter.

☺☺ **8)** Sprechen Sie jetzt den Dialog mit diesen Wörtern. Machen Sie vorher unter lange Vokale einen Strich und unter kurze Vokale einen Punkt.

der Kartoffelbrei, der Socken, der Kochlöffel, der Rotkohl, die Sojasprossen, das Vollkornbrot, die Bohne, der Honig, das Sonnenblumenöl, der Wodka

Richtig schreiben

Es gibt vier wichtige Rechtschreibregeln für lange und kurze Vokale.

Regel 1:
Nach einem *kurzen Vokal* kommt ein *Doppelkonsonant* (ho**ff**en) oder es kommen *zwei verschiedene Konsonanten* (He**ft**).
(Der Doppelkonsonant vom Infinitiv bleibt beim Konjugieren stehen: ho**ff**en – er ho**fft**.)

9) Kurze Vokale. Einfacher Konsonant oder Doppelkonsonant? Setzen Sie ein.

l/ll ?   das Fe___d, die E___tern, die We___t, die We___e

n/nn?   die So___e, kö___en, ich ko___te, das Ko___zert, das Ko___to, so___dern,

der Mö___ch, das E___de

Regel 2:
Nach einem *langen Vokal* kommt nur *ein Konsonant* (sch**o**n, sch**o**nen).
(Der lange Vokal vom Infinitiv bleibt beim Konjugieren lang, auch wenn er dann vor mehreren Konsonanten steht (du sch**o**nst).)

🎧 **V** **10)** Lang oder kurz? Ein Konsonant oder Doppelkonsonant? Hören Sie und setzen Sie die Buchstaben ein.

f/ff?   ö___entlich, geö___net, ho___entlich, ö___ter, der Pfe___er

n/nn?   die To___e, die Tö___e, tre___en, der O___kel

t/tt?   das Fe___, das We___er, die Ke___e, die Mo___e, nö___ig

l/ll ?   der Te___er, der Wo___f, ö___ig, beste___en, he___fen

Regel 3:
Doppelvokale sind lang. Man kann nur *a, e* und *o* verdoppeln (der Saal, das Beet, das Boot).
(Ein langes *i* schreibt man fast immer *ie* (die Miete).)

☞ Übungen zu Wörtern mit Doppelvokalen finden Sie in den Kapiteln „Lange und kurze Vokale"
(S. 23) und „Wörter mit *a, ä, e* und *i*"(S. 31).

Regel 4:
Das Dehnungs-h: Lange Vokale schreibt man oft mit einem *h* (der Sohn).
Dieses Dehnungs-*h* spricht man nicht. Es macht nur den Vokal lang.

Aber wann schreibt man ein Wort mit *h*, wann nicht? Dafür gibt es zwei Regeln.

4a: *Nach dem Dehnungs-h* stehen normalerweise die vier Konsonanten *l, m, n, r.*

Können Sie sich diese Regel merken? Vielleicht hilft Ihnen für die vier Buchstaben ein Merksatz:
Lass mich nicht raten! – mit Dehnungs-*h.*

4b: Aber: Wenn *vor dem langen Vokal p, t, v, sp, qu, sch* oder mehrere Konsonanten zusammen
kommen, steht normalerweise kein Dehnungs-*h* (z.B. die **P**ore, der **T**on, **sch**ön, **sp**ülen).

Ein Merksatz für *p, t, v, sp, qu, sch:*
Petra trinkt viel spanischen Quitten-Schnaps – ohne Dehnungs-*h.*

11) Langer Vokal – welche Regel? Ordnen Sie die Wörter den Regeln zu .

die Fl**ö**te, die K**e**hle, p**o**lieren, der S**oh**n, der K**ö**nig, das T**o**r, l**e**sen, die M**ö**hre, m**e**hr, s**e**hr,
d**ie** R**o**se, st**e**hlen, sch**ö**n, der T**o**n, das M**e**hl, die D**o**se

Regel 2: Vok + Kon + Vok	
Regel 4a: Dehnungs-*h* + *l m n r*	
Regel 4b: *p t v sp qu sch* + kein Dehnungs-*h* Ausnahme:	

12) Lange Vokale: einfacher Vokal, Doppelvokal oder Dehnungs-*h*? Setzen Sie die Buchstaben ein.

o/oh/oo?	die H____se, d__f, der Franz____se, das Br__t, das ___r, die K___le, ____ne, ____der
ö/öh?	die M_____re, franz___sisch, die L____sung, die S_____ne, b___se, m___gen, n___tig
e/eh/ee?	der B___sen, f__gen, st__len, tr__ten, ver__ren, w__gen, die Sch___re, der T___r, der L___m, n_____men, der T___

V **13)** Lückendiktat. Setzen Sie die Wörter ein.

Ich war letzte _____ mit meinem _____ _____ im _____ .

Ich _____ gerne ins _____, aber er fand die _____

_____ langweilig. _____ _____ zuerst zu dem _____

_____ . Er _____ ihn mit den _____ füttern, die er

_____ hatte. Der _____ schlief allerdings _____ in seiner

_____ . _____ _____ _____ ? _____ _____ dann

die _____ mit seinem _____ _____ . Aber sie _____ das

nicht, sie _____ _____ nur Fisch. _____ _____

das nicht einsehen. Er ist ein _____ und er_____

und _____ die ganze Zeit. Ich dachte, es wird ein _____ Tag im _____

aber mit _____ war es mal wieder die_____ .

14) Buchstabensalat. In den Buchstaben sind Wörter versteckt. Finden Sie die Wörter und schreiben Sie sie zum passenden Satz.

GEEFFEHÖHLENODWETRAELÖZÖCKDBESENÖKETTOROBETRPSELLHHÖLLEECKRSSOPQRSTVEW
XYZROBBENPPOGHTHSCHEREFFBEETZFALGMESSEROOTWEDEOFENBCDFGHJK_MNPQTONNELÖ
ZÖCK

1. Ich fege den Fußboden mit einem _____ .

2. Papier kann man mit einer _____ schneiden.

3. Ich schneide das Brot mit einem großen Brot _____ .

4. Wir heizen noch mit unserem alten Holz _____ .

5. Der griechische Philosoph Diogenes lebte in einer _____ .

6. Wohnen Wölfe in _____ ?

7. Der Teufel herrscht in der _____ .

8. Der Mantel von einem Richter heißt _____ .

9. In der Nordsee leben _____ .

10. Im Garten wachsen die Blumen auf einem _____ .

16) Silbenrätsel. Welches Wort passt zur Erklärung? Suchen Sie aus den Silben das richtige Wort.

Boh-, -brei, Bröt-, -brot, -chen-, -chen, Do-, -ein-, -fel-, Kar-, Koch-, -kohl, -korn-, Kü-, -lat, -mes-, Möh-, -nen-, -ner, -öff-, -ren-, Rot-, -sa, -sen, -ser, -tof-, -topf, -topf, Voll-

1. Das isst man oft mit Marmelade zum Frühstück: das _____

2. Eine dicke Suppe für den Winter: der _____

3. Man macht damit Konservendosen auf: der _____

4. Ist aus pürierten Kartoffeln mit etwas Milch: der _____

5. Darin kocht man Suppe: der _____

6. Man schneidet damit beim Kochen etwas klein: das _____

7. Salat aus Karotten: der _____

8. Rotes Gemüse: der _____

9. Dunkles Brot aus ganzen Körnern: das _____

Wörter mit u, ü und i

[u:/ʊ] [y:/ʏ] [i:/ɪ]

☞ Die Lösungen zu den Übungen finden Sie auf den Seiten 171-172.

Die drei Buchstaben *u, ü, i* kann man lang und kurz sprechen. Sie stehen deshalb für sechs verschiedene Laute. Bei langen und kurzen Vokalen ist nicht nur die Länge unterschiedlich, sie klingen auch verschieden (☞ Aussprachetraining, S. 118-122).

35 V

lang	**kurz**
[u:] Mus	[ʊ] muss
[y:] Hüte	[ʏ] Hütte
[i:] Miete	[ɪ] Mitte

Der Klang des *ü* liegt zwischen dem *u* und dem *i*. Deshalb werden diese Laute in diesem Kapitel zusammen geübt.

Die Aussprache- und Rechtschreibregeln sind für Vokale und Umlaute gleich. Deshalb schreiben wir in den Aufgaben und Regeln oft nur „Vokale".

Hören

36 V 1) Sie hören zwei Wörter. Sind die Wörter gleich = oder verschieden /? Markieren Sie.

1 ☐   2 ☐   3 ☐   4 ☐   5 ☐   6 ☐   7 ☐   8 ☐   9 ☐   10 ☐   11 ☐

37 V 2) Welches Wort hören Sie? Kreuzen Sie an. **X**

lang		**kurz**		**lang**		**lang**	
1 a) siezen	☐	b) sitzen	☐	7 a) Bruder	☐	b) Brüder	☐
2 a) Hüte	☐	b) Hütte	☐	8 a) spulen	☐	b) spülen	☐
3 a) Mus	☐	b) muss	☐	9 a) liegen	☐	b) lügen	☐
4 a) fühlen	☐	b) füllen	☐	**kurz**		**kurz**	
5 a) schief	☐	b) Schiff	☐	10 a) Mutter	☐	b) Mütter	☐
6 a) Ruhm	☐	b) Rum	☐	11 a) Gericht	☐	b) Gerücht	☐
				12 a) Brillen	☐	b) brüllen	☐

3) Lang oder kurz? Hören Sie und machen Sie unter lange Vokale einen Strich (die B<u>ü</u>hne), unter kurze Vokale einen Punkt (i̇mmer)

schwitzen, die Nummer, sieben, müde, schlimm, schimpfen, der Müll, der Süden, der Mut, der Kuchen, schüchtern, schwierig, die Schule, das Buch, der Schuss, schießen

Sprechen

Können Sie die langen und kurzen Vokale und Umlaute gut aussprechen?

☞ Aussprachetipps mit Zeichnungen finden Sie auf den Seiten 123-128.

4) Hören Sie und sprechen Sie die Wörter nach.

1 Mus – muss, 2 Hüte – Hütte, 3 Miete – Mitte, 4 spulen – spülen,
5 musste – müsste, 6 spielen – spülen, 7 Kiste – Küste

☺☺ **5)** Können Sie die Wörter gut aussprechen?

Partner A
Lesen Sie Ihrem Partner nur *eines* der zwei Wörter vor. Kreuzen Sie das Wort an.

lang		kurz	
1 a) Mus		b) muss	
2 a) Ruhm		b) Rum	
3 a) Hüte		b) Hütte	
4 a) fühlen		b) füllen	
5 a) Miete		b) Mitte	
6 a) siezen		b) sitzen	

langes u		langes ü	
7 a) spulen		b) spülen	
8 a) Bruder		b) Brüder	

kurzes u		kurzes ü	
9 a) musste		b) müsste	
10 a) drucken		b) drücken	

langes i		langes ü	
11 a) liegen		b) lügen	
12 a) spielen		b) spülen	

kurzes ü		kurzes i	
13 a) brüllen		b) Brillen	
14 a) Küste		b) Kiste	

Partner B
Hören Sie. Welches Wort liest Ihr Partner vor? Kreuzen Sie an. Vergleichen Sie zum Schluss.

lang		kurz	
1 a) Mus		b) muss	
2 a) Ruhm		b) Rum	
3 a) Hüte		b) Hütte	
4 a) fühlen		b) füllen	
5 a) Miete		b) Mitte	
6 a) siezen		b) sitzen	

langes u		langes ü	
7 a) spulen		b) spülen	
8 a) Bruder		b) Brüder	

kurzes u		kurzes ü	
9 a) musste		b) müsste	
10 a) drucken		b) drücken	

langes i		langes ü	
11 a) liegen		b) lügen	
12 a) spielen		b) spülen	

kurzes ü		kurzes i	
13 a) brüllen		b) Brillen	
14 a) Küste		b) Kiste	

Lesen und sprechen

Wann müssen Sie einen Vokal beim Vorlesen lang sprechen, wann kurz? Meistens kann man das am Wort sehen. Es gibt vier wichtige Ausspracheregeln.

6) Finden Sie die Regeln selbst. Sehen Sie sich die Wörter aus den Übungen 3) und 5) an. Kreuzen Sie an und schreiben Sie ein Beispielwort auf.

Regel:	Der Vokal ist lang / kurz		Beispielwort:
1a) Vokal + Doppelkonsonant	☐	☐	_____
1b) Vokal + 2 Konsonanten	☐	☐	_____
2) Vokal + 1 Konsonant + Vokal	☐	☐	_____
3) i + e	☐	☐	_____
4) Vokal + h	☐	☐	_____
● Extra-Regel: u vor ch ist in der Regel lang.			

Besonderheiten

Wörter mit einer Silbe und einem Konsonanten am Ende können lang oder kurz sein, z.B. *gut, um, im.* Kann man das Wort länger machen?
● Man kann das Wort länger machen. z.B. *gute.* Jetzt passt Regel 2):
Vokal + 1 Konsonant + Vokal. → Man spricht den Vokal *lang.*
● Man kann das Wort nicht länger machen, z.B. *um, im.* → Man spricht den Vokal *kurz.*
(Ausnahme: *wen, den, wem*)

Hinter dem *u* in „du rufst" stehen drei Konsonanten. Trotzdem spricht man das *u* lang. Warum? Das *u* im Infinitiv „rufen" ist lang.
Grundform lang → immer lang!

🙂🙂 **7)** Lang oder kurz? Machen Sie unter lange Vokale einen Strich (süß), unter kurze einen Punkt (müssen). Hören Sie zur Kontrolle die CD. Sprechen Sie dann die Sätze mit Ihrem Partner.

1 Sind Sie müde? – Ja, ich bin müde.
2 Wollen wir uns duzen oder siezen? – Ich sage lieber „du".
3 Wo sind die Bücher? – Die liegen da drüben.
4 Wie sieht denn die Küche aus? – Hier geht es ja drunter und drüber.
5 Die kleinen Brüder mussten spielen. – Der große Bruder müsste spülen.
6 Gern möchte ich einmal den Ruhm fühlen. – Lass uns ein Glas mit Rum füllen.

🙂🙂 Lesen und auswendig sprechen
1 Lesen Sie still einen Satz. 2. Decken Sie den Satz zu und sehen Sie Ihren Partner an. 3. Sprechen Sie den Satz auswendig. 4. Ihr Partner kontrolliert und macht dann weiter.

Richtig schreiben

Es gibt vier wichtige Rechtschreibregeln für lange und kurze Vokale.

Regel 1:
Nach einem *kurzen Vokal* kommt ein *Doppelkonsonant* (das Ki**nn**) *oder* es kommen *zwei verschiedene Konsonanten* (das Ki**nd**).
(Der Doppelkonsonant vom Infinitiv bleibt beim Konjugieren stehen: brü**ll**en – du brü**ll**st.)

---

8) Kurze Vokale. Ein Konsonant oder Doppelkonsonant? Setzen Sie ein.

l/ll?   sti____, die Pi____e, der Fi____m, das Bi____d, die Bri____e, der Mü____, bi____ig,
die Mi____ch, gü____tig, die Hü____e, die Hü___se, er fü____t, die Ri____e

Es gibt drei Möglichkeiten, lange Vokale zu schreiben.

Regel 2:
Nach einem *langen* Vokal kommt nur *ein Konsonant* (der Gru**ß**, grü**ß**en).
(Der lange Vokal vom Infinitiv bleibt beim Konjugieren lang, auch wenn er dann vor mehreren Konsonanten steht: grü**ß**en – du grü**ß**t.)

---

9) Lückendiktat. Kurz oder lang? Ein *l* oder *ll*? Hören Sie und setzen Sie dann die Wörter ein.

1 Auf der Wiese stehen Kühe und Bu___en.

2 Wo ist die Bri___e?

3 Schie___st du?

4 Du musst die Kassette bis Nu___ zurückspu___en.

5 Wo ist die Hü___e von dem Fü___er?

6 Kinder, warum brü___t ihr so laut?

7 Wi___i lebt in Kie___ und macht in den Schu___ferien Urlaub am Ni___.

Regel 3: Das lange *i*
● Ein langes *i* schreibt man fast immer *ie* (die Miete).
● Die Personalpronomen *ihn, ihr, ihm, ihnen* schreibt man mit *ih*.
● Am Wortanfang steht nie *ie*.
● Es gibt internationale Wörter mit einem langen, einfachen *i*. Einige enden auf *-in, -ine* (die Medizin, die Maschine) und *-iv, -ive* (das Motiv, die Initiative).

---

10) Das *lange i*: Mit i, ie oder *ih*?

s___ben, die B___ne, der ___gel, ___sol___ren, die Masch___ne, explos___v, das S___b, ___nen, das Vent___l, w___gen, die Turb___ne, sch___ßen, das Kl___ma, d e Kab___ne, die W___se, das Mot___v, v___l, m___s, die Mediz___n, ___r, die Alternat___ve, s___gen, fl_____gen, das Benz___n, verl___ren, die Schw___germutter, kommunikat___v, l___fern, akt___v

Besonderheit: ieh

Eine Verbform mit *ieh* kommt von einem Infinitiv mit *eh, eih* oder *ieh*:
  Beispiel:
  sehen   →   du siehst, er sieht
  Infinitiv mit *eh*   →   in der 2. und 3. Person Singular *ieh*

11) Verbformen mit ieh. Schreiben Sie den Infinitiv auf.

Infinitiv

1. Lisa, die Diebin, **stiehlt** ein Auto.   _____
2. Fritz, der Besitzer, kommt und **sieht** das.   _____
3. Er fragt sie: „Was **geschieht** hier?"   _____
4. Sie sagt: „Oh, das Auto habe ich mir nur ausgeliehen." _____
5. Aber er **lieh** ihr sein Auto nicht.   _____
6. Er **befiehlt**: „Bleiben Sie stehen!"   _____
7. Aber sie **flieht** mit seinem Auto.   _____

Regel 4:
Dehnungs-h: Lange Vokale schreibt man oft mit einem *h* (der R**uh**m).
Dieses Dehnungs-h spricht man nicht. Es macht nur den Vokal lang.

Aber wann schreibt man ein Wort mit *h*, wann nicht? Dafür gibt es zwei Regeln.

4a: Nach dem Dehnungs-h stehen normalerweise die vier Konsonanten *l, m, n, r.*

Können Sie sich diese Regel merken? Vielleicht hilft Ihnen für die vier Buchstaben ein Merksatz:
*L**a**ss **m**ich **n**icht **r**aten!*– mit Dehnungs-*h*.

4b: Aber: Wenn *vor dem langen Vokal p, t, v, sp, qu, sch* oder mehrere Konsonanten zusammen kommen, steht normalerweise kein Dehnungs-*h* (z.B. **p**ulen, **Sch**ule, **sch**wül, **sp**ülen).

Ein Merksatz für *p, t, v, sp, qu, sch*:
Petra **t**rinkt **v**iel **sp**anischen **Qu**itten-**Sch**naps. – *ohne Dehnungs-h.*

47

12) Langer Vokal – welche Regel? Ordnen Sie die Wörter den Regeln zu.

die Uhr, ihnen, die Schule, ihm, der Stuhl, ihr, die Pute, pulen, müde, der Süden, schwül, wütend, die Tüte

Regel 2) Vok + Kon + Vok	Regel 4a) *Dehnungs-h* + l, m, n, r	Regel 4b) *p, t, v, qu, sch, sp* + kein *Dehnungs-h*

13) Lange Vokale: mit oder ohne *Dehnungs-h*? Setzen Sie die Buchstaben ein.

u/uh? die Sch____le, die ___r, der Ber____f, der Gr___ß, das H___n, das ___fer, r___fen, der St___l, der Betr___g, sie f_____r

ü/üh? das Gef____l, b____geln, ____ben, sp_____len, K____lschrank, F____rerschein, betr____gen, ber____mt, w____tend, die W____ste

i/ie/ih? er fl____gt, l____ben, ____n, das Mot___v, das L____d, r____chen, verl____ren, der ___gel, er s____ht

14) Lückendiktat: langer oder kurzer Vokal? Mit t oder tt?

1   Die Bu_____er ist noch im Kühlschrank.

2   Die Milch ist schlecht. Ich schü_____e sie weg.

3   Ach du meine Gü____e! Wir müssen noch unser Baby fü____ern!

4   Moritz schü_____elt die Sprudelflasche.

5   Max war wü_____end.

6   Ich habe noch nie bei einer Verlosung gewonnen. Ich ziehe nur Nie_____en.

7   Das Fenster ist kapu____. Du musst ein neues Glas einsetzen und das Fenster ki____en.

8   Ich werde eine größere Wohnung in der Stadtmi_____e mie_____en.

☺☺ **15)** Plural-Diktat. Viele Substantive mit einem *u* haben im Plural ein *ü*. Aber nicht alle. Diktieren Sie Ihrem Partner den Plural. Danach ist Ihr Partner dran.

Partner A

1. der Stuhl	die Stühle	10. der Schuss	_____
2. die Gruppe	die Gruppen	11. die Wunde	_____
3. der Fuß	die Füße	12. die Kugel	_____
4. der Turm	die Türme	13. der Kuss	_____
5. die Unterkunft	die Unterkünfte	14. der Sturm	_____
6. der Kunde	die Kunden	15. die Mutter	_____
7. der Mund	die Münder	16. der Bruder	_____
8. die Nudel	die Nudeln	17. der Kuchen	_____
9. der Fluss	die Flüsse	18. die Kunst	_____

- - - - - - - - - nicht mogeln - - - - - - - - - - - - - knicken - - - - - - - - - - - - - - -oder abdecken - - - - - - - - -

15) Plural-Diktat. Viele Substantive mit einem u haben im Plural ein ü. Aber nicht alle. Ihr Partner diktiert Ihnen den Plural. Danach sind Sie dran.

Partner B

1. der Stuhl	_____	10. der Schuss	die Schüsse
2. die Gruppe	_____	11. die Wunde	die Wunden
3. der Fuß	_____	12. die Kugel	die Kugeln
4. der Turm	_____	13. der Kuss	die Küsse
5. die Unterkunft	_____	14. der Sturm	die Stürme
6. der Kunde	_____	15. die Mutter	die Mütter
7. der Mund	_____	16. der Bruder	die Brüder
8. die Nudel	_____	17. der Kuchen	die Kuchen
9. der Fluss	_____	18. die Kunst	die Künste

☺☺ **16)** Partnerübung. Im Üldi-Supermarkt gibt es nur Dinge mit *ü, u* und *i*. Fragen Sie nach den Preisen.

- ● Guten Tag, ich habe eine Frage: Was kostet Milch bei Ihnen?
- ■ Milch? Ein Liter kostet 59 Cent.
- ● Und wieviel kostet ...

Milch	0,59 Euro
Spülbürste	1,05 Euro
Nusskuchen, ein Stück	1,30 Euro
Mülltüten	2,29 Euro
Kiste Bier	10,49 Euro
ein Kürbis	2,49 Euro
Kiwi, ein Stück	0,19 Euro

Was gibt es noch bei Üldi? Sammeln Sie Wörter mit u, ü und i. Wem fallen in fünf Minuten die meisten Wörter ein?

17) Silbenrätsel. Welches Wort passt zur Erklärung? Suchen Sie aus den Silben das richtige Wort.

-bel-, Brief-, -brett, Bü-, Bü-, -bürs-, -chen, -cken-, -dies-, -ei-, -früch-, -gel-, -gel-, -keit, -kost, -kühl-, Müll-, Ra-, Rü-, -schlag, -schmer-, -sen, Spül-, Süd-, -te, -te, -te,Tief-, -tü-, Ü-, -um-, -zen

1. Sie machen damit Geschirr sauber.	die	_____
2. Damit bügeln Sie Ihre Hemden.	das	_____
3. Darauf bügeln Sie.	das	_____
4. Da kommt der Müll hinein.	die	_____
5. Da stecken Sie einen Brief hinein.	der	_____
6. Lebensmittel, die gefroren sind.	die	_____
7. Obst, das im Norden nicht wächst.	die	_____
8. Eine kleine, rote, scharfe Rübe.	das	_____
9. Wenn Sie zu viel tragen, bekommen Sie		_____.
10. Wenn Sie zu viel essen, leiden Sie unter		_____.

18) Dumm und dümmer. Komparativ mit *u* oder mit *ü*? Machen Sie die Übung schriftlich. Kontrollieren Sie die Lösungen.

Herr Gerngroß und Frau Besser unterhalten sich.

1. ● Meine Kinder sind sehr klug.	■ Na ja, meine sind aber	_____.
2. ● Meine Kinder sind total lustig.	■ Schön, aber meine sind	_____.
3. ● Deine sind ziemlich schmutzig.	■ Also, deine Kinder sind	_____.
4. ● Aber sie sind gesund.	■ Aber meine sind	_____.
5. ● Aber ihre Beine sind ziemlich kurz.	■ Aber die von deinen sind	_____.
6. ● Und dein Ältester wird etwas rund.	■ Deiner ist aber	_____.
7. ● Ich finde meine Kinder gut.	■ Ich finde meine	_____.

☺☺ Partnerübung. Wiederholen Sie die Übung mündlich, ohne dass Ihr Partner ins Buch sieht.

👍 **19)** Die Wörter „wieder" und „wider" klingen gleich. Sie haben verschiedene Bedeutungen: wieder = noch einmal, wider = gegen. Welche Bedeutung passt?

1. Kommst du bald w___der?
2. Die W___derholungen im Fernsehen nerven mich.
3. Deine Meinung verstehe ich nicht. Ich muss dir w___dersprechen.
4. Das Essen schmeckt schrecklich. Total w___derlich.
5. Die Partisanen leisten W___derstand gegen die Armee.
6. War die deutsche W___dervereinigung 1989 oder 1990?
7. In der Diskussion über das neue Gesetz ist das Für und W___der ziemlich deutlich geworden
8. Also, ich finde Diktate toll. Ich verstehe den W___derwillen der anderen Leute nicht.
9. Auf W___dersehen!

20) Buchstabensalat. In den Buchstaben sind Wörter versteckt. Finden Sie die Wörter und schreiben Sie sie zum passenden Satz.

TOPPFJRRSAZZAATSIEZENABCDEFGDRÜCKENFGHIKLMMNOPSPÜLENÖKJOFUPÜPÜTZBRÜLLT KLMNOPQRSDRUCKENBEBEDETTEBIENEBUTTIROPSTHÜTTEPPBUDDENPPQUIERRSTGERÜCHT XUFFEPPASTDRISCHGINNT

1. Das Geschirr ist schmutzig. Du musst mal wieder _____ .
2. Dieses Tier macht Honig: die _____ .
3. Unser Hund hat ein eigenes kleines Haus: eine Hunde _____ .
4. Wir sagen zu unserer Lehrerin nicht „du", wir _____ sie.
5. Wusstest du, dass unsere Chefin und der neue blonde Kollege... – Ach komm, das weißt du doch gar nicht. Das ist alles nur ein _____ .
6. Er schreit: er _____ .
7. Ich habe den Text am Computer fertig geschrieben und gespeichert und möchte ihn jetzt _____.
8. Wenn Sie den Apparat ausmachen wollen, dann müssen Sie auf diesen Knopf_____ .

👍 **21)** Lückendiktat

2D

1 _____ steht in der _____ und backt einen _____.
2 Mein _____ isst die _____.
3 _____ _____ noch seine _____ waschen.
4 Wird dir auch beim _____ immer _____? – Ja, mir wird auf
   _____ _____.
5 Die _____ ist in der Stadt_____ nicht _____.
6 Wir_____ das_____ _____.
7 Wir _____ über den _____ ans andere _____.
8 Es ist _____ heute. Und die _____ hier. _____.
9 Du_____ ein _____.
10 Der Kollege, der neben mir _____, _____ mich.

Diphthonge:
Wörter mit au, ei/ai, und eu/äu

[au̯] [ai̯] [ɔy̯]

☞ Die Lösungen finden Sie auf den Seiten 172-173.

Die Buchstaben *au, ei/ai* und *eu/äu* heißen Diphthonge. Die folgenden Diphthonge schreibt man verschieden, aber sie klingen gleich: *ei/ai* (das Ei / der Hai) und *eu/äu* (die Leute / die Häuser).

Hören

 1) Welches Wort hören Sie? Kreuzen Sie an. **X**

1 a) raus	b) Reis	12 a) Geigen	b) gegen
2 a) Raum	b) Ruhm	13 a) weinen	b) wähnen
3 a) faulen	b) Fohlen	14 a) Wein	b) wenn
4 a) laute	b) Leute	15 a) leichte	b) Leuchte
5 a) Maul	b) mal	16 a) Säule	b) Sohle
6 a) sausen	b) säßen	17 a) scheu	b) Schuh
7 a) Maus	b) Moos	18 a) Meute	b) Motte
8 a) tauschen	b) täuschen	19 a) heulen	b) Höllen
9 a) Eis	b) aus	20 a) heulen	b) Höhlen
10 a) Reise	b) Riese	21 a) schäumen	b) schämen
11 a) leiden	b) laden	22 a) häuslich	b) hässlich

Sprechen

Aussprachetipp

Diphthonge sind zwei Vokale, die man zusammen sprechen muss. Diphthonge sind Gleitlaute, der erste Vokal *gleitet* nach oben zum zweiten.

Beim Diphthong *ai* gleitet man vom *a* nach oben zum *i*: **a** ↗ **i**

Der erste Vokal ist immer stark und betont, der zweite Vokal ist immer schwach und unbetont. Hier ist also das *a* betont, das *i* ist unbetont.

☞ Aussprachetipps mit Zeichnungen finden Sie auf Seite 128/129.

Lesen und sprechen

Die meisten Diphthonge spricht man nicht so, wie man sie schreibt. Sehen Sie sich deshalb die Lautschrift-Zeichen an.

geschrieben:	gesprochen:	Lautschrift-Zeichen:
au	a ↗ u	[au̯]
ei, ai, ey, ay	a ↗ i	[ai̯]
eu, äu	o ↗ ü	[ɔy]

2) Decken Sie Tabelle oben ab. Tragen Sie ein, wie man die Diphtonge spricht.

geschrieben:	ey	ai	äu	ei	au	eu	ay
	i						
	↗	↗	↗	↗	↗	↗	↗
gesprochen:	a						

3) Hören Sie und sprechen Sie die Wörter nach.

1 Maus – Mais, 2 nein – neun, 3 Frau – frei, 4 Meise – Mäuse, 5 Haus – Hass,
6 häuslich – hässlich, 7 Lauch – Loch, 8 schöne – Scheune

4) Hören Sie und sprechen Sie nach.

- ei   Mann – mein – Mann   Das ist mein Mann.
                                Das kann keiner.

- au   Ass – aus – Ass   Macht Pause!
                             Pass auf!

- eu/äu   Koffer – Käufer – Koffer   Der Koch keucht.
                                          Die Häuser sind noch neu.

Dreiundneunzigtausend.
Friede, Freude, Eierkuchen!

😊😊 **5)** Können Sie die Wörter gut aussprechen?

Partner A	**Partner B**
Lesen Sie Ihrem Partner nur *eines* der beiden Wörter vor. Kreuzen Sie das Wort an.	Hören Sie. Welches Wort liest Ihr Partner vor? Kreuzen Sie an. Vergleichen Sie zum Schluss.

Partner A

Diphthong		Diphthong	
1 a) neun		b) nein	
2 a) Maus		b) Mais	
3 a) aus		b) Eis	
4 a) Haus		b) heiß	
5 a) frei		b) Frau	
6 a) Mäuse		b) Meise	

Diphthong		langer Umlaut	
7 a) sausen		b) säßen	
8 a) heulen		b) Höhlen	
9 a) Scheune		b) schöne	
10 a) keine		b) Kähne	

Diphthong		kurzer Umlaut	
11 a) häuslich		b) hässlich	
12 a) heulen		b) Höllen	
13 a) Reichen		b) rächen	

Diphthong		kurzer Vokal	
14 a) Haus		b) Hass	
15 a) Lauch		b) Loch	
16 a) Haufen		b) hoffen	
17 a) häufen		b) hoffen	
18 a) Meute		b) Motte	
19 a) seit		b) satt	
20 a) dein		b) dann	
21 a) Wein		b) wenn	

Diphthong		langer Vokal	
22 a) Maus		b) Moos	
23 a) Maus		b) Mus	
24 a) Keule		b) Kohle	
25 a) heulen		b) holen	
26 a) heulen		b) hehlen	
27 a) scheu		b) Schuh	
28 a) Schein		b) schien	
29 a) leider		b) Leder	

Partner B

Diphthong		Diphthong	
1 a) neun		b) nein	
2 a) Maus		b) Mais	
3 a) aus		b) Eis	
4 a) Haus		b) heiß	
5 a) frei		b) Frau	
6 a) Mäuse		b) Meise	

Diphthong		langer Umlaut	
7 a) sausen		b) säßen	
8 a) heulen		b) Höhlen	
9 a) Scheune		b) schöne	
10 a) keine		b) Kähne	

Diphthong		kurzer Umlaut	
11 a) häuslich		b) hässlich	
12 a) heulen		b) Höllen	
13 a) Reichen		b) rächen	

Diphthong		kurzer Vokal	
14 a) Haus		b) Hass	
15 a) Lauch		b) Loch	
16 a) Haufen		b) hoffen	
17 a) häufen		b) hoffen	
18 a) Meute		b) Motte	
19 a) seit		b) satt	
20 a) dein		b) dann	
21 a) Wein		b) wenn	

Diphthong		langer Vokal	
22 a) Maus		b) Moos	
23 a) Maus		b) Mus	
24 a) Keule		b) Kohle	
25 a) heulen		b) holen	
26 a) heulen		b) hehlen	
27 a) scheu		b) Schuh	
28 a) Schein		b) schien	
29 a) leider		b) Leder	

6) Was machen die Frauen am Wochenende? Fragen Sie Ihren Partner und geben Sie ihm die Informationen, die Sie haben.

Partner A

● Was macht Fräulein Meuler am Wochenende?

■ Mäuler mit *ä – u*?

● Nein, Meuler mit *e – u*.

■ Fräulein Meuler packt für eine Auslandsreise.

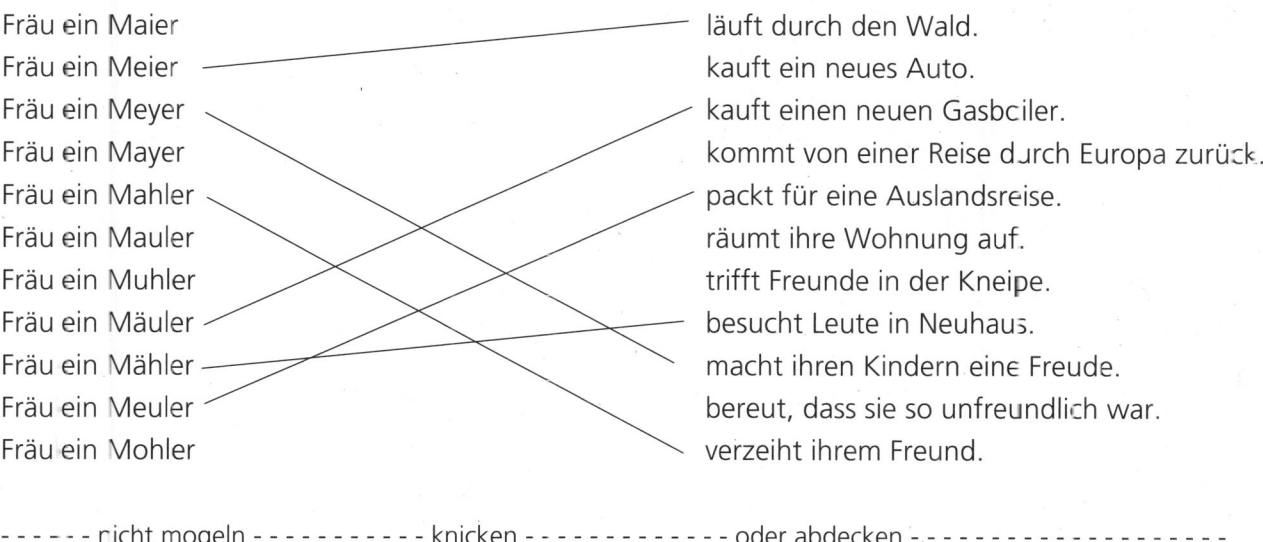

Fräulein Maier	läuft durch den Wald.
Fräulein Meier	kauft ein neues Auto.
Fräulein Meyer	kauft einen neuen Gasboiler.
Fräulein Mayer	kommt von einer Reise durch Europa zurück.
Fräulein Mahler	packt für eine Auslandsreise.
Fräulein Mauler	räumt ihre Wohnung auf.
Fräulein Muhler	trifft Freunde in der Kneipe.
Fräulein Mäuler	besucht Leute in Neuhaus.
Fräulein Mähler	macht ihren Kindern eine Freude.
Fräulein Meuler	bereut, dass sie so unfreundlich war.
Fräulein Mohler	verzeiht ihrem Freund.

- - - - - - nicht mogeln - - - - - - - - - - - knicken - - - - - - - - - - - - - oder abdecken -

6) Was machen die Frauen am Wochenende? Fragen Sie Ihren Partner und geben Sie ihm die Informationen, die Sie haben.

Partner B

● Was macht Fräulein Maier am Wochenende?

■ Meyer mit *e – y*?

● Nein, Maier mit *a – i*.

■ Fräulein Maier räumt ihre Wohnung auf.

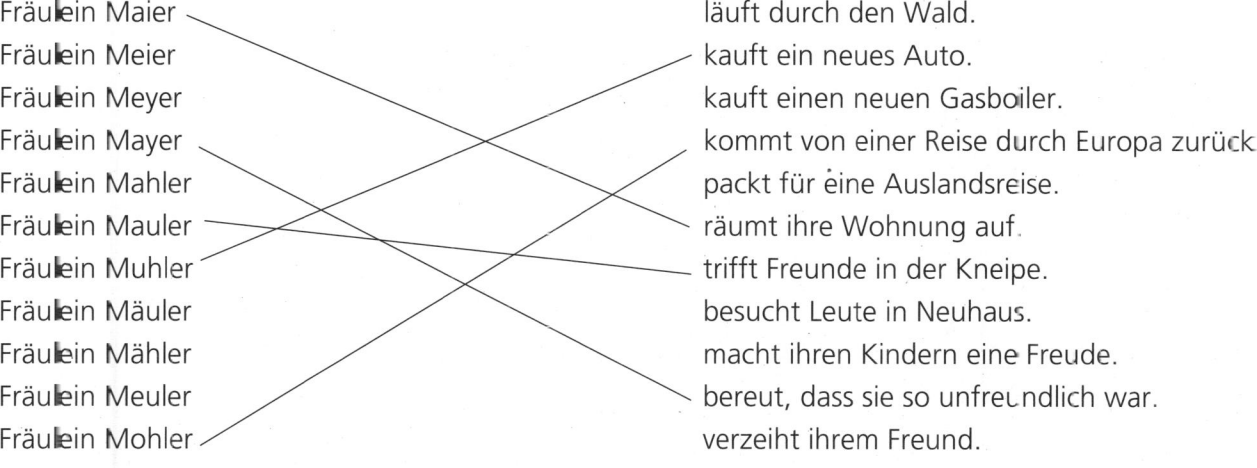

Fräulein Maier	läuft durch den Wald.
Fräulein Meier	kauft ein neues Auto.
Fräulein Meyer	kauft einen neuen Gasboiler.
Fräulein Mayer	kommt von einer Reise durch Europa zurück.
Fräulein Mahler	packt für eine Auslandsreise.
Fräulein Mauler	räumt ihre Wohnung auf.
Fräulein Muhler	trifft Freunde in der Kneipe.
Fräulein Mäuler	besucht Leute in Neuhaus.
Fräulein Mähler	macht ihren Kindern eine Freude.
Fräulein Meuler	bereut, dass sie so unfreundlich war.
Fräulein Mohler	verzeiht ihrem Freund.

Richtig schreiben

Die Diphthonge *eu* und *äu* klingen gleich. Beim Schreiben müssen Sie die Grundform suchen.

> Regel:
> Ein Wort mit *äu* kommt von einem Wort mit *au*.

Grundform

M___se (eu/äu)?   Singular: die M**au**s   →   M**äu**se ist der Plural von M**au**s, also **äu**.

tr___men (eu/äu)?   Substantiv: der Tr**au**m   →   Das Verb tr**äu**men kommt von dem Substantiv der Tr**au**m, also **äu**.

 7) Mit *eu* oder mit *äu*? Setzen Sie ein.

Diese Wörter mit *au* passen zu den Wörtern mit *äu*:

> bauen, das Haus, der Raum, sauer, sauber, verkaufen, saufen, laufen, rauben, der Zaun, der Traum, die Maus, die Sau

eu oder *äu*?	Gibt es ein Wort mit *au*?	*eu* oder *äu*?	Gibt es ein Wort mit *au*?
1. die H_____ser	_____	11. der L____fer	_____
2. tr_____men	der Traum	12. der R____ber	_____
3. die L____te	_____	13. die Fr___de	_____
4. aufr___men	_____	14. die Z___ne	_____
5. t___er	_____	15. h___len	_____
6. das F____er	_____	16. s___bern	_____
7. die M____se	_____	17. das Geb___de	_____
8. der Verk____fer	_____	18. die S___e	_____
9. n___	_____	19. vertr_____mt	_____
10. der S___fer	_____	20. die S___re	_____

Wörter mit   und

Die Diphthonge *ei, ai, ey* und *ay* klingen gleich. Beim Schreiben ist *ei* fast immer richtig, denn es gibt nicht viele Wörter mit *ai* und nur einige Namen mit *ey* (Norderney) und *ay* (Bayern). Bei dem Namen Meier, Meyer, Maier oder Mayer muss man fragen, wie man ihn schreibt.

Es gibt ein paar Wörter mit *ai* und *ei*, die gleich klingen, die man aber nicht gleich schreibt. Die Bedeutung ist unterschiedlich:
die Saite – die Seite, der Rain – rein, laichen – die Leiche, -n, die Weise – die Waise.

8) Wörter mit *ai, ay* und *ey*. Setzen Sie das passende Wort ein.

ai   der Hai, -e; der Hain; der Kai, -s; Kairo; der Kaiser, -; der Laie, -n; laichen; der Mai; der Mais; die Saite, -n; der Taifun, -e; die Waise, -n
ay/ey   bayerisches; Mayer; Norderney
ei   die Leiche, -n; die Seite, -n; rein; die Weise, -n

1. Eine Gitarre hat sechs _____ .

2. Dieser Roman hat 600 _____ .

3. Bis 1918 hatte Deutschland einen _____ .

4. Die Sphinx und die Pyramiden von Gizeh sind bei _____ .

5. Tote Körper heißen _____ .

6. Alles neu macht der _____ .

7. Schiffe machen am _____ fest.

8. Das Wasser in diesem See ist noch sehr sauber, es ist noch klar und _____ .

9. Hier _____ Kröten und Frösche.

10. Ich heiße M____er. – Mit ei, ey oder ai? – Nein, alles falsch, M____er mit ____ .

11. Er ist kein Profi, er ist ein _____ .

12. Ein _____ ist ein kleines Wäldchen.

13. Ich mag die Art und _____, wie du Flöte spielst.

14. Das Kind hat keine Eltern mehr, es ist eine _____ .

15. Ich liebe _____ Bier.

16. Ich liebe die Nordsee-Inseln, ich fahre im Herbst nach _____ .

17. Der _____ hat mehrere Küstendörfer zerstört.

18. Vorsicht, schnell raus aus dem Wasser, da sind _____ .

19. Corn Flakes sind aus _____ .

Lerntipp:
Verben mit *ei* schreibt man im Präteritum oft mit *ie*, also mit einem langen *i*:
schreiben – wir schrieben. Aber nicht alle!

☺☺ **9) Partner A**

Diktieren Sie Ihrem Partner
die Präteritumform.

Schreiben Sie hier die Präteritumform
auf, die Ihnen Ihr Partner diktiert.

Infinitiv Präsens	Präteritum	Infinitiv Präsens	Präteritum
1. bleiben	wir blieben	9. überweisen	wir _____
2. vergleichen	wir verglichen	10. es schneit	_____
3. schreiben	wir schrieben	11. leihen	_____
4. schreien	wir schrien	12. reiben	_____
5. schweigen	wir schwiegen	13. schneiden	_____
6. feiern	wir feierten	14. entscheiden	_____
7. leiden	wir litten	15. heißen	_____
8. scheinen	wir schienen	16. bleiben	_____

- - - - - - - - - nicht mogeln - - - - - - - - - - - knicken - - - - - - - - - - - - - - - - - oder abdecken - - - - - - - - - - -

9) Partner B

Schreiben Sie hier die Präteritumform auf,
die Ihnen Ihr Partner diktiert.

Diktieren Sie Ihrem Partner
die Präteritumform.

Infinitiv Präsens	Präteritum	Infinitiv Präsens	Präteritum
1. bleiben	wir _____	9. überweisen	wir überwiesen
2. vergleichen	_____	10. es schneit	es schneite
3. schreiben	_____	11. leihen	wir liehen
4. schreien	_____	12. reiben	wir rieben
5. schweigen	_____	13. schneiden	wir schnitten
6. feiern	_____	14. entscheiden	wir entschieden
7. leiden	_____	15. heißen	wir hießen
8. scheinen	_____	16. bleiben	wir blieben

Fragen Sie sich die Formen auch gegenseitig ab: Nennen Sie den Infinitiv und kontrollieren Sie, ob
Ihr Partner die richtige Präteritumform sagt.

10) Wörter mit *ei* oder mit *ie*. Beim Schreiben kann man das lange *i* (geschrieben *ie*) mit *ei* verwechseln. Setzen Sie die Wörter ein:

Lied – Leid, Biene – Beine, Reise – Riese, weise – Wiese

1. Ich mache eine _____ nach Südamerika.
2. Die Kinder singen ein _____.
3. Mein Opa ist alt und _____.
4. Eine _____ hat mich in die nackten _____ gestochen.
5. Hinter unserem Haus ist eine schöne grüne _____.
6. Mein Bruder ist 2,10 m groß, er ist ein _____.
7. Entschuldigung! Das tut mir wirklich _____.

☺☺ Lesen Sie die Sätze dann Ihrem Partner vor.

👍 **11)** Lückendiktat. Diphthonge, Umlaute und Vokale. Hören Sie und setzen Sie die Wörter ein.
3D (3: schnelle Version; 4: langsame Version)

4D Ein trauriges Schweine-Gedicht:

Trinken _____ zu viel _____,

dann _____ sie, ein _____ zu sein.

„He, _____ doch mal ins Wasser _____!",

ruft _____ dann der _____ zum _____.

Jetzt _____ _____.

„Obwohl ich Wasser sonst _____!"

„Du wirst dich hier nie _____ fühlen",

sagt stolz der _____ zum armen _____,

„im Wasser wirst du dich verkühlen".

Der _____ ist so _____.

Sein _____ bringt unser _____ in Not.

Es wartet auf ein Rettungsboot.

Am Ufer liegen _____ _____. Bald ist's tot.

Rechtschreibregel: Nach einem Diphthong steht nie ein Doppelkonsonant.

 12) Lückendiktat. Wörter mit *au, ei/ai, äu/eu*. Hören Sie und setzen Sie die Wörter ein.

5D

1 Das _____ ist ganz _____.

2 Der _____ macht ein _____.

3 Der Mond _____ und die Sterne _____.

4 Hör auf zu_____ , die Wunde wird bald _____.

5 Du bekommst eine _____. _____ sind gefährlich, du darfst nicht damit spielen.

6 Die _____ muss die _____ den _____ _____.

7 Die _____ _____ _____ dem _____.

8 Die Katze _____, wenn du sie in den _____ _____, denn Wasser ist ihr viel zu _____.

9 Die _____ ist in _____. Sie findet keine _____. Jetzt frisst sie eine _____.

10 Ein _____ -_____ _____ einem _____ drei _____ .

11 Die _____ _____ zu brennen.

12 Wir machen eine _____ mit einem schönen _____.

☺☺ **13)** Partnerdiktat

Machen Sie eine Liste mit zehn Lernwörtern aus dieser Lektion. Diktieren Sie die Wörter Ihrem Partner.

Vokaleinsatz ohne h und mit h

☛ Die Lösungen finden Sie auf den Seiten 173-174.

Wenn im Deutschen ein Wort oder eine Silbe mit einem Vokal anfängt, „schaltet" man oft die Stimme neu „ein". Man verbindet den Voka nicht mit dem Buchstaben vorher. Das Fachwort dafür ist „Vokal-Neueinsatz". Bei diesem Neueinsatz kann man ein leichtes Knacken im Hals hören. Dieses „Stakkato" ist sehr typisch für den Klang der deutschen Sprache.
Es gibt auch den „gehauchten" Vokaleinsatz. Hier schreibt man ein h.
Hören Sie die Beispiele.

46 V

Neueinsatz (mit Knacken)	gehaucht (mit h)
[l]aus	**H**aus
[l]Eis	**h**eiß
[l]offen	**h**offen
[l]ein[l]engen	ein**h**ängen

Hören

---

47 V

1) Hören Sie ein h? Wenn ja, schreiben Sie ein **h** in das Kästchen.

1 ☐   2 ☐   3 ☐   4 ☐   5 ☐   6 ☐   7 ☐   8 ☐   9 ☐

48 V

2) Ohne h oder mit h? Welches Wort hören Sie? Kreuzen Sie an. **X**

1 a) aus	☐	b) Haus	☐	5 a) erfahren	☐	b) herfahren	☐
2 a) Eis	☐	b) heiß	☐	6 a) hoch oben	☐	b) hochhoben	☐
3 a) und	☐	b) Hund	☐	7 a) barocker	☐	b) Barhocker	☐
4 a) auch	☐	b) Hauch	☐	8 a) Bauer	☐	b) Bauherr	☐

49 V

3) Ohne oder mit Knacklaut? Welches Wort hören Sie? Kreuzen Sie an. **X**

	1	2	3	4	5
Romanist					
Roman [l]isst					

	6	7	8	9	10
herüber					
Herr [l]Über					

	11	12	13	14	15
Freundin					
Freund [l]in					

Sprechen

Können Sie den „Knacklaut" und den Vokaleinsatz mit *h* gut aussprechen?

☞ Aussprachetipps finden Sie auf Seite 130.

 4) Hören Sie noch einmal die Beispielwörter (Seite 61). Sprechen Sie die Wörter nach.

☺☺ **5)** Können Sie Wörter gut aussprechen?

Partner A
Lesen Sie Ihrem Partner nur *eines* der zwei Wörter vor. Kreuzen Sie das Wort an.

Partner B
Hören Sie. Welches Wort liest Ihr Partner vor? Kreuzen Sie an. Vergleichen Sie zum Schluss.

Partner A		
1 a) aus	b) Haus	
2 a) Eis	b) heiß	
3 a) und	b) Hund	
4 a) auch	b) Hauch	
5 a) Ast	b) Hast	
6 a) erholen	b) herholen	
7 a) einengen	b) einhängen	
8 a) barocker	b) Barhocker	

Partner B		
1 a) aus	b) Haus	
2 a) Eis	b) heiß	
3 a) und	b) Hund	
4 a) auch	b) Hauch	
5 a) Ast	b) Hast	
6 a) erholen	b) herholen	
7 a) einengen	b) einhängen	
8 a) barocker	b) Barhocker	

6) Hören Sie und sprechen Sie die Sätze nach.

1 Roman [ǀ]ist Romanist.
2 [ǀ]Aber [ǀ]aber! Rhabarber, Rhabarber!
3 Meine Freundin Sofia **h**at [ǀ]einen Freund [ǀ]in Sofia.
4 [ǀ]Ich gehe **h**inunter. [ǀ]Er geht **h**in [ǀ]und **h**er.
5 Der [ǀ]U**h**u sagt „**H**u**h**u". „**H**u**h**u" sagt der [ǀ]U**h**u.
6 [ǀ]Ist das **h**ier [ǀ]i**h**r [ǀ]Eis mit **h**eißen **H**imbeeren?
7 Wir **h**offen [ǀ]alle, die **H**alle [ǀ]ist [ǀ]offen.
8 [ǀ]Als sie [ǀ]i**h**n **h**och**h**oben, war [ǀ]er **h**och [ǀ]oben.

☺☺ **7)** Hören Sie und sprechen Sie die Zungenbrecher zusammen mit Ihrem Partner. Sprechen Sie jedes Mal schneller. Wer macht zuerst einen Fehler?

1 [ǀ]In [ǀ]Ulm [ǀ]und [ǀ]um [ǀ]Ulm [ǀ]und [ǀ]um [ǀ]Ulm **h**erum wachsen viele [ǀ]Ulmen.

2 [ǀ]Ob [ǀ]er [ǀ]aber [ǀ]über [ǀ]Ober[ǀ]ammergau [ǀ]oder [ǀ]aber [ǀ]über[ǀ]Unter[ǀ]ammergau [ǀ]oder [ǀ]aber [ǀ]über**h**aupt nicht kommt, [ǀ]ist nicht gewiss.

3 **H**inter **H**ermann **H**annes **H**aus **h**ängen **h**undert **H**emden raus. **H**undert **H**emden **h**ängen raus **h**inter **H**ermann **H**annes **H**aus.

Lesen und sprechen

Wann spricht man einen Vokal mit einem Knacklaut (Neueinsatz)?

Regel: Man spricht den Vokal mit einem Knacklaut: ● am *Wortanfang* ● in *Wortkombinationen* ● nach *Vorsilben*	**Beispiele:** [I]**Er** [I]**i**sst [I]**ei**n [I]**Ei**s. der [I]**Au**gen[I]**a**rzt, das Mittag[I]**e**ssen ver[I]**ä**rgern, ent[I]**e**rben, der Be[I]**a**mte

Ausnahmen:
● Nach den Vorsilben *da(r)-, wo(r)-, hin-, her-* spricht man keinen Knacklaut. Man verbindet den Vokal mit dem Konsonanten vorher.
  Beispiele: da-rüber, wo-rauf, hi-nunter, he-rauf
● Bei den Vorsilben *ein-* und *vor-* spricht man in einigen Wörtern keinen Knacklaut.
  Beispiele: ei-nander, vo-ran, vo-rüber, vo-raus
  Aber: ein[I]engen, vor[I]ab, Vor[I]arbeiter

52 V 8) Knacklaut oder nicht? Machen Sie einen Strich, wo Sie einen Knacklaut sprechen müssen (/Augen/arzt).
Hören Sie zur Kontrolle die CD. Lesen Sie dann die Sätze laut.

1 Er arbeitet als Beamter im Arbeitsamt.

2 Wenn die Straßen vereist sind, verreise ich nicht.

3 Kannst du bitte den Abfalleimer hinuntertragen?

4 Worüber hat er sich so geärgert?

5 Meine Großeltern sind schon uralt.

6 Beeil dich! Wir müssen noch zum Hals-Nasen-Ohrenarzt.

7 Warum sprecht ihr nicht mehr miteinander?

8 Hör auf zu spielen und komm herauf.

9 Der Sportverein hat achtzig aktive Mitglieder.

10 Die Vorarbeiten kommen gut voran.

Wann spricht man das *h*?

Regel:
Man spricht das *h*   Beispiele:
● am *Wortanfang*   das **H**aus, **h**inten, **h**elfen
● in *Wortkombinationen*   der Bau**h**err, der Bar**h**ocker
● nach *Vorsilben*   be**h**alten, mit**h**elfen, ge**h**eim
● in den Nachsilben *–haft, -heit*   die Schön**h**eit, ekel**h**aft
● zwischen Vokalen *in Ausrufen*   A**h**a! O**h**o! A**h**oi! Ju**h**e! Hu**H**u!

Man spricht das *h* nicht
● am Wortende   der Schu~~h~~, die Ku~~h~~, frü~~h~~
● im Wort nach langen Vokalen   die Ba~~h~~n, der Le~~h~~rer
Dieses „Dehnungs-*h*" macht nur den Vokal lang. Man darf es nicht sprechen.

Besonderheit: Das silbentrennende

Das silbentrennende *h* steht am Anfang einer Silbe. Man darf es sprechen. Aber man spricht es normalerweise nicht.
Bespiele: die E~~h~~e (die E-**h**e), ich ge~~h~~e (ich ge-**h**e), die Schu~~h~~e (die Schu-**h**e)

☛ Übungen zum Dehnungs-*h* und zum silbentrennenden *h* finden Sie im Kapitel „Lange und kurze Vokale", Seite 23.

9) Muss man das *h* sprechen? Ordnen Sie die Wörter in zwei Gruppen.

mehr, das Haar, zahlen, erhalten, der Bauernhof, die Fähre, er steht, das Gehirn, der Schuh, glaubhaft, die Behörde, nehmen, heißen, ihnen, die Erholung, verheiratet, die Krankheit, das Frühstück

Man muss das *h* sprechen	**Man darf das *h* nicht sprechen**

☺☺ **10)** Welches *h* **müssen** Sie sprechen? Streichen Sie alle *h* durch, die man nicht sprechen darf (wo~~h~~nen). Hören Sie zur Kontrolle die CD. Sprechen Sie dann die Sätze noch einmal.

1 ■ Wohnen Sie in einem Hochhaus?   ● Nein, in einem Reihenhaus.
2 ■ Fühlen Sie sich nicht wohl?   ● Nein, es ist so heiß heute.
3 ■ Ich habe mir ein sehr schönes
      Unterhemd gekauft.   ● Aha. Wieviel hast du bezahlt?
4 ■ Woher kommt er und wohin geht er?   ● Ich habe keine Ahnung.
5 ■ Verstehst du das?   ● Ich verstehe nur Bahnhof.

Richtig schreiben

11) Lückendiktat. Hören Sie und setzen Sie die Wörter ein. (Manchmal müssen Sie mehrere Wörter in eine Lücke schreiben).

1   Er geht _____.

2   Er geht _____.

3   _____, _____ Telefon, bitte.

4   Wo ist _____? Er soll _____ kommen.

5   Geh bitte _____.

6   Geh bitte _____ die Kasse.

7   Sind die Straßen _____?

8   Sind sie _____?

9   Er ist kein _____, er ist _____.

10 In dem Schloss steht ein _____ _____.

11 Wir _____ _____.

12 Ein _____ trägt keinen _____.

☺☺ **12)** Partnerdiktat

Partner A
Diktieren Sie Ihrem Partner fünf
von diesen Wörtern. Unterstreichen
Sie die Wörter und schreiben Sie die
Nummer hinter das Wort.

heulen	Art
einengen	Ecke
Ast	Eulen
hier	Ende
einhängen	ihr
hart	Hast
Hecke	Hände

Partner B
Welche Wörter diktiert Ihr
Partner? Schreiben Sie.
Vergleichen Sie zum Schluss.

13) Buchstabensalat. In den Buchstaben sind Wörter versteckt. Finden Sie die Wörter und schreiben Sie sie zum passenden Satz.

IELVNKBEAMTEKCOABFALLEIMERIEÖEPSJCEORBIBAUERNHOFERCBAKKKTLECIBAUHERRLELS
PORTVEREINLEICKBAROCKLEHOCKERLMWLIERHOLENICKDHOCHHAUSLEKBAHNHOFLONXK
ENGKIEFSTENBLÄAELI

1. Ein Stuhl ohne Rückenlehne: der _____.

2. Dort können die Mitglieder Sport treiben: im _____.

3. Dort halten die Züge: im _____.

4. Er baut sich ein Haus. Er ist ein _____.

5. Dort arbeitet der Landwirt: auf dem _____.

6. Ein Haus mit vielen Stockwerken: das _____.

7. Die Zeit von 1600 bis 1770 nennt man _____.

8. Er arbeitet für den Staat: der _____.

9. Im Urlaub brauche ich Ruhe. Ich möchte mich _____.

10. Da werfe ich den Müll hinein: in den _____.

Harte und weiche Konsonanten
[k/g] [p/b] [t/d] [s/z]

☞ Die Lösungen finden Sie auf den Seiten 174-175.

Die harten Konsonanten *k, p, t, s* [s] sind *stimmlose Konsonanten*: die Stimmlippen vibrieren nicht, wenn man sie spricht. Die weichen Konsonanten *g, b, d, s* [z] sind *stimmhafte Konsonanten*, die Stimmlippen vibrieren. (☞ Aussprachetraining S. 131-132)

Hören Sie die Beispiele:

①K

hart/stimmlos	weich/stimmhaft
[k] **K**asse	[g] **G**asse
[k] sin**k**en	[g] sin**g**en
[p] **p**acken	[b] **b**acken
[p] O**p**er	[b] O**b**er
[t] **t**anken	[d] **d**anken
[t] Bo**t**en	[d] Bo**d**en
[s] rei**ß**en	[z] rei**s**en
[s] flie**ß**en	[z] Flie**s**en

Hören

②K **1)** Sie hören zwei Wörter. Sind die Wörter gleich = oder verschieden /? Markieren Sie.

1 ☐   2 ☐   3 ☐   4 ☐   5 ☐   6 ☐   7 ☐   8 ☐

③K **2)** Welches Wort hören Sie? Kreuzen Sie an. **X**

hart		weich		hart		weich	
1 a) Kreis	☐	b) Greis	☐	5 a) reißen	☐	b) reisen	☐
2 a) Pass	☐	b) Bass	☐	6 a) Raupen	☐	b) rauben	☐
3 a) Teich	☐	b) Deich	☐	7 a) Klinke	☐	b) Klinge	☐
4 a) Muße	☐	b) Muse	☐	8 a) waten	☐	b) Waden	☐

④K **3)** Welches Wort hören Sie? Schreiben Sie eine **1** hinter das erste Wort, eine **2** hinter das zweite Wort und so weiter.

Gepäck ☐   Daten ☐   weise ☐   Gebäck ☐   weiße ☐   Taten ☐

Sprechen

Können sie harte/stimmlose und weiche/ stimmhafte Konsonanten gut aussprechen?

☛ Aussprachetipps finden Sie auf den Seiten 131-132.

1 K 4) Hören Sie noch einmal die Beispielwörter (Seite 67). Sprechen Sie die Wörter nach.

5) Können Sie die Wörter gut aussprechen?

Partner A
Lesen Sie Ihrem Partner nur
eines der zwei Wörter vor.
Kreuzen Sie das Wort an.

Partner B
Hören Sie. Welches Wort liest Ihr
Partner vor? Kreuzen Sie an.
Vergleichen Sie zum Schluss.

hart		weich		hart		weich	
1 a) Karten		b) Garten		1 a) Karten		b) Garten	
2 a) packen		b) backen		2 a) packen		b) backen	
3 a) tanken		b) danken		3 a) tanken		b) danken	
4 a) reißen		b) reisen		4 a) reißen		b) reisen	
5 a) sinken		b) singen		5 a) sinken		b) singen	
6 a) Oper		b) Ober		6 a) Oper		b) Ober	
7 a) Boten		b) Boden		7 a) Boten		b) Boden	
8 a) fließen		b) Fliesen		8 a) fließen		b) Fliesen	

5 K 6) *k, p, t* spricht man am Wortanfang mit sehr viel Luft. Man spricht [kʰ] [pʰ] [tʰ]. Hören Sie und sprechen Sie die Sätze nach.

> 1. **K**erstin **k**ann **k**einen **K**äse **k**aufen.
> 2. **P**eter **p**ackt **p**ausenlos **P**akete.
> 3. **T**orsten **t**rinkt **t**ausend **T**assen Tee.

☺☺ **7)** Kerstins Freunde heißen Peter, Klaus, Thomas, Karin, Pauline, Tina, Petra, Knut und Theo. Kerstin hat Geburtstag. **K**laus hat ein Geschenk mit **k**, **T**homas ein Geschenk mit **t**, **P**auline ein Geschenk mit **p** ...
Machen Sie mit Ihrem Partner eine Geschenkliste mit Wörtern mit *k, p, t*.

> ein **K**ochbuch, eine **T**elefonkarte ....

Wechseln Sie jetzt Ihren Partner und machen Sie kleine Dialoge.

> ■ Was schenkt ihr **K**laus?
> ● **K**laus schenkt ihr ein **K**ochbuch. Und was schenkt ihr **T**ina?
> ■ **T**ina schenkt ihr _____. Und was schenkt ihr _____?
> ● ...

Lesen und sprechen

Regel:
- Die Buchstaben *k, p, t, ss, ß* spricht man *immer hart/stimmlos.*
- Die Buchstaben *g, b, d, s* spricht man *meistens weich/stimmhaft.*

Manchmal muss man *g, b, d, s* aber hart/stimmlos sprechen. Wann?
Finden Sie die Regel selbst.

6K 8) Weich oder hart? Hören Sie und kreuzen Sie an. **X**

	weich/hart			weich/hart			weich/hart
1 **B**rücke	☐ ☐	2 Betrie**b**	☐ ☐	3 ar**b**eiten	☐ ☐
4 **g**estern	☐ ☐	5 Vertra**g**	☐ ☐	6 En**d**e	☐ ☐
7 **d**rei	☐ ☐	8 Gla**s**	☐ ☐	9 en**d**lich	☐ ☐
10 **S**ahne	☐ ☐	11 Gel**d**	☐ ☐	12 O**b**st	☐ ☐

9) Ergänzen Sie die Ausspracheregeln.

Regel:

b, g, d, s spricht man	weich/hart		Beispielwort
● am *Wortanfang*	☐	☐	_____
● am *Wortende*	☐	☐	_____
● im Wort *vor Vokalen*	☐	☐	_____
● im Wort *vor Konsonanten*	☐	☐	_____

10) Hart oder weich? Ordnen Sie die Wörter in zwei Gruppen.

das Lo**b**, das Glei**s**, rei**s**en, wa**s**, er lü**g**t, lü**g**en, die Ar**b**eit, we**g**, der Ber**g**, das Ge**b**irge, der Mun**d**, **d**raußen, der **S**ommer, die Klei**d**er, das Hem**d**, gi**b**, ge**b**en, das Flu**g**zeug, die Wan**d**farbe, der Her**b**st, rei**ß**en, **s**ehr, **g**rau

hart/stimmlos	weich/stimmhaft

> Regel:
> Vor Konsonanten und am Wortende spricht man die weichen Konsonanten hart. Das fachwort dafür ist *Auslautverhärtung*.

Diese Ausspracheregel können Sie gut mit dem Plural oder der Konjugation üben.

Beispiele:
- das Hem**d** (*d* am Wortende → hart) — die Hem**d**en (*d* vor Vokal → weich)
- du schrei**b**st (*b* vor Konsonat → hart) — schrei**b**en (*b* vor Vokal → weich)

7K 11) Hart und weich. Plural. Hören Sie und sprechen Sie die Wörter nach.

1. der Betrie**b** – die Betrie**b**e	4. der Vertra**g** – die Verträ**g**e
2. das Ra**d** – die Rä**d**er	5. das Gla**s** – die Glä**s**er
3. das Hau**s** – die Häu**s**er	6. das Kin**d** – die Kin**d**er

12) Hart und weich. Konjugierte Verben. Machen Sie mit Ihrem Partner kleine Dialoge.

■ Was gi**b**st du?	● Ich ge**b**e nichts.
■ Was sa**g**st du?	● Ich sa**g**e nichts.
■ Was _____ du?	● Ich _____

Benutzen Sie auch die Verben schreiben, lieben, lesen (liest), tragen (trägst), heben, fragen.

Besonderheit: Wörter mit –ig am Ende

Bei „wenige" spricht man am Ende *–ige* [g], bei „wenig" spricht man am Ende *-ich* [ç]. Warum?

Regel:			Beispiel:
● *ig* am *Wortende*	→	Man spricht - *ich* [ç]	wen**ig**
● *ig* + *Vokal*	→	Man spricht - *ig* [g]	wen**ig**er
● *ig* + *Konsonant*	→	Man spricht - *ich* [ç]	am wen**ig**sten

☛ Übungen zur Aussprache von Wörtern mit –ig finden Sie im Kapitel „Wörter mit ch", Seite 80.

Richtig schreiben – *b/p, d/t, g/k*

Am Wortende spricht man weiche Konsonanten hart. Das kann Probleme beim Schreiben geben. Wie können Sie wissen: Müssen Sie das Wort mit *b, d, g* oder mit *p, t, k* schreiben?

Hier hilft die *Wortverlängerung*. Verlängern Sie das Wort so, dass *nach dem Konsonanten wieder ein Vokal* kommt. Dann können Sie hören: Spricht man den Konsonanten weich oder hart?

Es gibt verschiedene Möglichkeiten ein Wort länger zu machen. Sie können
● den *Plural* bilden: das Rad – die Räder
● den *Infinitiv zu einem Verb* suchen: singt – singen, gib – geben
● das *Verb zu einem Nomen* suchen: der Raub – rauben
● den *Komparativ zu einem Adjektiv* bilden: wild – wilder

	hören	Wortverlängerung	richtig schreiben
das Klei_ (d/t?)	Sie hören **[t]** →	die Klei**d**er →	Sie schreiben *d*, Klei**d**
es sin__t (g/k?)	Sie hören **[k]** →	sin**k**en →	Sie schreiben *k*, sin**k**t
sie sin_t (g/k?)	Sie hören **[k]** →	sin**g**en →	Sie schreiben *g*, sin**g**t

13) *b* oder *p*, *d* oder *t*, *g* oder *k*? Machen Sie das Wort länger.

	Wortverlängerung	richtig schreiben
0. der Schran__ (g/k?)	*die Schrän**k**e*	*der Schran**k***
1. der Erfol__ (g/k?)	_____	_____
2. der Elektroher__(d/t?)	_____	_____
3. er ü___t (b/p?)	_____	_____
4. ihr glau__t (b/p?)	_____	_____
5. der Strei__ (d/t?)	_____	_____
6. mil__ (d/t?)	_____	_____
7. har__(d/t?)	_____	_____

Die Wortverlängerung hilft Ihnen, wenn Sie ein Wort schon ein bisschen kennen. Wenn das Wort ganz neu für Sie ist, müssen Sie im Wörterbuch nachsehen.

Wörter mit –ig am Ende

Am Wortende spricht man -*ig* (wenig) wie -*ich* **[ç]** („wenich"). Das kann Probleme beim Schreiben geben. Die Wortverlängerung hilft Ihnen auch hier.

	hören	Wortverlängerung	richtig schreiben
traur___	Sie hören -**ich [ç]** →	traur**ig**er →	Sie schreiben -*ig*, traur**ig**
fröhl___	Sie hören -**ich [ç]** →	fröhl**ich**er →	Sie schreiben -*ich*, fröhl**ich**

☞ Übungen zum Schreiben von Wörtern mit -*ig/-ich* finden Sie im Kapitel „Wörter mit ch" auf der Seite 82.

8K 14) Hören Sie und setzen Sie die Buchstaben ein.

b/p? __rost, die __rust, __ellen, er he___t, ihr ge___t, es pie___t, gro___

d/t? ___rinken, ___ringen, der ___eich, frie___dlich, wei___, der Hel___

g/k? das La__en, __lauben, die __unst, ihr tra___t, , er hin__t, der Vertra___

7K 15) Lückendiktat. Hören Sie und setzen Sie die Wörter ein.

1 _____ _____ ihrem _____ zum _____ .

2 _____ nimmt den _____, denn er hat _____ .

3 _____, der _____, _____ _____ immer _____ .

4 _____ _____ _____ .

5 Sie _____ und _____, aber er sieht sie nicht.

6 Der _____, der _____ _____ .

7 Das _____ _____ _____ in den _____ .

8 _____ ist ein _____ _____ .

9 Er möchte den _____ reparieren, aber er hat kein _____ .

10 Das _____ ist _____, aber es war _____ .

Ausnahmen und Besonderheiten

Einige Wörter kann man nicht so verlängern, dass nach dem Konsonanten ein Vokal kommt. Bei diesen Wörtern müssen Sie extra lernen: Schreibt man sie mit *b* oder *p*?
Wörter mit *b*: die Er**b**se, der Her**b**st, hü**b**sch, der Kre**b**s, das O**b**st, sel**b**st
Wörter mit *p*: das Hau**p**t, der Schli**p**s, der Stö**p**sel, der Schna**p**s, der Gi**p**s

16) Setzen Sie die passenden Wörter von oben ein.

1. _____ ist ein starker Alkohol.

2. Berlin ist die _____stadt von Deutschland.

3. Ein anderes Wort für Krawatte: _____

4. Er hat sich das Bein gebrochen. Jetzt hat er ein _____ bein.

5. Nach Frühling und Sommer kommt der _____

6. Ein kleines, grünes, hartes Gemüse. Man muss es kochen: _____

7. Meine Nachbarn sind so laut. Ich kann nicht schlafen. Deshalb mache ich mir _____
    in die Ohren.

8. Ein kleines Tier. Es lebt am Wasser und läuft seitwärts: _____

9. Sie sieht gut aus. Sie ist _____

10. Er ist nicht angestellt. Er arbeitet _____ ständig.

11. Ein anderes Wort für Früchte: _____ .

Gleich sprechen – anders schreiben / andere Bedeutung

Manche Wörter spricht man gleich, aber man schreibt sie verschieden. Sie haben dann verschiedene Bedeutungen.

Beispiele:
das Feld / er fällt, er wird / der Wirt, das Rad / der Rat, ihr seid / seit, das Bad / er bat (Präteritum von bitten), er singt / es sinkt, das Rind / es rinnt

17) Setzen Sie die passenden Wörter ein.

1. Ihre Mutter gibt ihr einen guten _____ für ihr Problem. (Rad/Rat)
2. _____ wann _____ ihr schon hier? (seid/seit)
3. Die Sonne ver_____ im Meer. (singt/sinkt)
4. Mein Sohn _____ _____. (wird/Wirt)
5. Er _____ mich gestern um 500 Euro. (Bad/bat)
6. Sie _____ immer bei der Hausarbeit. (singt/sinkt)
7. Ich möchte bitte ein Kilo _____fleisch. (Rind/rinnt)
8. In dieser Stadt gibt es viele _____wege. (Rad/Rat)
9. Ich habe keine Idee. Mir _____ nichts ein. (Feld/fällt)

Die Silben ent- und end-

Das Wort hat etwas mit *Ende* zu tun. ➜ Man schreibt *end-*.
Beispiele: endlich, endgültig
Das Wort hat nichts mit Ende zu tun. ➜ Man schreibt *ent-*.
Beispiele: enttäuscht, die Entfernung

18) Die Silbe *end-* oder *ent-*? Setzen Sie die passende Silbe ein.

1. Das Meer ist etwa 100 Meter _____fernt.
2. Das Theaterstück war sehr gut. Es gab _____losen Beifall.
3. Er hat ____lich seine Traumfrau gefunden.
4. Ich habe mich _____schieden in eine andere Stadt zu ziehen.
5. 1492 hat Kolumbus Amerika _____deckt.
6. Sie haben sich ____gültig getrennt.
7. Der ____bahnhof von diesem Zug ist München.
8. Ich habe den Brief zehnmal geschrieben. Jetzt bleibt er so. Das ist die ____fassung.
9. Die Firma hat viele Mitarbeiter ____lassen.

Richtig schreiben – *s, ss, ß*

Es gibt drei Möglichkeiten ein *s* zu schreiben: *s, ss, ß*. Wie können Sie wissen, welche Möglichkeit passt? Dafür sind zwei Dinge wichtig:
Sie müssen den Unterschied zwischen einem harten/stimmlosen und einem weichen/stimmhaften *s* hören können. Und Sie müssen den Unterschied zwischen langen und kurzen Vokale hören können.

Hartes s [s] und weiches s [z]

9K 19) Hartes oder weiches *s*? Hören Sie und kreuzen Sie an. **X**

	hart/weich			hart/weich			hart/weich
1 E**s**el			2 la**ss**en			3 Stra**ß**e	
4 Na**s**e			5 na**ss**			6 Fu**ß**	
7 **S**onne			8 kü**ss**en			9 wa**s**	
10 rei**s**en			11 rei**ß**en			12 sie lie**s**t	

20) Ergänzen Sie die Rechtschreibregel.

> Regel:
> ● weiches / stimmhaftes *s* [z]   ➔ Man schreibt *immer* _____ .
> ● hartes / stimmloses *s* [s]   ➔ Man schreibt _____ oder _____.
> Am Wortende und vor Konsonanten schreibt man manchmal auch _____ .

Lange und kurze Vokale / hartes s [s]

Sie haben drei Möglichkeiten ein hartes *s* zu schreiben. Wie können Sie wissen, welche Möglichkeit passt? Dafür müssen Sie den Unterschied zwischen *langen und kurzen Vokalen* gut hören können.

10K 21) Lang oder kurz? Hören Sie und machen Sie unter lange Vokale einen Strich (der Gr**u**ß), unter kurze Vokale einen Punkt (m**ü**ssen). (Die Doppellaute *au, ei, eu/äu* sind immer lang.)

> la**ss**en, der Fu**ß**, der Schlu**ss**, die Stra**ß**e, kü**ss**en, rei**ß**en, na**ss**, a**u**ßerdem, wi**ss**en, gi**eß**en, gr**oß**, h**ei**ßen, **e**ssen, er mu**ss**, der Blumenstr**au**ß, der Flu**ss**

22) Ergänzen Sie die Rechtschreibregel.

> Regel hartes / stimmloses *s* [s]:
> ● Nach *langem* Vokal: ➔ Man schreibt _____ .
> ● Nach *kurzem* Vokal: ➔ Man schreibt _____ .

● *Am Wortende* spricht man *auch ein einfaches s stimmlos* (Auslautverhärtung). Das gibt Probleme beim Schreiben: Diese Wörter lernen Sie am besten extra.
Beispiele: das Glas, das Haus, der Reis, der Mais, der Preis, der Hals, aus, was, das, das Eis
● Die *Nachsilbe -nis* schreibt man mit einfachem *s* (im Plural mit Doppel-*s*).
Beispiele: das Zeugnis – die Zeugnisse, das Missverständnis – die Missverständnisse.

11 K 23) s, ss, oder ß? Hören Sie und setzen Sie die Buchstaben ein.

1 rei_____en	2 rie_____ig	3 ri_____ig	4 rei_____en
5 der Flei_____	6 flei_____ig	7 das Ei_____	8 ei_____ig
9 der Flu_____	10 fl e_____en	11 flü_____ig	12 die Flie_____en
13 das Geheimni_____	14 d e Gehe mni___e	15 der Schlu___	16 schlie___lich

8 D 24) Lückendiktat. Hören Sie und setzen Sie die Wörter ein.

Meine liebe _____ Schwester,

ich bin vor einer Woche in Hamburg angekommen. Ich habe auch schon ein_____

Zimmer gefunden. Es ist ein _____ _____ und im _____ist

eine Kneipe mit lauter Musik. Aber es ist schwer etwas _____ zu finden. Die Stadt ist

sehr _____. Es gibt einen _____ _____ mit einem _____

Hafen und viele _____. Ich habe auch schon Freunde gefunden und wir haben viel

_____ _____. Letzte Woche waren wir in den Städten _____ und

_____. Das Deutschsprechen ist manchmal _____ und es gibt einige

_____. Aber ich lerne ganz _____. Gestern ist etwas Dummes

_____. Ich habe beim _____spielen nicht richtig _____ und bin hin

gefallen. Es ist nichts gebrochen, aber mein _____ tut weh und ich _____ ganz langsam

gehen. Schreib mir bald und _____mich _____, wie es dir geht. Und _____

bitte nicht meine Blumen zu _____. Bis bald.

_____und _____ dein Julius

25) Verben mit s, ss, ß. Setzen Sie die fehlenden Formen ein.

Infinitiv	Präsens (er/sie/es)	Präteritum (er/sie/es)	Partizip II	Substantiv (wenn möglich)
küssen	_____	_____	_____	_____
essen	_____	er aß	_____	_____
schließen	_____	_____	_____	_____
wissen	_____	_____	_____	_____
lesen	_____	_____	_____	_____
beißen	_____	er biss	_____	_____
gießen	_____	_____	gegossen	_____
müssen	_____	_____	_____	_____
messen	er misst	_____	_____	das Maß
lassen	_____	_____	_____	_____

Wörter mit ch

[ç] [x]

☛ Die Lösungen finden Sie auf Seite 176.

In deutschen Wörtern spricht man *ch* auf zwei verschiedene Arten. In der internationalen Lautschrift gibt es dafür zwei Zeichen: [ç] wie in *ich* und [x] wie in *ach*.

12 K Hören Sie die Beispiele.

[ç]	[x]
i**ch**	a**ch**
spre**ch**en	Spra**ch**en
eu**ch**	au**ch**
Kü**ch**en	Ku**ch**en
lä**ch**eln	la**ch**en
lei**ch**t	Lau**ch**
Kö**ch**e	ko**ch**en
Bäu**ch**e	Bau**ch**

Hören

13 K **1)** Sie hören zwei Wörter. Sind die Wörter gleich **=** oder verschieden **/**? Markieren Sie.

1 ☐   2 ☐   3 ☐   4 ☐   5 ☐   6 ☐   7 ☐   8 ☐

14 K **2)** [ç] oder [x]? Hören Sie und kreuzen Sie an.

	1	2	3	4	5	6	7	8	9
[ç] (ich)									
[x] (ach)									

15 K **3)** Welches Wort hören Sie? Kreuzen Sie an. **X**

[ç] **ch**		[ʃ] **sch**		[ç] **ch**		[k] **k**	
1 a) Kirche	☐	b) Kirsche	☐	4 a) dich	☐	b) dick	☐
2 a) Männchen	☐	b) Menschen	☐	5 a) Becher	☐	b) Bäcker	☐
3 a) Gicht	☐	b) Gischt	☐	6 a) sichern	☐	b) sickern	☐

[x] **ch**		[ʃ] **sch**		[x] **ch**		[k] **k**	
7 a) machen	☐	b) Maschen	☐	10 a) Nacht	☐	b) nackt	☐
8 a) tauchen	☐	b) tauschen	☐	11 a) acht	☐	b) Akt	☐
9 a) wachen	☐	b) waschen	☐	12 a) doch	☐	b) Dock	☐

Sprechen

Können Sie Wörter mit *ch, sch* und *k* gut aussprechen?

☞ Aussprachetipps finden Sie auf den Seiten 132-134.

12K 4) Hören Sie noch einmal die Beispielwörter (Seite 76). Sprechen Sie die Wörter nach.

☺☺ **5)** Können Sie die Wörter gut aussprechen?

Partner A
Lesen Sie Ihrem Partner nur *eines* der zwei Wörter vor. Kreuzen Sie das Wort an.

Partner B
Hören Sie. Welches Wort liest Ihr Partner vor? Kreuzen Sie an. Vergleichen Sie zum Schluss.

[ç] ch		[ʃ] sch		[ç] ch		[ʃ] sch	
1 a) Kirche		b) Kirsche		1 a) Kirche		b) Kirsche	
2 a) Männchen		b) Menschen		2 a) Männchen		b) Menschen	
3 a) Gicht		b) Gischt		3 a) Gicht		b) Gischt	
4 a) Gewicht		b) gewischt		4 a) Gewicht		b) gewischt	
[ç] ch		**[k] k**		**[ç] ch**		**[k] k**	
5 a) dich		b) dick		5 a) dich		b) dick	
6 a) sichern		b) sickern		6 a) sichern		b) sickern	
7 a) Becher		b) Bäcker		7 a) Becher		b) Bäcker	
[x] ch		**[ʃ] sch**		**[x] ch**		**[ʃ] sch**	
8 a) machen		b) Maschen		8 a) machen		b) Maschen	
9 a) tauchen		b) tauschen		9 a) tauchen		b) tauschen	
10a) wachen		b) waschen		10a) wachen		b) waschen	
[x] ch		**[k] k**		**[x] ch**		**[k] k**	
11a) Nacht		b) nackt		11a) Nacht		b) nackt	
12a) acht		b) Akt		12a) acht		b) Akt	
13a) doch		b) Dock		13a) doch		b) Dock	

Besonders schwierig ist für viele Menschen der [ç]-Laut. Man kann ihn gut mit der Verkleinerungsform von Wörtern üben. (Beispiel: der Teller – das Teller**chen**)

16K 6) Hören Sie und sprechen Sie die Sätze nach.

Kennen Sie das Märchen von Schneewittchen und den sieben Zwergen? Zwerge sind sehr klein. Auch in ihrem Haus ist alles klein. Schneewittchen ist in das Häuschen der Zwerge gegangen und hat dort gegessen, getrunken und geschlafen. Abends kommen die Zwerge nach Hause und fragen:

1 Wer hat auf meinem Stühlchen gesessen?
2 Wer hat von meinem Tellerchen gegessen?
3 Wer hat aus meinem Becherchen getrunken?

Was können die Zwerge noch fragen? Machen Sie weitere Fragen mit der Verkleinerungsform *-chen*.

mit meinem Messer geschnitten / an meinem Tisch gesessen / in meinem Bett geschlafen / mit meinem Löffel gegessen / an meinem Computer gearbeitet /...

Lesen und sprechen

Sie lesen ein Wort mit *ch*. Wie können Sie wissen: Müssen Sie [ç] oder [x] sprechen?
Finden Sie die Regel selbst.

7) Suchen Sie aus den Beispielwörtern und aus Übung 3) Wörter mit [ç] und Wörter mit [x]. Ordnen Sie die Wörter in zwei Gruppen.

Wörter mit [ç] (wie ich)	Wörter mit [x] (wie ach)

8) Ergänzen Sie die Ausspracheregeln.

Regel:	[ç]	[x]
● Nach dunklen Vokalen (*a, o, u*) und nach *au* spricht man *ch*:		
● Nach hellen Vokalen (*e, i, ä, ö, ü*) und nach *eu/äu* und *ei* spricht man *ch*:		
● *Nach Konsonanten* spricht man *ch*:		

9) Sprechen Sie ch wie [ç] oder wie [x] ? Ordnen Sie die Wörter in zwei Gruppen.

einfach, die Bücher, wichtig, die Wochenzeitung, herzlich, wöchentlich, brauchen, besuchen, rechts, weich, feucht, gehorchen

Man spricht [ç] (wie ich)	Man spricht [x] (wie ach)

17K **10)** Mit [ç] oder [x]? Sie sehen unten Namen von deutschen Orten. Lesen Sie und unterstreichen Sie alle Orte, die man mit [ç] spricht. Hören Sie zur Kontrolle die CD.

> Aachen, Aurich, Berchtesgaden, Bochum, Cochem, Eichenzell, Friedrichshafen, Gelsenkirchen, Lauchheim, Leuchtenberg, Lörrach, Lüchow, Vechta, München

☺☺ **11)** Machen Sie mit Ihrem Partner kleine Dialoge. Benutzen Sie die Namen von Übung 10).

18K

> ■ Waren Sie schon einmal in _____?
>
> ● Nein, ich kenne _____ leider nicht. Aber ich war neulich in _____. Kennen Sie das?
>
> ■ Tut mir Leid. _____ kenne ich nicht.

Im Plural wird bei Substantiven oft aus einem Vokal ein Umlaut. Dann verändert sich auch die Aussprache von *ch*. Beispiel: Bu**ch** [x] ➜ Bü**ch**er [ç]

19K **12)** Suchen Sie den Plural. Verändert sich der Vokal und die Aussprache von *ch*? Sprechen Sie beide Wörter. Hören sie zur Kontrolle die CD.

		Plural
0 das Buch	➜	*die Bücher*
1 die Tochter	➜	_____
2 die Sprache	➜	_____
3 der Bauch	➜	_____
4 der Kuchen	➜	_____
5 das Tuch	➜	_____
6 die Küche	➜	_____
7 die Nacht	➜	_____

☺☺ **13)** Hören Sie und sprechen Sie den Dialog mit Ihrem Partner. Machen Sie dann ähnliche Dialoge.

20K

Herr Gerngroß und Frau Besser unterhalten sich.

> ■ Ich habe gestern ein Tuch gekauft.
>
> ● Ein Tuch? Ich habe fünf Tücher gekauft!

einen Kuchen gebacken, eine Küche gekauft, eine Nacht nicht geschlafen, eine Tochter haben, ein Buch gelesen, eine Fremdsprache sprechen

Besonderheiten

Wörter mit -ig am Ende

Bei „wenig" spricht man am Ende -ich [ç]. Warum?

Regel:			Beispiele:
● -ig am *Wortende*	→	Man spricht -ich [ç].	billi**g**
● -ig + *Vokal*	→	Man spricht -ig [g].	billi**g**er
● -ig + *Konsonant*	→	Man spricht -ich [ç].	am billi**g**sten

Diese Regel können Sie gut mit dem Komparativ üben. Üben Sie Wörter mit -ig und mit -ich.
Beispiel: trauri**g** [ç]   –   trauri**g**er [g]
             fröhli**ch** [ç]   –   fröhli**ch**er [ç]

 14) Sprechen Sie den Dialog mit Ihrem Partner. Machen Sie dann ähnliche Dialoge.

21K

> Herr Gerngroß und Frau Besser unterhalten sich:
>
> - ■ Mein Kind ist sehr fleißig.   ● Aber mein Kind ist viel fleißiger.
> - ■ Ich bin sehr freundlich.   ● Aber ich bin noch viel freundlicher.
> - ■ Mein Beruf ist sehr wichtig.   ● Aber mein Beruf ist noch viel ....
> - ■ ...   ● ...
>
> mein Beruf wichtig, lustig, mein Mann/meine Frau glücklich, meine Wohnung gemütlich, meine Arme kräftig, mein Baby ruhig, mein Zimmer sonnig...

Die Buchstaben chs

Das Wort „wechseln" spricht man wie we[ks]eln. Warum?

Man *schreibt chs.*	→	Man *spricht ks.*
Beispiele: sechs, wechseln, wachsen		

Aber:
Wenn das *s* zu einer Grammatikendung gehört, dann muss man *ch* und *s* getrennt sprechen.
- ● Konjugation: du lach-st, du tauch-st
- ● Superlativ: die näch-ste, am freundlich-sten, die höch-ste
- ● Genitiv: des Fach-s

 15) Lesen Sie den ersten Satz und sprechen Sie ihn laut. Ihr Partner korrigiert Sie. Dann liest er einen
    Satz und Sie korrigieren. Hören Sie dann zur Kontrolle die CD.

22K

> 1 Herr Köni**g** we**chs**elt seiner To**ch**ter die Windeln und gibt ihr ein Fläs**ch**chen.
> 2 Mi**ch**ael Wä**ch**ter aus Züri**ch** rau**ch**t seit se**chs**undse**ch**zig Wo**ch**en ni**ch**t mehr.
> 3 Nä**chs**te Wo**ch**e feiert mein Na**ch**bar seinen a**ch**tunda**ch**tzi**g**sten Geburtstag.
> 4 Warum la**ch**st du, wenn ich La**chs** koche?

Wörter mit s + chen

Die Buchstaben *sch* spricht man normalerweise zusammen [ʃ]. Aber *Häuschen* spricht man *Häus+chen*. Warum?

Die Verkleinerungsform *-chen* am Wortende gehört nicht zum Wort. Man spricht sie extra.

 16) Lesen Sie die Sätze. Machen Sie einen Strich zwischen *s/ch*, wenn man sie nicht zusammen spricht. Hören Sie zur Kontrolle die CD. Sprechen Sie die Sätze nach.

1 Mein Mann sagt immer Häs/chen zu mir. Und ich sage Mäuschen zu ihm.
2 Meine Freundin hat ein ganz kleines Näschen.
3 Brauchst du Wäsche für dein Baby? Ich habe noch ein paar Höschen.
4 Meine Tochter liebt die Geschichten von Schneewittchen und Dornröschen.
5 Hast du noch ein bisschen Zeit für ein Gläschen Wein?
6 Ich brauche jetzt ein Päuschen.

Internationale Wörter mit ch

Das *ch* in „Chef" spricht man wie *sch*. Warum?

In Wörtern aus anderen Sprachen spricht man das *ch* nicht so wie in deutschen Wörtern. Man spricht das *ch* so wie in der Fremdsprache:

ch wie *sch* [ʃ]   Das sind oft *französische Wörter.*
Beispiele: der Chef, die Chance, der Chauffeur, charmant, die Chaussee, der Champagner, der Champignon

ch wie *k* [k]   Das sind oft *griechische Wörter.*
Beispiele: der Charakter, das Chaos, christlich, die Chronik, chronisch, der Chor
Aber: vor *e* und *i* wie *ch* [ç]
Beispiele: die Chemie, China, die Bronchitis

ch wie *tsch* [tʃ]   Das sind oft *englische oder spanische Wörter.*
Beispiele: die Chips, der Chip, der Champion, der Charterflug, aus/einchecken, der Chili, der Macho, der Cha-Cha-Cha (ein Tanz), das (Tennis)match

Lerntipp 1
Ein Wort mit ch am Anfang ist normalerweise kein deutsches Wort.

Lerntipp 2
Überlegen Sie: Gibt es diese Wörter auch in Ihrer Sprache? Wie spricht man sie in Ihrer Sprache?

 17) Sprechen Sie die Sätze laut. Hören Sie zur Kontrolle die CD.

1 Der Boxchampion hat keine Chance, wenn er so viele Chips isst.
2 Chilischoten schmecken scharf und lecker.
3 Die Chefin tanzt Cha-Cha-Cha mit dem charmanten Chauffeur.
4 Sie reist mit chronischer Bronchitis nach China.

Richtig schreiben

Wörter mit -ig und -ich

Die Buchstaben *-ig* spricht man am Wortende *-ich* [ç]. Das kann Probleme beim Schreiben geben. Hier hilft die *Wortverlängerung*.

	hören	**Wortverlängerung**	**richtig schreiben**
bill____	Sie hören *-ich* [ç].	bill**ig**er	→ Sie schreiben *-ig*, bill**ig**.
ehrl____	Sie hören *-ich* [ç].	ehr**lich**er	→ Sie schreiben *-ich*, ehr**lich**.

18) Mit *-ig* oder *-ich*? Machen Sie das Wort länger.

	Wortverlängerung	richtig schreiben
0. ruh____ (ig/ich?)	*ruh**ig**er*	*ruh**ig***
1. salz__ (ig/ich?)	_____	_____
2. der Tepp___ (ig/ich?)	_____	_____
3. fleiß____ (ig/ich?)	_____	_____
4. ärgerl____ (ig/ich?)	_____	_____
5. richt___ (ig/ich/?)	_____	_____
6. freundli___ (ig/ich?)	_____	_____
7. der Kön_____ (ig/ich?)	_____	_____

19) Lückendiktat. Hören Sie und setzen Sie die Wörter ein.

9D

Gestern habe ich _____ gekocht, aber alles war ganz _____.

Die Suppe war zu _____ und auch zu _____ _____. Der Salat

war nicht _____ und _____. Und für die Salatsauce habe ich zu viel

_____ genommen. Die Nudeln waren _____, das Fleisch nicht _____.

Und der _____, _____ mit _____, ist mir auf den

_____ gefallen. Ich war sehr _____ und _____.

Aber _____ ist mein Nachbar vorbeigekommen. Er ist _____ in einem

_____ Restaurant. Er hat mir geholfen. Am Ende war alles _____

_____. Es schmeckte _____ und es wurde _____ ein sehr _____

Abend.

Wörter mit chs, ks und x

Die Buchstaben *chs, ks* und *x* spricht man oft gleich [ks]. Das kann Probleme beim Schreiben geben. Es gibt nicht viele Wörter mit diesen Buchstaben. Lernen Sie die Wörter.

Wörter mit *chs*: sechs, wechseln, das Wachs, wachsen, die Achsel, Sachsen, die Achse, der Fuchs, der Lachs, der Ochse, die Eidechse, der Luchs

Wörter mit *x*: das Taxi, boxen, der Text, die Praxis, das Fax, exakt, der Export, mixen, der Mixer, der Luxus, flexibel, Mexiko, der Sex, sexy, das Examen, der Experte, das Exil, das Saxophon, fix, die Hexe, die Nixe, existieren, der Ex-(Mann/ Freund/Minister), exklusiv, exotisch, das Experiment, explodieren, extra, extrem, die Axt

Lerntipp: Viele Wörter mit x sind internationale Wörter. Vielleicht kennen Sie diese Wörter auch in Ihrer Sprache?

Wörter mit *ks*: der Keks
Pluralformen: die Tanks, die Tricks,
konjugierte Verben mit k: du winkst, du hinkst, du blinkst

 20) Setzen Sie die passenden Wörter ein.

1. Gehst du zu Fuß? — Nein, ich nehme ein _____.

2. Mit _____ Jahren kommt man in Deutschland in die Schule.

3. Oben sieht sie aus wie ein Mensch, unten wie ein Fisch: _____

4. Kerzen macht man aus _____.

5. Du musst dich unter den _____ waschen, bevor du zum Arzt gehst.

6. Am Ende des Studiums muss man ein _____ machen.

7. Ich arbeite manchmal abends, manchmal morgens. Ich habe _____ Arbeitszeiten.

8. Wo arbeiten Sie? – In einer Import-_____-Firma.

9. Die Stadt Dresden liegt im Bundesland _____.

10. Ich brauche Kleingeld zum Telefonieren. Können Sie diesen Schein _____?

11. Er heiratet zum zweiten Mal. Seine erste Frau, seine ____-Frau, kommt auch.

12. Zum Tee serviert sie immer leckere _____.

13. Theoretisch ist das einfach, aber in der _____ ist es schwierig.

14. Ein anderes Wort für Fachmann: _____

15. Der Schauspieler hat seinen _____ vergessen.

16. In Deutschland _____ keine Bananen. Es ist zu kalt.

17. Ein anderes Wort für genau: _____

18. Ein anderes Wort für mischen: _____

19. Wie soll ich nur diese Wörter lernen? Kennst du nicht ein paar _____?

Internationale Wörter

Ein Problem sind Wörter aus anderen Sprachen. Hier spricht man das *ch* oft anders. Diese Wörter müssen Sie extra lernen.
Sehen Sie sich für Übung 21) die Beispiele Seite 81 noch einmal an.

 21) Deutsche und internationale Wörter. Lückendiktat. Hören Sie und setzen Sie die Wörter ein.

1 _____ und _____ singen in einem _____ .

2 Der _____arzt schickt mich wegen meiner _____ _____ zur _____ .

3 Fried_____ ist _____ und _____ und hat auch einen guten _____ , aber leider ist er auch ein bisschen _____ und _____.

4 Kannst du bitte die _____ unter den _____baum stellen?

5 Gegen den _____ hat er keine _____ .

6 Wir müssen für den _____flug in die _____ Republik _____ .

7 Ich möchte bitte ein Pfund _____ , einen _____ , 100 Gramm _____ _____ , eine Tüte _____ und einen _____ .

8 Wenn ich im Lotto gewinne, fahre ich mit einem _____ die Elb_____ entlang und trinke jeden Tag _____ .

9 Es hat soviel geregnet. Der Rasen ist ganz _____ . Deshalb kann das Tennis _____ leider nicht stattfinden.

22) Unten finden Sie zehn Wörter aus diesem Kapitel. Sehen Sie sich die Wörter an. Sie haben eine Minute Zeit. Decken Sie dann das Blatt zu. Wie viele Wörter wissen Sie noch? Schreiben Sie die Wörter auf. Korrigieren Sie am Schluss die Rechtschreibung.

das Tennismatch	einchecken	matschig	tschechisch
	der Lutscher	der Charterflug	
	die Chilischote		
der Dolmetscher	der Boxchampion		der Deutschkurs

Wörter mit st und sp
[st/ʃt] [sp/ʃp]

☞ Die Lösungen finden Sie auf Seite 177.

Es gibt zwei Möglichkeiten *st* und *sp* zu sprechen. Hören Sie die Beispiele.

25K

s-t	[st]	Fen**st**er, ge**st**ern
sch-t	[ʃt]	**St**raße, **St**adt, be**st**ellen
s-p	[sp]	ra**sp**eln, We**sp**e
sch-p	[ʃp]	**sp**ielen, Vor**sp**eise

Hören

26K

1) Welches Wort hören Sie? Kreuzen Sie an. **X**

sch [ʃ]		sch-t [ʃt]		sch [ʃ]		sch-p [ʃp]	
1 a) **Sch**ein	☐	b) **St**ein	☐	5 a) **sch**alten	☐	b) **sp**alten	☐
2 a) **Sch**ock	☐	b) **St**ock	☐	6 a) **Sch**atz	☐	b) **Sp**atz	☐
3 a) **sch**ützen	☐	b) **st**ützen	☐	7 a) **sch**ielen	☐	b) **sp**ielen	☐
4 a) **Sch**erben	☐	b) **st**erben	☐	8 a) **Sch**ule	☐	b) **Sp**ule	☐

Sprechen

Können Sie Wörter mit *sch*, *sch-t* [ʃt] und *sch-p* [ʃp] gut aussprechen?

☞ Aussprachetipps mit Zeichnungen finden Sie auf Seite 135.

2) Können Sie die Wörter gut aussprechen?

Partner A
Lesen Sie Ihrem Partner nur *eines* der zwei Wörter vor. Kreuzen Sie das Wort an.

sch [ʃ]		sch-t [ʃt]	
1 a) Schock	☐	b) Stock	☐
2 a) Schein	☐	b) Stein	☐
3 a) Schall	☐	b) Stall	☐
sch [ʃ]		**sch-p [ʃp]**	
5 a) Schatz	☐	b) Spatz	☐
6 a) Schule	☐	b) Spule	☐
7 a) schielen	☐	b) spielen	☐

Partner B
Hören Sie. Welches Wort liest Ihr Partner vor? Kreuzen Sie an. Vergleichen Sie zum Schluss.

sch [ʃ]		sch-t [ʃt]	
1 a) Schock	☐	b) Stock	☐
2 a) Schein	☐	b) Stein	☐
3 a) Schall	☐	b) Stall	☐
sch [ʃ]		**sch-p [ʃp]**	
5 a) Schatz	☐	b) Spatz	☐
6 a) Schule	☐	b) Spule	☐
7 a) schielen	☐	b) spielen	☐

☺☺ **3)** Hören Sie und sprechen Sie die Zungenbrecher zusammen mit Ihrem Partner. Sprechen Sie jedes Mal schneller. Wer macht zuerst einen Fehler?

27**K**

> 1 Der Mond**sch**ein **sch**ien **sch**on **sch**ön.
> 2 Fi**sch**ers Fritz fi**sch**t fri**sch**e Fi**sch**e, fri**sch**e Fi**sch**e fi**sch**t Fi**sch**ers Fritz.
> 3 Ein **St**udent aus **St**ade **st**olperte mit seinen **St**iefeln über einen **sp**itzen **St**ein.

Lesen und sprechen

Wann spricht man *s-t* [st]und *s-p* [sp]? Wann spricht man *sch-t* [ʃt] und *sch-p* [ʃp]? Finden Sie die Regel selbst.

28**K** **4)** Mit *s-* oder *sch-* [ʃ]? Hören Sie und kreuzen Sie an. **X**

		s-	sch-			s-	sch-			s-	sch-
1	Straße			2	Beispiel			3	Post		
4	Spannung			5	umsteigen			6	lispeln		
7	Steuern			8	verstehen			9	Angst		
10	Sport			11	gestört			12	lustig		

5) Ergänzen Sie die Ausspracheregeln.

Regel	s-	sch-	Beispielwort:
● *Am Wortanfang* spricht man			_____
● *Nach einer Vorsilbe* (an, be, ge, ver, ...) spricht man			_____
● *Mitten im Wort* und am *Wortende* spricht man			_____

6) Mit *s-t* [st] oder *sch-t* [ʃt]? Mit *s-p* [sp] oder *sch-p* [ʃp]? Ordnen Sie die Wörter in zwei Gruppen.

der Durst, aufstehen, die Besten, bestehen, sparen, bestimmt, die Espe, aufgestanden, räuspern, gesperrt, der Stempel, der Spiegel, husten, einsteigen

Man spricht *s-t / s-p* [st / sp]	Man spricht *sch-t / sch-p* [ʃt / ʃp]

Wortkombinationen

Bei *Haltestelle* ist *st* mitten im Wort. Trotzdem spreche ich *sch-t* [ʃt]. Warum?

Die Aussprache von einem Wort bleibt gleich, auch wenn ich es mit einem anderen Wort kombiniere.
Beispiel: „die S(ch)-telle" → „die Halte / s(ch)-telle"

7) Machen Sie neue Wörter aus 1 und 2. Verbinden Sie die Wörter mit einem Strich. Einige Wörter können Sie zweimal benutzen. Sprechen Sie dann die Wörter. (Beispiel: die Arbeitsstelle)

1. Arbeits-, Blei-, Früh-, Gewinn-, Groß-, Lehr-, Lippen-, Schmuck-, Verkehrs-,

2. die Stadt, der Stau, das Spiel, die Stelle, der Stift, das Stück

☺☺ 8) Lesen Sie die kurzen Dialoge. Machen Sie um alle *st* und *sp*, die man mit *sch-* [ʃ] spricht, einen Kreis (spricht). Sprechen Sie die Dialoge mit Ihrem Partner. Korrigieren Sie gegenseitig ihre Aussprache.

29 K

■ Du bist so still. Hast du Angst?

● Ja, vor dem Test. Bestimmt bestehen nur die Besten.

■ Herr Ober, ich habe vor einer Viertelstunde ein Spiegelei bestellt.

● Ihre Bestellung dauert noch ein bisschen. Der Koch ist im Spielcasino.

■ Sind Sie berufstätig?

● Ja, ich bin selbstständiger Steuerberater.

■ Glaubst du an Astrologie?

● Selbstverständlich. Mein Sternzeichen ist Stier. Und deins?

■ Mein Sternzeichen ist Steinbock

9) Wer macht was? Suchen Sie die passenden Sätze zu den Berufen.

A Sprechstundenhilfe **B** Student/in **C** Sportler/in **D** Tischler/in **E** Schriftsteller/in **F** Künstler/in
G Elektriker/in **H** Kellner/in **I** Musiker/in **J** Küchenhilfe **K** Dolmetscher/in

	Buchstabe
1. Er/sie sitzt stundenlang am Schreibtisch und schreibt Romane.	E
2. Er/sie stellt Gegenstände aus Holz her, zum Beispiel Stühle.	
3. Er/sie stellt das Geschirr in die Spülmaschine.	
4. Er/sie bringt die Speisekarte und nimmt Bestellungen auf.	
5. Er/sie geht oft ins Fitnessstudio und macht bei Sportveranstaltungen mit.	
6. Er/sie singt oder spielt ein Instrument.	
7. Er/sie malt zum Beispiel und macht Ausstellungen mit Bildern.	
8. Er/sie spricht mit den Patienten und macht Termine.	
9. Er/sie studiert an einer Universität, zum Beispiel Germanistik.	
10. Er/sie spricht mehrere Fremdsprachen und übersetzt.	
11. Er/sie verlegt Stromkabel und kann Steckdosen reparieren.	

☺☺ Machen Sie bei Übung 9) um alle *st/sp*, die man mit *sch-* [ʃ] spricht, einen Kreis ⟨sp⟩richt). Machen Sie dann mit ihrem Partner kurze Dialoge.

> ■ Was macht eigentlich eine Schriftstellerin?
>
> ● Sie sitzt stundenlang am Schreibtisch und schreibt Romane.
>
>   Und was macht ein Kellner?
>
> ■ Er _____ .   Und was macht _____?

10) Verlängern Sie die Verben mit einer Vorsilbe. Bilden Sie dann das Partizip II. Es gibt verschiedene Möglichkeiten. Sprechen Sie die Wörter zu dritt und machen Sie Sätze. Es fängt immer eine andere Person an.

Beispiel: Person 1: stehen – Ich stehe auf der Straße.
   Person 2: aufstehen – Ich stehe um sechs Uhr auf.
   Person 3: aufgestanden – Ich bin um sieben Uhr aufgestanden.

Infinitiv	Verb + Vorsilbe	Partizip II
0. **st**ehen	*aufstehen_____*	*aufgestanden_____*
0. **st**ehen	*verstehen_____*	*verstanden_____*
1. steigen	_____	_____
2. steigen	_____	_____
3. sprechen	_____	_____
4. stellen	_____	_____
5. stellen	_____	_____
6. stecken	_____	_____
7. sperren	_____	_____
8. spannen	_____	_____
9. spielen	_____	_____

Richtig schreiben

Die Buchstaben *st* und *sp* spricht man am Wortanfang und nach Vorsilben *sch-t* [ʃt] und *sch-p* [ʃp]. Das kann Probleme beim Schreiben geben.

Rechtschreibtipp

Sie hören am *Wortanfang*   → Sie schreiben *immer St und Sp.*
sch-t [ʃt] und *sch-p* [ʃp].   Es gibt im Deutschen keine Wörter mit
       Scht oder *Schp* am Wortanfang.

Wenn Sie ein langes Wort hören, dann probieren Sie: Können Sie *st* oder *sp* an den Wortanfang bringen? Suchen Sie die *Grundform*. Sie können:
- zu einem Verb den *Infinitiv* suchen: gespielt – **sp**ielen
- *zwei Wörter trennen*:   Halte – **St**elle
- *Verb und Vorsilbe trennen*:   auf – **st**ehen

11) Suchen Sie die Grundform.

			Grundform	also:
0.	ge___ielt	(sp/schp?)	*sp*ielen	*ge**sp**ielt*
0.	sie wä_____	(st/scht?)	*waschen*	*sie wä**scht***
1.	ge___anden	(st/scht?)	_____	_____
2.	ausge_____iegen	(st/scht?)	_____	_____
3.	gedu_____	(st/scht?)	_____	_____
4.	der Büro_____uhl	(st/scht?)	_____	_____
5.	vertau_____	(st/scht?)	_____	_____
6.	der Platten_____ieler	(sp/schp?)	_____	_____
7.	die Ver_____ätung	(sp/schp?)	_____	_____

Rechtschreibtipp

Sie hören *sch-p* [ʃp] *mitten im Wort.*   → Sie schreiben *fast immer sp.*

Es gibt im Deutschen fast keine Wörter mit *schp*. Diese Buchstaben kommen nur in Wortkombinationen vor (das Wa**sch-p**ulver).

Sie hören *sch-t* [ʃt] *mitten im Wort.*   → Sie schreiben *meistens st.*

Auch die Buchstaben *scht* kommen fast nur in Wortkombinationen vor (das Wi**sch-t**uch) oder wenn an ein Verb mit *sch* durch eine Grammatikform ein *t* kommt (z.B. Konjugation, Präteritum, Partizip II). Beispiel: du**sch**en – sie du**scht** – sie du**scht**e – sie hat gedu**scht**

12) Mit *sch, st, sp, scht* oder *schp*? Hören Sie und setzen Sie die Buchstaben ein.

ge____ehen, ver____ehen, ge____ehen, getau_____, vor____ellen, ge____lossen, die Ver____lechterung, vermi_____, der Zebra____reifen, ge____errt, er____recken, ver____önern, zer____ören, das Gewinn____iel, wün_____en, der Wun_____raum

13) Lückendiktat. Hören Sie und setzen Sie die Wörter ein.

1   Mein Mann _____ nach der _____.
2   Frau _____ ist _____.
3   Er hat mir _____ viele _____ Briefe aus _____ nach_____
    _____.
4   Er _____ _____ gegen den _____.
5   Ich habe _____ eine _____ im _____ an der S-Bahn
    _____ auf dich gewartet.
6   Mach nicht so ein _____ Gesicht.

14) Lückendiktat (Ihr Kursleiter oder Ihr Partner liest aus den Lösungen die Sätze vor). Hören Sie und setzen Sie die Wörter ein.

_____ bin ich _____ _____. Es hat _____. Auf den _____ war alles voll _____. Die S-Bahn ist nicht mehr gefahren. Der Bus auch nicht. Deshalb _____ ich nicht in die _____ gehen. Ich habe den ganzen Tag mit meiner _____ _____. Nach dem _____ sind wir im Park _____ gegangen und _____ gefahren. _____ haben wir einen _____ gebaut. Normalerweise _____ wir oft. Aber _____ haben wir nicht _____. Das war ein _____ Tag. Wir haben viel _____ gehabt!

15) Silbenrätsel. Welches Wort passt zur Erklärung? Suchen Sie aus den Silben das richtige Wort.

Bus – den – fe – hal – Haupt – hil – kehrs – le – le – Lehr – Lip – pel – pen – Post – ren – spa – Sprech – stadt – stau – stel – stel – stem – stift – stun –- te – Ver

1. Damit malen Frauen ihren Mund rot: der _____.
2. Wenn ich einen Beruf lernen möchte, suche ich eine _____.
3. Berlin ist die _____ von Deutschland.
4. Dort warte ich auf den Bus: an der _____.
5. Auf der Post machen sie auf die Briefmarke einen _____.
6. Nach einem Unfall gibt es auf den Straßen einen _____.
7. Ich bringe mein Geld zur Bank. Ich möchte es _____.
8. Sie arbeitet in einer Arztpraxis und macht die Termine mit den Patienten: die
   _____

Wörter mit t, s, z und tz

[t] [s] [z] [ts]

☞ Die Lösungen finden Sie auf Seite 178.

Das z besteht aus zwei Lauten. Zuerst spricht man ein *t*, dann ein *s* (*t* + *s* = *z*). Deshalb schreibt man das z in der Lautschrift [ts]. (Das phonetische Zeichen [z] steht für das stimmhafte *s*.)
Hören Sie die Beispiele:

31K

[t]	[s/z]	[ts]
Schu**tt**	Schu**ss**	Schu**tz**
Teile	**S**eile	**Z**eile
Rech**t**	_	rech**ts**
pla**tt**	_	Pla**tz**
_	hei**ß**en	hei**z**en
_	**s**ehen	**Z**ehen

Hören

32K **1)** Welches Wort hören Sie? Kreuzen Sie an. **X**

	[t]		[ts]		[s/z]		[ts]
1 a) Teile	☐	b) Zeile	☐	7 a) reißen	☐	b) reizen	☐
2 a) reiten	☐	b) reizen	☐	8 a) Schuss	☐	b) Schutz	☐
3 a) Kurt	☐	b) kurz	☐	9 a) Tasse	☐	b) Tatze	☐
	[st]		**[ts]**	10 a) Saum	☐	b) Zaum	☐
4 a) heißt	☐	b) heizt	☐	11a) so	☐	b) Zoo	☐
5 a) reist	☐	b) reizt	☐	12a) heißen	☐	b) heizen	☐
6 a) pusten	☐	b) putzen	☐	13a) seit	☐	b) Zeit	☐

33K **2)** Welches Wort hören Sie? Schreiben Sie eine **1** hinter das erste Wort, eine **2** hinter das zweite Wort und so weiter.

| pu**st**en | ☐ | Rei**s** | ☐ | Ka**st**en | ☐ | ta**st**en | ☐ | Gei**st** | ☐ | Wür**st**e | ☐ |
| pu**tz**en | ☐ | Rei**z** | ☐ | Ka**tz**en | ☐ | Ta**tz**en | ☐ | Gei**z** | ☐ | Wür**ze** | ☐ |

Sprechen

Können Sie Wörter mit *t, s* und *z*
gut aussprechen?

☛ Aussprachetipps
finding Sie auf Seite 136.

31 K 3) Hören Sie noch einmal die Beispielwörter (Seite 91). Sprechen Sie die Wörter nach.

☺☺ **4)** Können Sie die Wörter gut aussprechen?

Partner A
Lesen Sie Ihrem Partner nur *eines* der zwei Wörter
vor. Kreuzen Sie das Wort an.

	[t]		[ts]
1 a) Teile		b) Zeile	
2 a) platt		b) Platz	
3 a) weiten		b) Weizen	
	[s/z]		**[ts]**
4 a) heißen		b) heizen	
5 a) sehen		b) Zehen	
6 a) Schuss		b) Schutz	
	[st]		**[ts]**
7 a) Geist		b) Geiz	
8 a) Kasten		b) Katzen	
9 a) pusten		b) putzen	

Partner B
Hören Sie. Welches Wort liest Ihr Partner vor?
Kreuzen Sie an. Vergleichen Sie zum Schluss.

	[t]		[ts]
1 a) Teile		b) Zeile	
2 a) platt		b) Platz	
3 a) weiten		b) Weizen	
	[s/z]		**[ts]**
4 a) heißen		b) heizen	
5 a) sehen		b) Zehen	
6 a) Schuss		b) Schutz	
	[st]		**[ts]**
7 a) Geist		b) Geiz	
8 a) Kasten		b) Katzen	
9 a) pusten		b) putzen	

34 K 5) Hören Sie und sprechen Sie die Sätze nach.

1 Setz dich auf diesen Platz!	2 Fritz ist ein Schatz.	3 Potzblitz!

☺☺☺ **6)** Franz hat bald Geburtstag. Er wünscht sich viele Dinge mit *z*: ein schwarzes Notizbuch, zehn Zeit-
schriften, zwei... Machen Sie mit Ihrem Partner eine Liste mit *Z*-Dingen. Fragen Sie dann im
Kurs und antworten Sie auf Fragen.

ein schwarzes Notizbuch, zehn Zeitschriften, zwei .....

● Was wünscht sich Franz zum Geburtstag?

■ Ein _____ .

☺☺ **7)** Hören Sie und sprechen Sie die Zungenbrecher zusammen mit Ihrem Partner. Sprechen Sie jedes
Mal schneller. Wer macht zuerst einen Fehler?

35 K

1 **Z**wischen **z**wei **Z**wetschgen**z**weigen **z**witschern **z**wei **Z**eisige.

2 Der Po**ts**damer Postkutscher pu**tz**t den Po**ts**damer Postkutschkasten.

Richtig schreiben

Sie hören [ts]. Sie haben drei verschiedene Möglichkeiten, diesen Laut zu schreiben: *ts, z* oder *tz*. Wie können Sie wissen, welche Möglichkeit richtig ist?

Z oder tz

Dafür müssen Sie den Unterschied zwischen langen und kurzen Vokalen gut hören können.

36K 8) Hören Sie und machen Sie unter lange Vokale einen Strich (si**e**zen), unter kurze Vokale einen Punkt (s**i**tzen). Diphthonge (e**i**, *au*, e**u**/*äu*) sind immer lang.

> schmutzig, das Salz, ganz, plötzlich, der Blitz, duzen, die Katze, tanzen, geizig, verdutzt, der Witz, die Heizung, der Satz, benutzen, der Spatz

9) Ergänzen Sie die Rechtschreibregel.

Regel	z	tz	Beispielwort
● Nach *langen Vokalen* schreibt man	☐	☐	_____
● Nach *Konsonanten* schreibt man	☐	☐	_____
● Nach *kurzen Vokalen* schreibt man	☐	☐	_____
Ausnahme: Pizza, spazieren			

37K 10) Lückendiktat. Mit *z* oder *tz*? Hören Sie und setzen Sie die Buchstaben ein.

1 sie_____en	2 der Marktpla_____	3 entse_____lich
4 der Hol____tisch	5 die Kopfschmer____en	6 das Pu____mitte
7 es bli____t	8 es rei____t mich	9 si____en
10 der Hausar____t	11 versal____en	12 die Bre____el

12D 11) Mit *s, z* oder *tz*? Lückendiktat. Hören Sie und setzen Sie die Wörter ein.

_____ und _____ _____ mit ihrer _____ _____in die _____. Sie _____ _____ Stunden im _____. Ihre _____ ver_____ den _____ und _____ mit ihren _____ Krallen Löcher hinein. _____ _____ _____ seine frisch _____ Schuhe aus. Durch die Socken kann man seine _____ _____. _____ bestellt im ____restaurant eine _____. Die _____ ist _____. Das findet er gar nicht _____. Draußen _____ und donnert es. Aber in der _____ scheint die Sonne. Sie gehen _____ und die _____ jagt _____.

93

Z oder ts

Manche Wörter haben am Ende ein *t*. Wenn man sie mit anderen Wörtern kombiniert, kommt oft in die Mitte ein *s* (z.B. Gebur**t** + **s** + Tag = Gebur**ts**tag).

ts und *z* klingen gleich. Bei diesen Wörter darf man aber nicht *z* schreiben.
Suchen Sie das Grundwort.

	Grundwort		richtig schreiben
Arbei___amt (z/ts?)	Arbei**t**	→	Arbei**ts**amt
Tan____musik (z/ts?)	Tan**z**	→	Tan**z**musik

12) Mit *z* oder *ts*? Suchen Sie das Grundwort.

	Grundwort	richtig schreiben
1. die Gebur____urkunde	_____	_____
2. die Hochzei_____torte	_____	_____
3. der Kur_____schluss	_____	_____
4. die Aufenthal_____erlaubnis	_____	_____
5. nach____	_____	_____
6. die Her____schmerzen	_____	_____
7. die Krankhei___bescheinigung	_____	_____

13) D **13)** Lückendiktat. Hören Sie und setzen Sie die Buchstaben ein.

1 Das Arbei____amt hat für ihn einen Arbei____pla____ als Überse____er gefunden.

2 Fran____iska ist unkompli____iert und wi_____ig, aber auch ___iemlich gei____ig.

3 ___ieh bitte die schmu_____igen Schuhe aus! Der Boden ist frisch gepu_____t.

4 Nach_____ muss ich immer Schmer____mittel nehmen.

5 Se____en Sie sich bitte auf einen Si____pla____ im Wartezimmer. Der Ar_____ kommt gleich.

6 Nach der Hochzei_____eremonie unterschreiben die Trau____eugen die Heira____urkunde.

Die Endung

Die Endung -*tion* (z.B. Aktion) spricht man [ts]ion. Diese Endung kommt nur in internationalen Wörtern vor. Sie kennen diese Wörter vielleicht in Ihrer Sprache.

👍 **14)** Setzen Sie das Substantiv ein. Hören Sie die Wörter von der CD. Sprechen Sie die Wörter nach.

38K

Verb	Substantiv
agieren	die Aktion
organisieren	_____
funktionieren	_____
konstruieren	_____
kommunizieren	_____
dirigieren	_____
frustrieren	_____

👍 **15)** Lückendiktat (Ihr Kursleiter oder Ihr Partner liest aus den Lösungen die Sätze vor). Hören Sie und setzen Sie die Wörter ein.

_____ und _____ gehen auf die _____ einer früheren _____ . Lisa, die Braut, arbeitet _____ bei einer _____ _____ als _____ . Hans, der Bräutigam, arbeitet in einer _____ . Sie haben sich vor zehn Monaten auf einem Kongress über moderne _____medien kennen gelernt. Die _____ findet in einem großen Hotel statt. An der _____ bekommt jeder Gast eine rote Rose. _____ gibt es leckeres Essen und dann _____ das Brautpaar einen _____ . Später wird die Musik immer _____ und die _____ geraten ins _____ . Als die _____ , eine ziemlich _____ dreistöckige _____ angeschnitten wird, gibt es _____ einen _____ und alle Lichter gehen aus. Auch die Musikanlage _____ nicht mehr. Bis alles repariert ist, essen die Gäste ihre _____ von der Torte bei _____licht. Das ist sehr romantisch. Die Party ist noch sehr _____ .

Wörter mit f, v, w, b und pf
[f] [v] [b] [pf]

☞ Die Lösungen finden Sie auf Seite 179.

Hören

39 K 1) Wörter mit *f, w* und *b*. Welchen Laut hören Sie am Wortanfang? Kreuzen Sie an. **X**

	1	2	3	4	5	6	7	8	9	10
f										
w										
b										

40 K 2) Wörter mit *f* und *pf*. Welchen Laut hören Sie? Kreuzen Sie an. **X**

	1	2	3	4	5	6	7	8	9
f									
pf									

41 K 3) Wörter mit *v*. Ein *v* spricht man entweder wie ein *f* oder wie ein *w*. Welchen Laut hören Sie? Kreuzen Sie an. **X**

	wie f	wie w			wie f	wie w
1 das Visum				7 der Vater		
2 der Vogel				8 der Ventilator		
3 viel				9 verkaufen		
4 das Klavier				10 das Universum		
5 der Vulkan				11 der November		
6 voll				12 brav		

42 K 4) Welches Wort hören Sie? Markieren Sie. **X**

	f		pf		f		pf
1 a) Hüfte		b) hüpfte		4 a) Zoff		b) Zopf	
2 a) fand		b) Pfand		5 a) fährt		b) Pferd	
3 a) Feile		b) Pfeile		6 a) hoffen		b) Hopfen	

Sprechen

Können Sie die Wörter mit *f, w, b* und *pf*
gut aussprechen?

☞ Aussprachetipps mit Zeichnungen
finden Sie auf den Seiten 136-138.

43 K 5) Wörter mit *f* und *w*. Hören Sie und sprechen Sie die Wörter nach.

> 1 Fass – was, 2 Winde – finde, 3 weder – Feder, 4 Farm – warm

☺☺ **6)** Können Sie diese Wörter mit *f* und *w* gut aussprechen?

Partner A
Lesen Sie Ihrem Partner nur
eines der zwei Wörter vor.
Kreuzen Sie das Wort an.

Partner B
Hören Sie. Welches Wort liest
Ihr Partner vor? Kreuzen Sie an.
Vergleichen Sie zum Schluss.

		f			w
1	a) Fass		b) was		
2	a) Feder		b) weder		
3	a) finde		b) Winde		
4	a) Feile		b) Weile		
5	a) Farm		b) warm		
6	a) ferner		b) Werner		
7	a) fühlen		b) wühlen		
8	a) volle		b) Wolle		
9	a) auffallen		b) aufwallen		
10	a) vier		b) wir		
11	a) Fach		b) wach		
12	a) fand		b) Wand		

		f			w
1	a) Fass		b) was		
2	a) Feder		b) weder		
3	a) finde		b) Winde		
4	a) Feile		b) Weile		
5	a) Farm		b) warm		
6	a) ferner		b) Werner		
7	a) fühlen		b) wühlen		
8	a) volle		b) Wolle		
9	a) auffallen		b) aufwallen		
10	a) vier		b) wir		
11	a) Fach		b) wach		
12	a) fand		b) Wand		

☺☺ **7)** Wörter mit *f* und *w*. Hören Sie und sprechen Sie die Sätze mit Ihrem Partner nach.

44 K

> 1 **W**as ist in dem **F**ass? – Das ist ein **W**asser**f**ass.
>
> 2 **W**o **w**ohnt **W**alter? – **W**alter **w**ohnt im **F**alter**w**eg.

45 K 8) Wörter mit *w* und *b*. Hören Sie und sprechen Sie die Wörter nach.

> 1 Wand – Band, 2 wach – Bach, 3 wahr – Bar, 4 wir – Bier

☺☺ **9)** Können Sie diese Wörter mit *w* und *b* gut aussprechen?

Partner A
Lesen Sie Ihrem Partner nur
eines der zwei Wörter vor.
Kreuzen Sie das Wort an.

Partner B
Hören Sie. Welches Wort liest
Ihr Partner vor? Kreuzen Sie an.
Vergleichen Sie zum Schluss.

	w		b
1 a) wir		b) Bier	
2 a) wach		b) Bach	
3 a) Wand		b) Band	
4 a) wahr		b) Bar	
5 a) winden		b) binden	
6 a) Wesen		b) Besen	
7 a) Würste		b) Bürste	
8 a) Wein		b) Bein	
9 a) Weißt du?		b) Beißt du?	

	w		b
1a) wir		b) Bier	
2a) wach		b) Bach	
3a) Wand		b) Band	
4a) wahr		b) Bar	
5a) winden		b) binden	
6a) Wesen		b) Besen	
7a) Würste		b) Bürste	
8a) Wein		b) Bein	
9a) Weißt du?		b) Beißt du?	

46 K 10) Wörter mit *b* und *w*. Hören Sie und sprechen Sie die Sätze nach.

1 **W**o ist der **B**esen ge**w**esen?

2 Der **W**ecker **w**eckt den **B**äcker.

3 Mein Hund **b**eißt nicht. – **W**eiß er das?

47 K 11) Zwei Redensarten und ein Zungenbrecher mit vielen *w*. Hören Sie und sprechen Sie nach.

1 Wer nicht wagt, der nicht gewinnt.

2 Was ich nicht weiß, macht mich nicht heiß.

3 Wir Wiener Waschweiber
würden weiße Wäsche waschen,
wenn wir wüssten,
wo weiches Wiesenwasser wär'.

48 K 12) Wörter mit *f* und *pf*. Hören Sie und sprechen Sie die Wörter nach.

1 fährt – Pferd, 2 hoffen – Hopfen, 3 Stoff – Stopf!

☺☺ **13)** Können Sie diese Wörter mit *f* und *pf* gut aussprechen?

Partner A
Lesen Sie Ihrem Partner nur
eines der zwei Wörter vor.
Markieren Sie das Wort.

Partner B
Hören Sie. Welches Wort liest
Ihr Partner vor? Kreuzen Sie an.

	f		pf
1 a) Stoff		b) Stopf!	
2 a) fährt		b) Pferd	
3 a) fand		b) Pfand	
4 a) hoffen		b) Hopfen	
5 a) fahl		b) Pfahl	
6 a) Feile		b) Pfeile	

	f		pf
1 a) Stoff		b) Stopf!	
2 a) fährt		b) Pferd	
3 a) fand		b) Pfand	
4 a) hoffen		b) Hopfen	
5 a) fahl		b) Pfahl	
6 a) Feile		b) Pfeile	

49 **K** **14)** Wörter mit *f* und *pf*. Hören Sie und sprechen Sie die Sätze nach.

1 Ich bin ein Pop-Fan.

2 Ich fahre in den Pfingstferien nach Finnland.

3 Sie pflücken frische Pfirsiche.

4 Wir klopfen.

5 Er klopft.

6 Du klopfst.

Lesen und sprechen

Ein *v* spricht man manchmal wie *f*, manchmal wie *w*. Wie können Sie wissen, welche Möglichkeit richtig ist? Es gibt eine Regel, die Ihnen helfen kann.

Regel:
- Internationale Wörter   →   Man spricht das *v* wie ein *w*.
- Deutsche Wörter   →   Man spricht das *v* wie ein *f*.

Diese Regel hilft Ihnen, wenn es auch in Ihrer Sprache die gleichen internationalen Wörter gibt. Probieren Sie es aus.

15) Internationale und deutsche Wörter. Welche Wörter gibt es auch in Ihrer Sprache?

der Vogel, das Visum, der Verkehr, das Vieh, das Universum, vier, der Vulkan, viel, der November, der Karneval, vielleicht, von, die Kurve, die Violine, vorn, das Klavier, der Kavalier, vorher, der Ventilator, verkaufen, die Veranda, Volt, vortanzen, das Verb, das Video

Internationale Wörter, gibt es in meiner Sprache auch:	**Internationale Wörter, gibt es in meiner Sprache nicht:**	**Deutsche Wörter, gibt es in meiner Sprache nicht:**

Vergleichen Sie Ihre Liste von Übung 15) mit dieser Liste.

v wie w: in internationalen Wörtern	**v wie f**: in deutschen Wörtern
das Visum, das Universum, der Vulkan, die Vase, der November, der Karneval, die Kurve, die Violine, das Klavier, der Kavalier, das Ventil, der Ventilator, die Veranda, Volt, die Vitrine, das Verb, das Video	der Vater, der Vetter, der Vogel, der Verkehr, das Vieh, vier, viel, vielleicht, von, voll, vorn, vorher, verkaufen, vortanzen

Suchen Sie unbekannte Wörter im Wörterbuch.

Besonderheit: Internationale Wörter mit v am Ende

> Regel:
> | v am Wortende | → | Man spricht f (brav, naiv, massiv). |
> | v vor Vokal | → | Man spricht w (braves, naiver, massive). |

Weiche Konsonanten spricht man am Wortende immer hart. Das Fachwort dafür ist „Auslautverhärtung".

☛ Siehe Kapitel „Harte und weiche Konsonanten" auf Seite 67.

Achten Sie noch auf diese Regel:

> Regel:
> ● Die Vorsilben *ver-* und *vor-* → Man spricht v immer wie f.

16) *V* wie *f* oder wie *w*? Ordnen Sie die Wörter in zwei Gruppen.

> brav, das Klavier, vier, aktiv, Aktivist, der November, passiv, das Universum, die Vase, der Verkehr, der Vetter, verkaufen, das Vieh, viel, der Vogel, voll, Volt

v wie f	v wie w

50K 17) *V* wie *f* oder wie *w*? Markieren Sie mit **(f)** oder mit **(w)**. Hören Sie zur Kontrolle die CD. Lesen Sie dann die Sätze laut.

1 **V( )**egetarier essen kein **V( )**ieh.

2 Der Arzt **v( )**erschreibt mir **V( )**itamine.

3 Für das Univ**v( )**ersum gibt es kein **V( )**isum.

4 Am elften No**v( )**ember fängt der Karne**v( )**al an.

5 Ich bin im **V( )**olleyball-**V( )**erein.

6 Marek holt sich einen **V( )**ampir-Film aus der **V( )**ideothek.

Richtig schreiben

18) Mit *f*, mit *w* oder mit *v*? Hören Sie und setzen Sie die Buchstaben ein.

1 die ____üste, 2 der ____ulkan, 3 die ____abrik, 4 ____erdienen, 5 die ____olke, 6 der

____etter, 7 die ____irtschaft, 8 ____orher, 9 bra____, 10 ____ielleicht, 11 der ____unsch,

12 die ____erien, 13 die Kur____e, 14 ____angen, 15 ___oll, 16 ___röhlich, 17 ___ormittags,

18 die ___ioline, 19 ___orschlagen, 20 die __ersicherung, 21 lau___arm, 22 der Ka____alier

19) Buchstabensalat. In den Buchstaben sind 18 Wörter versteckt (nur waagerecht). Suchen Sie die Wörter und schreiben Sie sie zu dem passenden Satz.

OIUPOSADDEIUZTÄREZTREBRAVMMVIEHNBVCCVASEMNBVCIEXDSAADSDEDFÜDEFEDVETTER
ERSFDOOGHERTWSADDEBBHJKLÖPBINDENNVIEBBASERVENTILPOIUZTREWVENTILATORHGIFJ
KKLAVIERPOIUZTREVORNPOIUZAADTREWACHDSIDOOSDEDFEDERNELRTWSADDEBBHBACHE
RTWSADDEBBHFASSERTWPOIUZTRESADIDEBBHWEILEEBBHAAJKLBESENDSDSPOISADDEUZTR
EDEDBÜRSTESDBEIßENDSDSADEDOOPSDQVIOLINEWI

1. Ein kleiner Fluss heißt _____.

2. Ich schlafe nicht mehr, ich bin jetzt _____.

3. In einer Kneipe gibt es Bier aus dem _____.

4. Was eine kurze Zeit dauert, das dauert eine _____.

5. Wenn man seine Schuhe zumacht, dann muss man eine Schleife _____.

6. Hunde, die bellen, _____ nicht. Sagt man.

7. Die Blumen stelle ich in die _____.

8. Vögel haben keine Haare, sie haben _____.

9. Den Fußboden kann man mit einem _____ fegen.

10. Die Tiere auf dem Bauernhof nennt man das _____.

11. Der Sohn meiner Tante ist mein _____.

12. Kinder, die immer gehorchen, sind _____.

13. Zum Schuheputzen braucht man eine _____.

14. Wenn es in unserer Wohnung zu heiß ist, dann benutzen wir den _____.

15. Durch das _____ pumpen wir Luft in einen Reifen.

16. Das Piano heißt auf Deutsch _____.

17. Die Geige nennt man auch _____.

18. Hinten ist das Gegenteil von _____.

14D 20) Lückendiktat. Mit *f, v* oder *w*? Hören Sie und setzen Sie die Buchstaben ein.

1 Die Arbeiter dieser ____abrik ___erdienen zu ___enig Geld. Sie ___ordern mehr Lohn.

2 ____ir ____ahren in den Kur____en sehr ____orsichtig.

3 Über der ____üste schwebt eine kleine ____olke.

4 Der Ka___alier spielt ____under___oll Kla____ier.

5 ____er hat meine ___ioline ____ersteckt?

6 Das ____entil von meinem ____ahrradschlauch ist kaputt.

7 Er hat ____iel ____erloren.

8 Er ____ersuchte nicht zu ____liegen.

9 Er ____iel __om ____ordach.

10 Das ____ideo ge____iel mir ganz gut.

11 ____erner ____urde ____ieder ____urchtbar ____ütend.

12 Dein Cousin ist ziemlich dick. – Ja, stimmt, mein __etter wird immer __etter.

13 Er trank so ___iel, bis er vom Stuhl ____iel.

15D 21) Lückendiktat. Mit *b, f, v* oder *w*?

1 Die ___ayern ___eiern mit ____eiß___ier.

2 Herr ___ein___ein trinkt ____eiß___ein.

3 Ich ___ahr in die ___ar, in der ich schon gestern ___ar.

4 ___rische ___ett___äsche ist im ___anoschrank.

5 Mit deinen dicken ___urstfingern kannst du nicht Kla___ier spielen.

6 Der ___ideo___ilm ___ar ___irklich ___under___ar.

7 Der ___i___er hat ___ieder ___ie___er.

Wörter mit f und pf

Manchmal hören sich *f* und *pf* fast gleich an. Das kann beim Schreiben Probleme geben. Diese Regel hilft Ihnen:

Regel:
● Nach einem *m* steht immer *pf*:   der Da**mpf**, der Stru**mpf**, **impf**en
● Nach einem *n* steht immer *f*:   die Zuku**nf**t, die Vernu**nf**t, der Se**nf**

Besonderheit: Wortkombinationen

● Bei Wortkombinationen müssen Sie aufpassen:
die Kranke**n-pf**lege.

● Verwechseln Sie *pf* nicht mit der Vorsilbe *ab-* + *f*:
der A**pf**el - der A**bf**all (ab + fallen).

● Auch andere zusammengesetzte Wörter können wie pf klingen:
der Rau**bv**ogel = rau**b**en + **V**ogel.

51K **22)** Mit *pf, f* oder ...? Hören Sie und setzen Sie die Buchstaben ein:

1 die Im____ung, 2 em____angen, 3 die Zukun____t, 4 die Dam____lokomotive,

5 vernün____tig, 6 a____ahren, 7 die Strüm____e, 8 die A____ahrt, 9 der A____alleimer,

10 em___ehlen, 11 der Han____, 12 der Kon____likt, 13 das Sen___glas,

14 die Kon____erenz, 15 Rau____ogel, 16 das Haupt____ach, 17 das ____erde____leisch,

18 der Sum____, 19 die Ho____nung, 20 der Kram____, 21 san___t

☺☺ **23)** Partnerdiktat. Machen sie sich eine Liste mit zwölf Wörtern aus dieser Lektion. Diktieren Sie die-
se Wörter Ihrem Partner.

Vokalisierung des r

[r] [R] [ʁ] [ɐ]

☞ Die Lösungen finden Sie auf den Seite 180-181.

Oft spricht man das *r* nicht wie ein *r*, sondern wie ein schwaches *a* [ɐ].
Hören Sie die Beispiele:

K

schreiben	sprechen
r	[r] oder [ɐ]
de**r** Bär	„dea Bää"
de**r** Lehre**r**	„dea Lehra"
ve**r**raten	„vearaten"

Diese Veränderung nennt man die *Vokalisierung des r*, denn der Konsonant *r* wird wie der Vokal *a* gesprochen.

Das *r* spricht man in Deutschland regional verschieden. Manche sprechen das *r* vorne mit der Zungenspitze [r], andere weiter hinten im Gaumen [ʁ] oder im Hals [R].
Wie Sie das *r* aussprechen, ist nicht so wichtig. Aber Sie müssen wissen: Wann muss man das *r* wie ein *r* (konsonantisch) sprechen? Und wann muss man das *r wie ein schwaches a* (vokalisch) sprechen?

Hören

K 1) Hört man das *r*? Machen Sie einen Kreis um alle *r*, die Sie hören (Regen).

der Mechaniker, studieren, das Regal, die Vorspeise, frühstücken, verkaufen, die Lehrerin, erraten, nervös, der Februar, das Jahr, die Jahreszeit, gestern, er fährt, fahren

Wörter mit   n) und –er(n) am Ende: schwaches e [ə] und schwaches a [ɐ].

„Die Miete" und „der Mieter" klingen sehr ähnlich. „Miete" endet mit einem schwachen e [ə], „Mieter" endet mit einem schwachen a [ɐ]. Auch „die Bohnen" und „bohnern" klingen ähnlich.

Können Sie den Unterschied gut hören?

K 2) Sie hören zwei Wörter. Sind die Wörter gleich **=** oder verschieden **/**? Markieren Sie.

1 ☐   2 ☐   3 ☐   4 ☐   5 ☐   6 ☐   7 ☐   8 ☐

56 K 3) Welches Wort hören Sie? Kreuzen Sie an. **X**

	-e		-er		-e		-er
1 a) Miete	☐	b) Mieter	☐	4 a) jede	☐	b) jeder	☐
2 a) Liebe	☐	b) lieber	☐	5 a) Siege	☐	b) Sieger	☐
3 a) Silbe	☐	b) Silber	☐	6 a) lese	☐	b) Leser	☐

	-en		-ern		-en		-ern
7 a) Bohnen	☐	b) bohnern	☐	10 a) Silben	☐	b) silbern	☐
8 a) trauen	☐	b) trauern	☐	11 a) Eisen	☐	b) eisern	☐
9 a) Speichen	☐	b) speichern	☐	12 a) enden	☐	b) ändern	☐

Sprechen

Können Sie das *r* (konsonantisch und vokalisch) gut aussprechen?

☞ Aussprachetipps mit Zeichnungen finden Sie auf den Seiten 138-139.

Das vokalisierte r [ɐ]

Das vokalisierte *r* spricht man wie ein *schwaches a*. Betonen Sie das *a* nicht! Sprechen Sie es wirklich schwach.

☺☺ **4)** Sprechen Sie die Dialoge mit Ihrem Partner. Sprechen Sie alle *r* als schwache *a*. Hören Sie zur Kontrolle die CD.

57 K

- ■ Wir möchten vier Bier.
- ● Bier gibt es leider nicht mehr.

- ■ Wie ist dein neuer Fernseher?
- ● Besser als mein alter.

- ■ Er fährt übermorgen zu seiner Mutter.
- ● Er war doch erst gestern bei ihr.

- ■ Er war vor vier Tagen in der Oper.
- ● Was für eine Oper hat er denn gehört?

- ■ Wer fährt nachher mit mir nach Münster?
- ● Ich kann leider nicht. Ich muss noch arbeiten.

Schwaches e [ə] und schwaches a [ɐ]

58 K 5) Hören Sie und sprechen Sie nach.

e – er	Träume – Träumer, Spiele – Spieler, Gewinne – Gewinner, verliere – Verlierer, Ich liebe Sieger. – Ich siege lieber.
en – ern	Bohnen – bohnern, Ratten – rattern, klappen – klappern, enden – ändern

☺☺ **6)** Können Sie die Wörter gut aussprechen? Denken Sie daran: Sie dürfen am Wortende kein *r* sprechen!

Partner A
Lesen Sie Ihrem Partner nur eines der zwei Wörter vor. Kreuzen Sie das Wort an.

	-e		-er
1 a) arbeite!		b) Arbeiter	
2 a) Träume		b) Träumer	
3 a) Spiele		b) Spieler	
4 a) Siege		b) Sieger	
5 a) Liebe		b) lieber	
6 a) Gewinne		b) Gewinner	

	-en		-ern
7 a) Ratten		b) rattern	
8 a) enden		b) ändern	
9 a) klappen		b) klappern	
10 a) wetten		b) wettern	
11 a) Bohnen		b) bohnern	
12 a) trauen		b) trauern	

Partner B
Hören Sie. Welches Wort liest Ihr Partner vor? Kreuzen Sie an. Vergleichen Sie zum Schluss.

	-e		-er
1 a) arbeite!		b) Arbeiter	
2 a) Träume		b) Träumer	
3 a) Spiele		b) Spieler	
4 a) Siege		b) Sieger	
5 a) Liebe		b) lieber	
6 a) Gewinne		b) Gewinner	

	-en		-ern
7 a) Ratten		b) rattern	
8 a) enden		b) ändern	
9 a) klappen		b) klappern	
10 a) wetten		b) wettern	
11 a) Bohnen		b) bohnern	
12 a) trauen		b) trauern	

Lesen und sprechen

Wenn Sie ein Wort sehen, wie können Sie dann wissen: Spricht man das *r* wie ein *r* oder wie ein *a*? Finden Sie die Regel selbst.

59K **7)** Hört man das *r*? Kreuzen Sie an. **X**

Hört man das *r*?

	ja	nein		ja	nein		ja	nein
1 aber			2 erzählen			3 richtig		
4 sauber			5 verstecken			6 Traum		
7 der			8 Ohr			9 grün		
10 Koffer			11 leer			12 Ohren		
13 vorlesen			14 Verkehr			15 verraten		

8) Ergänzen Sie die Aussoracheregel.

Regel: Ein konsonantisches *r* spricht man vor	Vokalen	Diphthongen	Umlauten	Konsonanten

9) In welchen Wörtern muss man das *r* als *r* sprechen? In welchen Wörter spricht man das *r* wie ein *a*? Ordnen Sie die Wörter in zwei Gruppen.

ich höre, du hörst, die Brille, das Büro, das Fenster, frei, gestern, das Gramm, die Mauer, der Rücken, das Tier, vier, vierzig, vorher, der April

Man spricht *r* wie *r*	Man spricht *r* wie *a* [ɐ]

😊😊 **10)** Lesen Sie die Dialoge. Machen Sie um alle *r*, die Sie sprechen müssen, einen Kreis. (fah(r)e) Sprechen Sie die Dialoge mit Ihrem Partner.

60 K

■ Ich fahre morgen nach Paris. ● Oh, du fährst nach Paris?

■ Ich spare für einen neuen Computer. ● Du sparst für einen Computer?

■ Ich höre gern irische Musik. ● Ah, du hörst gern irische Musik?

Machen Sie weitere Dialoge:
immer meine Geldbörse verlieren, mein Fahrrad reparieren, meine Freundin fotografieren, eine persische Vorspeise probieren, die Hausaufgaben meiner Kinder kontrollieren, im Kurs stören

😊😊 **11)** Zungenbrecher. Sprechen Sie den Zungenbrecher zusammen mit Ihrem Partner. Sprechen Sie jedes Mal schneller. Wer macht zuerst einen Fehler?

Dreiunddreißig reitende Ritter reiten dreimal rufend ums rote Rathaus.

61 K 12) Nach einem langen *a* vokalisiert man das *r* normalerweise. Folgende Wörter klingen also fast gleich: ja – Jahr, Hafen – Harfen, Schaf – scharf, Bad – Bart, waten – warten. In diesen Fällen können Sie das *r* auch als *r* (konsonantisch) sprechen. Sie müssen das aber nicht tun.
Hören Sie und sprechen Sie die Sätze. Probieren Sie beide Möglichkeiten aus (vokalisches und konsonantisches r).

1. Er rasiert sich den **Bart** im **Bad.**

2. Das dauert **ja** ein **Jahr.**

3. Zum **Schafe** scheren braucht man **scharfe** Scheren.

4. Da steht ein Container mit **Harfen** im **Hafen.**

Richtig schreiben

Das *r* spricht man oft wie ein *a*. Das kann Probleme beim Schreiben geben.

Rechtschreibtipps

Sie hören		Sie schreiben
● *a* am Wortende („*bessa*")	→	*-er* am Wortende (*besser*) Es gibt im Deutschen nur sehr wenig Wörter mit *a* am Ende (z.B. Opa, Oma, ja, Komma...)
● Vokal + schwaches *a* („oa", „ua", „ea", „üa", „öa")	→	Vokal + *r* (z.B. *Dorf, Wurst, Teer, Tür, Körner*) Es gibt im Deutschen fast keine Wörter mit *a* nach einem anderen Vokal. Nur die Kombination *i"a"* kommt in einigen internationalen Wörtern vor (z.B. Initiative, Piano, sozial, genial, Indianer...)
● die Vorsilben *ver-, vor-, er-, her-, zer-*	→	Diese *Vorsilben* schreibt man *immer mit r*.

13) Achtung! Hier ist viel falsch. Korrigieren Sie die Sätze. Streichen Sie das *a* weg, wenn es falsch ist. Schreiben Sie die richtigen Buchstaben darüber.

```
            er           r
```
0. Das ist aba nicht schwea.
1. Ja, ich dachte, das ist viel schwera.
2. Das dauat etwa ein Jah.
3. Spielt deine Schwesta Haafe oder Klaviea?
4. Mein Opa ist Rentna. Ea rest gean. Ea macht eine Reise um die Eade.
5. Er waatet im Hafen auf ein Schiff.
6. Meine Oma geht lieba in die Opa.
7. Mein Vata aabeitet bei dea Spaakasse.
8. Ich weade meina Tochta ein paa Bücha voalesen.
9. Sie liebt Geschichten mit Rittan, Pfeaden, Lanzen und schaafen Schweatan.
10. Wia sahen gestan einen Westan im Feansehen.
11. Ea steht im Bad und rasieat seinen Baat.
12. Wia essen alle geane Spaagel.
13. Weana waa lange in dea Baa.
14. Sie hat iha Kleid mit einem Messa zeaschnitten.
15. Ea hat sich mit einem Schraubenzieha schwea vealetzt.
16. Ich habe jetzt leida keine Lust meha.
17. Wia sind featig.

62K 14) Mit -er oder -e? Lückendiktat Adjektivdeklination. Hören Sie und setzen Sie die richtige Endung ein.

1 faul___ Schüler 2 faul___ Lehrer 3 kaputt___ Roboter 4 arbeitslos___ Fischer

5 kaputt___ Roboter 6 frisch___ Fisch 7 arbeitslos___ Fischer 8 faul___ Schüler

9 billig___ Bäcker 10 fleißig___ Lehrer

16D 15) Mit -er oder -e? Lückendiktat. Hören Sie und setzen Sie die Wörter ein.

1 Mein _____ spielt _____ . Aber er ist kein _____ _____ .

2 Der Kaffee ist _____ , _____ gib mir _____ .

3 _____ _____ macht eine _____ .

4 _____ _____ ist _____ .

5 Der _____ muss die _____ _____ .

6 Ich bin ein _____ und _____ mit meinem _____ um meine _____ .

17D 16) Mit -er oder -en? Hören Sie und setzen Sie die Wörter ein.

1 Ich muss noch die Daten _____ .

2 Für unser Chili con carne fehlen noch _____ .

3 Am Auto ist etwas kaputt, ich höre irgendetwas _____ .

4 Bei meinem Fahrrad fehlen zwei _____ .

5 In unserem Keller leben ein paar _____ .

6 Die Reinigungskraft möchte jetzt den Flur _____ .

7 Die Polizei wird sich über diese _____ _____ .

17) Lückendiktat (Ihr Kursleiter oder Ihr Partner liest Ihnen aus den Lösungen die Sätze vor). Hören Sie und setzen Sie die Wörter ein.

_____ _____ _____ von _____ _____ mit dem Auto nach

Hause. Als _____ eine _____ stunde _____ _____ , fing es an

zu _____ und ein _____ kam auf. Das _____ _____ ziemlich

_____ , weil viel _____ auf der Straße _____ . Es _____ immer

_____ . Wegen _____ _____ fingen die Straßen an zu _____ .

_____ kamen _____ nach _____ Stunden, gegen _____ , zu Hause an.

Ich _____ nie _____ mit dem Auto _____ .

110

Wörter mit r und l

[r] [R] [ʁ] [l]

☞ Die Lösungen finden Sie auf Seite 181.

Hören Sie die Beispiele:

63K

r	l
Reise	**l**eise
Rauch	**L**auch
f**r**oh	**Fl**oh
G**r**as	G**l**as
füh**r**en	füh**l**en

Hören

64K 1) Sie hören zwei Wörter. Sind die Wörter gleich = oder verschieden /? Markieren Sie.

1 ☐   2 ☐   3 ☐   4 ☐   5 ☐   6 ☐   7 ☐   8 ☐

65K 2) Welches Wort hören Sie? Kreuzen Sie an. **X**

1 a) Raub	☐	b) Laub	☐	6 a) Frucht	☐	b) Flucht	☐
2 a) Regen	☐	b) legen	☐	7 a) Schrank	☐	b) schlank	☐
3 a) rauh	☐	b) lau	☐	8 a) Kraut	☐	b) klaut	☐
4 a) rasten	☐	b) lasten	☐	9 a) spüren	☐	b) spülen	☐
5 a) Brei	☐	b) Blei	☐	10 a) wären	☐	b) wählen	☐

66K 3) Welches Wort hören Sie? Schreiben Sie eine **1** hinter das erste Wort, eine **2** hinter das zweite Wort und so weiter.

rasch	☐	Rektor	☐	Kragen	☐	Kehlen	☐	führen	☐	Schrot	☐
lasch	☐	Lektor	☐	klagen	☐	kehren	☐	fühlen	☐	Schlot	☐

Sprechen

Können Sie Wörter mit *r* und *l* gut aussprechen?

☞ Aussprachetipps finden Sie auf den Seiten 139-140.

67 K 4) Wörter mit *r*. Sprechen Sie das *r* nach *t, k, p, st* und *sp*. Hören Sie und sprechen Sie die Wörter und Sätze nach.

1	trinken – Treppe – tragen	4	Straße – streiten – sprechen – springen
2	prima – Prüfung – Preis	5	Die Katze tritt die Treppe krumm.
3	krank – Kreis – Krise	6	Sie spricht die Sprache prima.

63 K 5) Hören Sie noch einmal die Beispielwörter (Seite 111). Sprechen Sie die Wörter nach.

☺☺ **6)** Können Sie die Wörter gut aussprechen?

Partner A
Lesen Sie Ihrem Partner nur *eines* der zwei Wörter vor. Kreuzen Sie das Wort an.

Partner B
Hören Sie. Welches Wort liest Ihr Partner vor? Kreuzen Sie an. Vergleichen Sie am Schluss.

am Wortanfang					**am Wortanfang**		+
1 a) Reise		b) leise		1 a) Reise		b) leise	
2 a) Regen		b) legen		2 a) Regen		b) legen	
3 a) Rand		b) Land		3 a) Rand		b) Land	
4 a) Reiter		b) Leiter		4 a) Reiter		b) Leiter	
nach Konsonant					**nach Konsonant**		
5 a) Gras		b) Glas		5 a) Gras		b) Glas	
6 a) Frucht		b) Flucht		6 a) Frucht		b) Flucht	
7 a) Kragen		b) klagen		7 a) Kragen		b) klagen	
8 a) Pranke		b) Planke		8 a) Pranke		b) Planke	
in der Wortmitte					**in der Wortmitte**		
9 a) führen		b) fühlen		9 a) führen		b) fühlen	
10 a) wären		b) wählen		10 a) wären		b) wählen	

68 K 7) Wörter mit *r und l*. Hören Sie und sprechen Sie die Sätze nach.

1	Der Plan ist praktisch.	2	Er klaut Blaukraut.
3	Fritz singt „Tri-Tra-Trallalla".		

69 K 8) Hören Sie und sprechen Sie den Zungenbrecher nach. Werden Sie langsam schneller.

1 Frieder klaut Flieder, Flieder klaut Frieder.
2 Blaukraut bleibt Blaukraut und Brautkleid bleibt Brautkleid.

Richtig schreiben

9) Lückendiktat. Hören Sie und setzen Sie die Wörter ein.

1 _____ _____ _____ .

2 _____ _____ nach _____ .

3 Die Mutter _____ ihn, weil er _____ .

4 Sie _____ sich im _____ an den Strand.

5 Das ist _____ _____ .

6 Sie ist ganz _____ , aber ihr Freund sieht aus wie ein _____ .

7 Die _____ der _____ ist _____ .

8 Die Kinder _____ und _____ dann weg.

9 In einer Schule arbeitet der _____ , in einem Verlag der _____ .

10) Die Buchstaben *r* und *l* sind vertauscht. Aber nicht immer! Korrigieren Sie.

1. Rotte riest gelne Romane.   1. _____

2. Sie riebt lomantische Litelatul.   2. _____

3. Die Hasen flessen gelne flisches Glas.   3. _____

4. Im Wald reben viere Rehe.   4. _____

5. Es legnet schon dlei Tage rang.   5. _____

6. Seid reise, die Kindel schrafen schon.   6. _____

7. Del Ball ist lund.   7. _____

11) Kombinieren Sie die Wörter. Sprechen Sie sie danach.

~~der Baum~~, der Fisch, der Frosch, der Ritter, der Vogel, der Wald, ~~das Laub~~, das Laub, das Laub, der Raub, der Raub, der Raub

1. *der Laubbaum* _____   4. _____

2. _____   5. _____

3. _____   6. _____

Mundgymnastik
Aussprachetraining

☛ Die Lösungen finden Sie auf Seite 181.

In einer neuen Sprache gibt es nicht nur viele neue Wörter und Grammatik, sondern auch neue Laute. Nicht nur der Kopf, auch der Mund muss bei einer neuen Sprache neue Dinge lernen.

Hören Sie genau hin.

Hören Sie nicht nur, *was* die Leute sagen. Hören Sie auch, *wie* sie es sagen. Wenn Sie in Deutschland leben, können Sie jeden Tag die Menschen auf der Straße hören. Wenn Sie im Ausland leben, dann kaufen oder leihen Sie sich Kassetten mit deutschen Texten und Liedern, hören Sie deutsches Radio, sehen Sie deutsches Fernsehen. Genießen Sie die neue Sprache und den fremden Klang. Was gefällt Ihnen am Klang der deutschen Sprache?

Sprechen Sie laut.

Sprechen Sie die fremde Sprache laut. Lesen Sie zu Hause deutsche Texte (aus dem Deutschbuch, Zeitungsartikel, Gedichte).

Arbeiten Sie mit einem Kassettenrekorder.

Nehmen Sie sich selbst auf Kassette auf. Oft können Sie dann besser hören, was Sie schon gut sprechen können und wo es noch Probleme gibt. Probieren Sie es zwei Wochen später noch einmal. Hören Sie eine Veränderung?

Üben Sie vor einem Spiegel und mit einem Korken.

Stellen Sie sich vor einen Spiegel und sehen Sie auf ihren Mund, wenn Sie sprechen.
Sie können auch einen Korken in den Mund nehmen und dann einen kurzen Text sprechen. Das ist schwierig. Aber danach, wenn der Korken wieder weg ist, geht es oft viel besser.

Stellen Sie die Laute „scharf".

Wenn Sie fotografieren, müssen Sie das Bild scharf stellen. Wenn die Kamera das nicht automatisch macht, müssen Sie ein bisschen probieren, bis das Bild scharf ist. Mit der Aussprache ist es auch so. Sie müssen mit Zunge und Lippen herumprobieren und den Laut „scharf stellen", bis er möglichst exakt ist.

Haben Sie Geduld!

Das ist sehr wichtig. Geben Sie Ihrem Mund ein bisschen Zeit, neue Dinge zu lernen. Machen Sie sich keinen Stress. Machen Sie jeden Tag ein bisschen „Mundgymnastik". Auf den nächsten Seiten finden Sie dafür viele Tipps.

Viel Spaß und Erfolg!

Die Sprechwerkzeuge

Was brauchen wir zum Sprechen? Den Mund natürlich. Aber der Mund hat verschiedene Teile. Wir nennen sie „Sprechwerkzeuge". Auf der Zeichnung sehen Sie die wichtigsten.

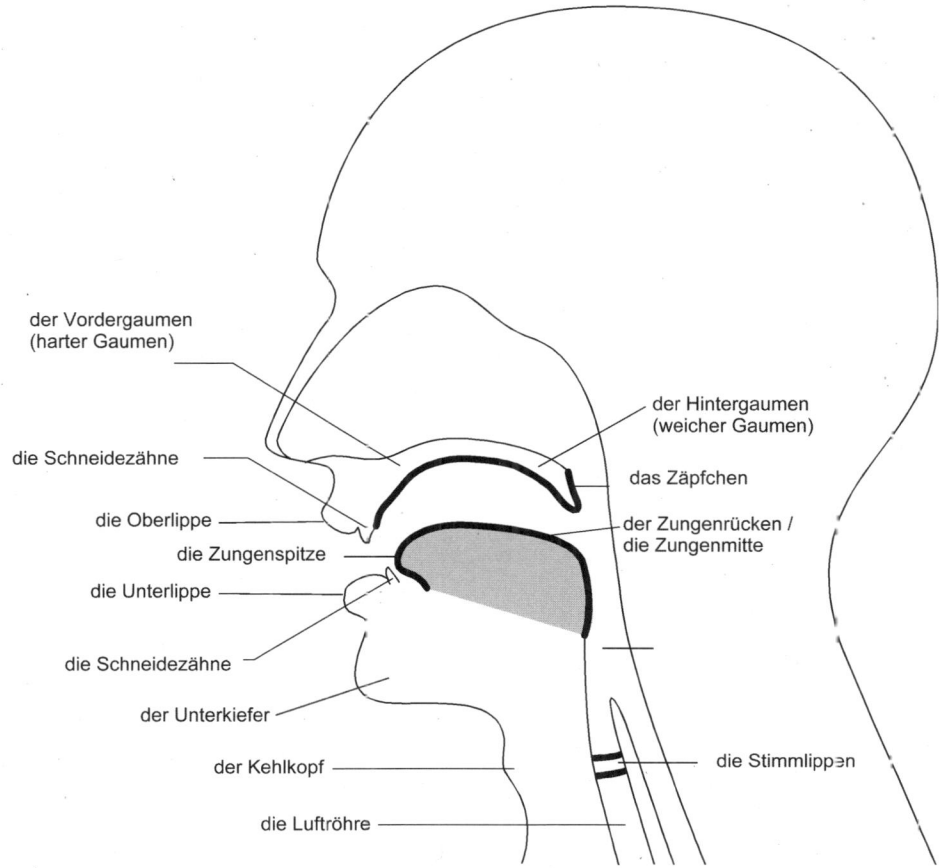

Alle Menschen haben die gleichen Sprechwerkzeuge. Theoretisch können wir damit alle Laute in allen Sprachen sprechen. Praktisch haben wir uns aber an eine Sprache gewöhnt und müssen neue Laute wieder neu lernen.

Übung 1
Einige Sprechwerkzeuge sind aktiv. Sie können sich bewegen. Andere sind passiv. Sie können sich nicht selbst bewegen. Ordnen Sie zu.

die Lippen, die Zungenspitze, der Hintergaumen, der Vordergaumen, der Zungenrücken, die Zähne, die Stimmlippen, der Unterkiefer

aktive Sprechwerkzeuge: _____

passive Sprechwerkzeuge: _____

Zungengymnastik
Übung 2
Für diese Übung brauchen Sie ein bisschen Phantasie: Stellen Sie sich vor, Ihre Zunge hat vorne, an der Zungenspitze, ein Auge. Was sehen Sie mit diesem Auge? Bewegen Sie das Auge im Mund. Sehen Sie sich Ihre Zähne an. Wie weit können Sie nach hinten sehen? Wie weit können Sie nach unten sehen?

Übung 3

Die Zunge ist beim Sprechen besonders aktiv. Sie kann im Mund vorne oder hinten, unten oder oben sein.

Sprechen Sie ein langes *a* [a:], ein langes *e* [e:] und ein langes *i* [i:]. Achten Sie auf Ihre Zunge. Welches Bild passt zu welchem Laut?

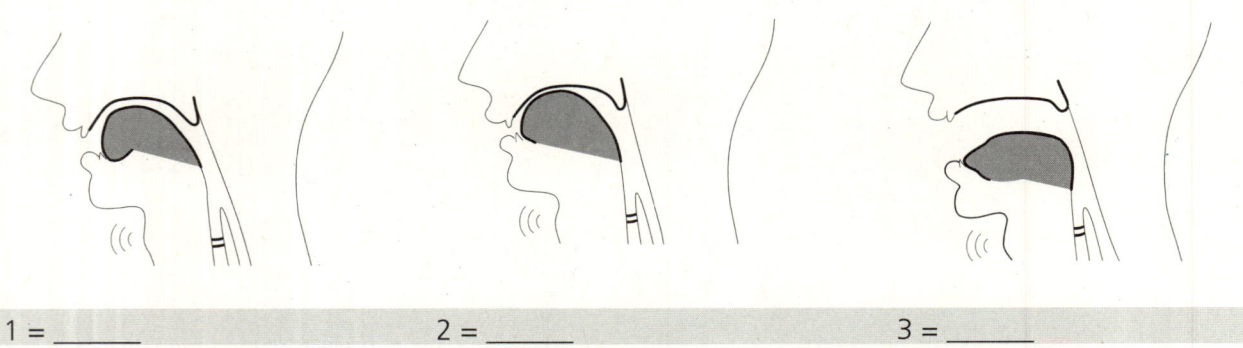

1 = _____   2 = _____   3 = _____

Sprechen Sie ein *k* [k] und ein *t* [t]. Welches Bild passt?

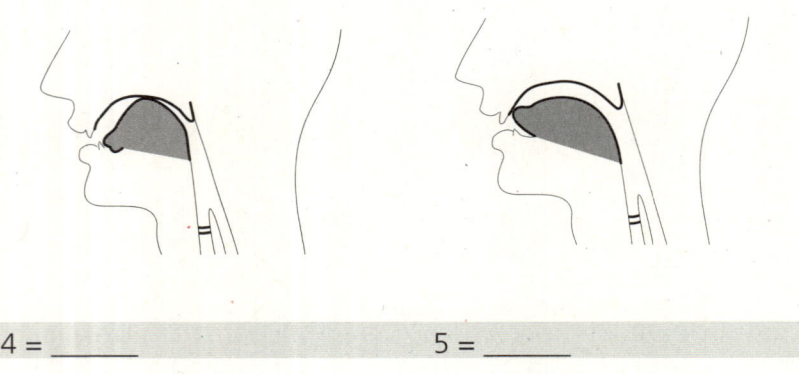

4 = _____   5 = _____

Übung 4

Können Sie *pfeifen*? Wenn ja, pfeifen Sie ein Lied und achten Sie dabei auf Ihre Zunge. Bewegen Sie Ihren Zungenrücken beim Pfeifen nach oben und unten. Verändert sich der Klang?

Lippengymnastik

Übung 5

Lockern Sie Ihre Lippen: Machen Sie die Lippen weit nach vorne (wie bei einem Kuss) und machen Sie dann einen ganz breiten Mund (wie beim Lachen). Wechseln Sie hin und her.

Übung 6

Sprechen Sie ein langes *u* [u:], ein langes *a* [a:] und ein langes *i* [i:]. Welche Zeichnung passt?

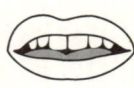 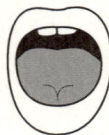 

1 = _____   2 = _____   3 = _____

Sprechen Sie ein *b* [b], ein *f* [f] und ein *sch* [ʃ]. Welche Zeichnung passt?

4 = _____   5 = _____   6 = _____

Verschluss- und Reibelaute

Mit der Zunge, den Zähnen oder den Lippen können Sie bestimmte Stellen im Mund zumachen. Die Luft kann nicht durch, bis Sie loslassen. Solche Laute heißen „Verschlusslaute", weil man den Weg für die Luft einen Moment verschließt.
Bei den „Reibelauten" verschließen Sie den Mund nicht ganz. Sie machen nur (mit der Zunge oder den Lippen) den Weg eng. Die Luft „reibt" sich an den Sprechwerkzeugen.

Übung 7
Verschlusslaut oder Reibelaut? Ordnen Sie in zwei Gruppen.

s [z/s], t [t], f [f], k [k], b [b], w [v], d [d], ch [ç/x], g [g], p [p], j [j]

Verschlusslaute: _____

Reibelaute: _____

Stimmlippen

Beim Sprechen können die Stimmlippen vibrieren. Dann sind die Laute „stimmhaft". Wenn die Stimmlippen nicht vibrieren, sind die Laute „stimmlos".

Übung 8
Legen Sie ein Hand vorne an Ihren Hals. Sprechen Sie ein langes *m*. Mmmmm. *M* ist ein stimmhafter Laut. Fühlen Sie die Vibration? Sprechen Sie den Satz: „Michael geht abends ins Kino". und fühlen Sie mit der Hand die Vibration.

Übung 9
Sie können die Vibration „ausschalten", wenn Sie flüstern. Beim Flüstern sprechen Sie leiser und „ohne Stimme". Flüstern Sie noch einmal den Satz von Übung 8. Die Stimmbänder vibrieren nicht. *Flüstern* ist eine gute Aussprecheübung, weil sie dabei sehr deutlich merken, wie Sie Ihre Lippen und Zunge bewegen.

Übung 10
Stimmlos oder stimmhaft? Ordnen Sie in zwei Gruppen.

m [m], p [p], t [t], l [l], sch [ʃ], w [v], n [n], f [f]

stimmhafte Laute: _____

stimmlose Laute: _____

Lippen und Zunge bei Vokalen und Umlauten

Aussprachetraining

☞ Die Lösungen finden Sie auf Seite 182.

Lange und kurze Vokale: die Lippen

Bei den kurzen Vokalen sind die Lippen etwas weiter geöffnet. Umgekehrt sind bei den langen Vokalen die Lippen etwas geschlossener. (Man nennt deshalb kurze und lange Vokale auch offene und geschlossene Vokale). Bei einigen Vokalen ist der Unterschied groß und deutlich, bei einigen ist er nicht so groß.

Übung 1
Sehen Sie sich die Zeichnungen an und sprechen Sie die Laute. Bei welchen Vokalen ist der Unterschied am deutlichsten? Bei _____ und _____ .

Übung 2
Welcher Vokal ist die Ausnahme? Das _____ .

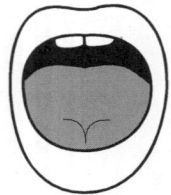

langes *a* [ɑ:] (Staat)

 a

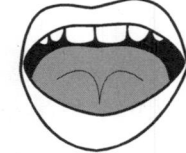

kurzes *a* [a] (Stadt)

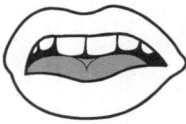

langes *e* [e:] (Kehle)

e

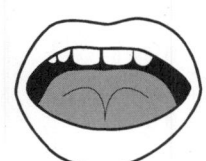

kurzes *e* [ɛ] (Kelle)

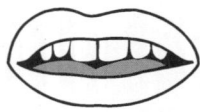

langes i [i:] (Miete)

i

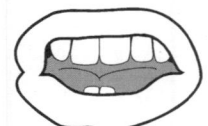

kurzes *i* [ɪ] (Mitte)

langes *o* [o:] (Ofen)

o

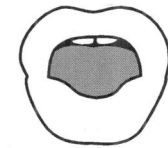

kurzes *o* [ɔ] (offen)

langes *u* [u:] (Mus)

u

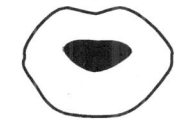

kurzes *u* [ʊ] (muss)

Lange und kurze Vokale: die Zunge

Wir sprechen von *langen* und *kurzen* Vokalen, aber für die Aussprache ist nicht nur die Länge wichtig, sondern auch der Klang. Denn lange Vokale sind nicht nur länger als kurze Vokale, sie klingen auch anders:

● Lange Vokale klingen höher. Kurze Vokale klingen tiefer.

Dass Vokale höher oder tiefer klingen, liegt an der Zunge, genauer gesagt an der *Zungenmitte*: bei hohen Vokalen ist die Zungenmitte höher. (Das heißt, nicht die Position der Zungenspitze, sondern die Position der Zungenmitte ist wichtig.) Der Unterschied ist nicht bei allen Vokalen gleich groß. Vergleichen Sie!

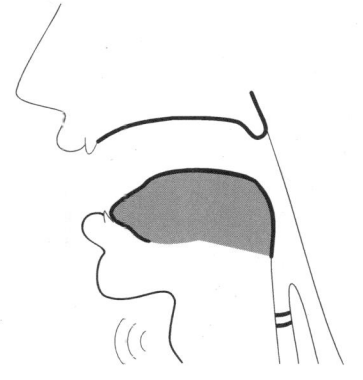

a

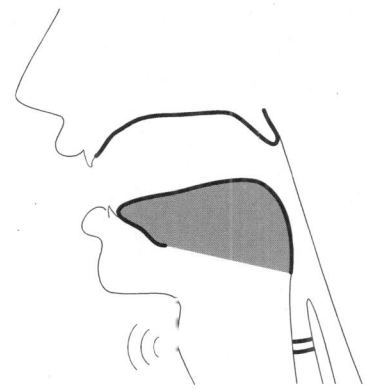

langes *a* [ɑ:] (Staat)

kurzes *a* [a] (Stadt)

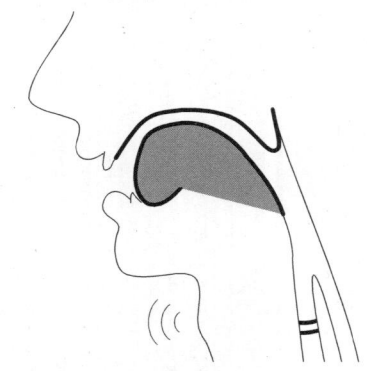

langes *e* [e:] (Beet)

e

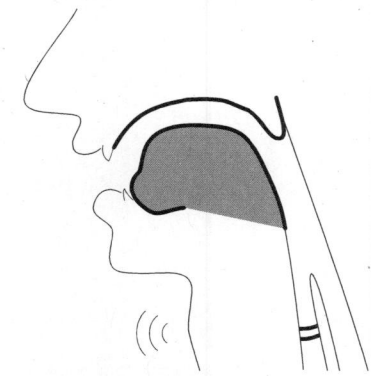

kurzes *e* [ɛ] (Bett)

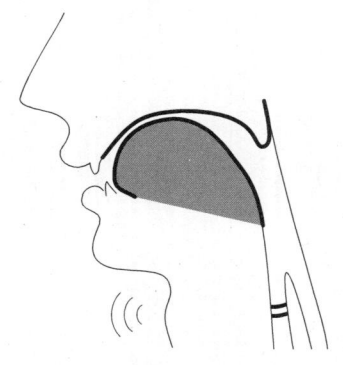

langes *i* [i:] (Miete)

i

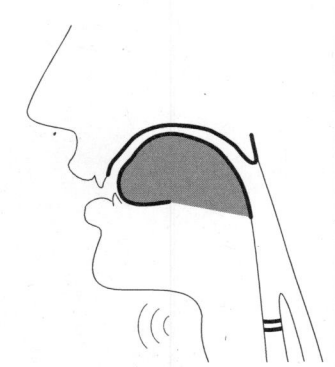

kurzes *i* [ɪ]   (Mitte)

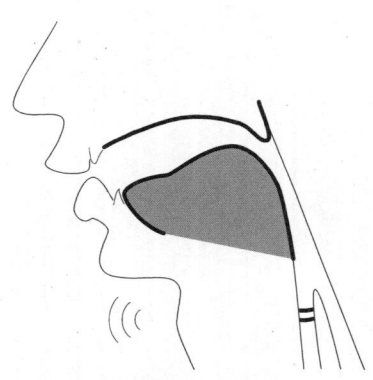

langes *o* [o:] (Ofen)

o

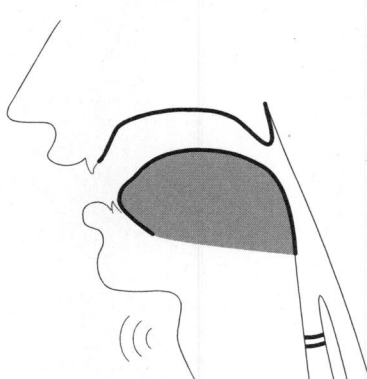

kurzes *o* [ɔ] (offen)

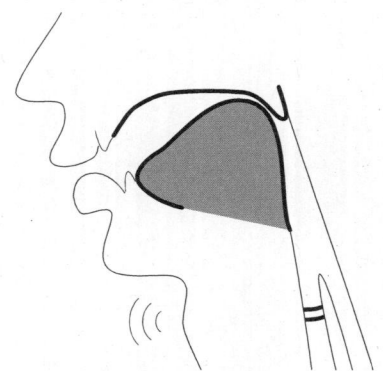

langes *u* [u:] (Mus)

u

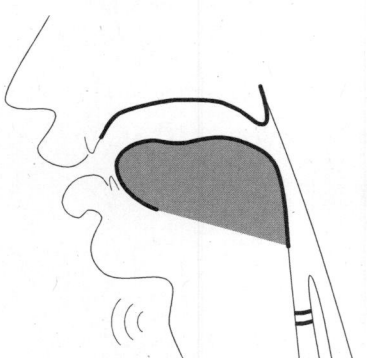

kurzes *u* [ʊ] (muss)

Lange und kurze Umlaute: die Lippen

Bei den Umlauten ist es genau wie bei den Vokalen: Es gibt immer einen langen und einen kurzen Umlaut.

Übung 3

Jeder Umlaut hat einen verwandten Vokal, bei dem die Lippen genauso geformt sind. Schauen Sie sich die Zeichnungen an und probieren Sie es aus: Welcher Vokal gehört zu welchem Umlaut? Vergleichen Sie mit den Zeichnungen Seite 118, 119.

1. Beim langen ö sind die Lippen wie beim _____ .

2. Beim kurzen ö sind die Lippen wie beim _____ .

3. Beim langen ü sind die Lippen wie beim _____ .

4. Beim kurzen ü sind die Lippen wie beim _____ .

5. Beim langen ä sind die Lippen wie beim _____ und wie beim _____ .

6. Beim kurzen ä sind die Lippen wie beim _____ und wie beim _____ .

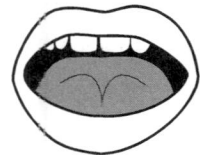
ä
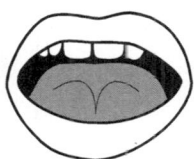

langes *ä* [ɛ:] (näht)   kurzes *ä* [ɛ] = kurzes *e* (nett)

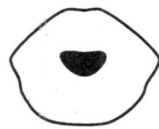
ö
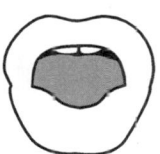

langes *ö* [ø:] (Höhle)   kurzes *ö* [œ] (Hölle)

ü
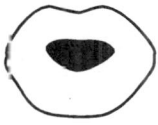

langes *ü* [y:] (fühlen)   kurzes *ü* [ʏ] (füllen)

Lange und kurze Umlaute: die Zunge

Übung 4

Jeder Umlaut hat einen verwandten Vokal, bei dem die Zunge genauso geformt ist. Schauen Sie sich die Zeichnungen an und probieren Sie es aus: Welcher Vokal gehört zu welchem Umlaut? Vergleichen Sie mit den Zeichnungen Seite 119, 120.

1. Beim langen ö ist die Zunge wie beim _____ .

2. Beim kurzen ö ist die Zunge wie beim _____ und wie beim _____ .

3. Beim langen ü ist die Zunge wie beim _____ .

4. Beim kurzen ü ist die Zunge wie beim _____ .

5. Beim langen ä ist die Zunge wie beim _____ und wie beim _____ .

6. Beim kurzen ä ist die Zunge wie beim _____ und wie beim _____ .

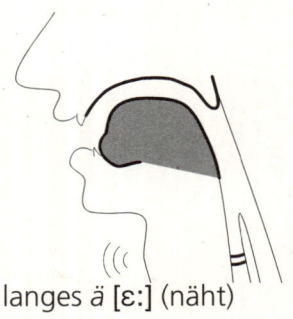

langes *ä* [ɛ:] (näht)

ä

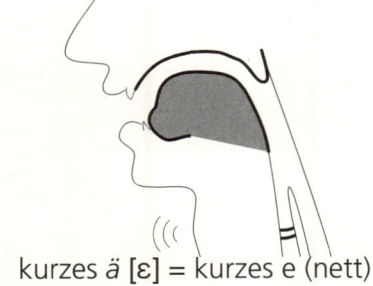

kurzes *ä* [ɛ] = kurzes e (nett)

langes *ö* [ø:] (Höhle)

ö

kurzes *ö* [œ] (Hölle)

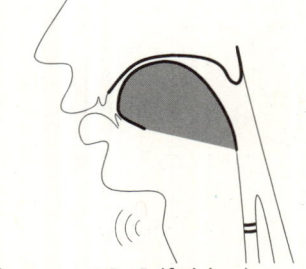

langes *ü* [y:] (fühlen)

ü

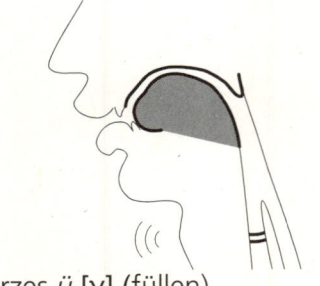

kurzes *ü* [ʏ] (füllen)

Aussprachetipps Vokale, Umlaute, Diphthonge und Vokaleinsatz
Aussprachetraining

Vokale

Aussprachetipps für das lange e [eː]

Das lange e liegt zwischen dem langen ä und dem langen i: Die Zungenmitte ist beim e höher als beim ä und etwas tiefer als beim i. Der Mund ist beim e nicht so weit geöffnet wie beim ä und fast so weit geschlossen wie beim i. Beim e und beim i sind die Lippen breit und gespannt wie beim Lächeln.

Übung 1

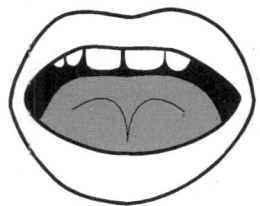

[ɛː] → [eː]
Sprechen Sie ein langes ä. Schließen Sie den Mund etwas. (Dabei heben Sie automatisch die Zungenmitte.) Und lächeln Sie!

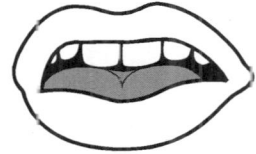

langes ä (sägen)   langes e (Segen)

Übung 2

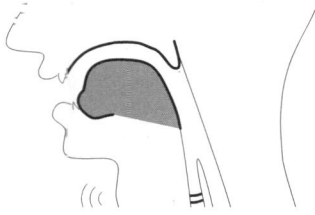

[ɛː] → [eː]
Sprechen Sie ein langes ä. Bewegen Sie die Zungenmitte etwas nach oben.

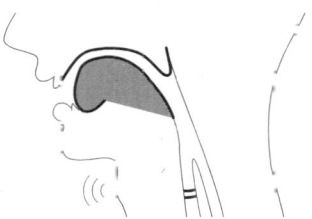

langes ä (sägen)   langes e (Segen)

Üben Sie mit diesen Wörtern:

sägen – Segen, säen – sehen, Bären – Beeren

Übung 3

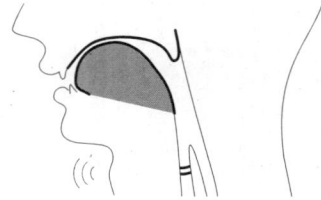

langes *i* (s<u>ie</u>)

[i:] → [e:]
Sprechen Sie ein langes i. Bewegen Sie die Zungenmitte etwas weiter nach unten und etwas weiter nach hinten. (Die Lippen bleiben gespannt.)

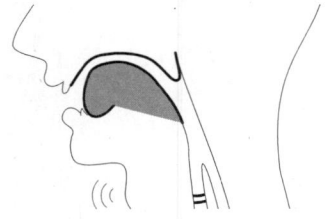

langes *e* (S<u>ee</u>)

Übung 4

langes *i* (s<u>ie</u>)

[i:] → [e:]
Sprechen Sie ein langes *i*. Öffnen Sie den Mund ein bisschen. (Dabei senken Sie automatisch die Zungenmitte ein bisschen.) Und lächeln Sie!

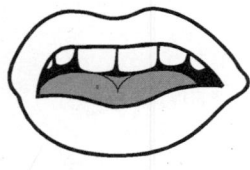

langes *e* (S<u>ee</u>)

Üben Sie mit diesen Wörtern:

sie – See, liegt – legt, ziehen – Zehen

Aussprachetipp für das lange i [i:]

Übung 5

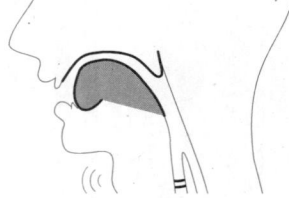

langes *e* (l<u>e</u>ben)

[e:] → [i:]
Sprechen Sie ein langes e. Bewegen Sie die Zungenmitte noch weiter nach oben und etwas weiter nach vorne. (Die Lippen bleiben gespannt.)

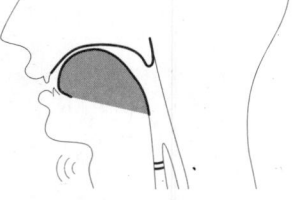

langes *i* (l<u>ie</u>ben)

Üben Sie mit diesen Wörtern:

leben – lieben, Segen – siegen, beten – bieten

Aussprachetipp für das lange o [o:]

Übung 6

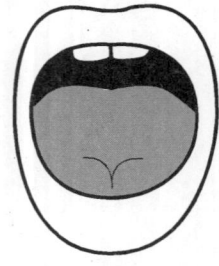

langes *a* (N<u>a</u>ht)

[a:] → [o:]
Sprechen Sie zuerst ein langes *a*. Schließen Sie den Mund. (Dabei heben Sie automatisch die Zungenmitte.) Spitzen Sie die Lippen wie bei einem Kuss.

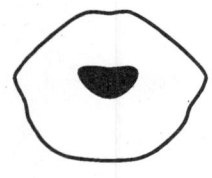

langes *o* (N<u>o</u>t)

Üben Sie mit diesen Wörtern:

Naht – Not, lag – log, Hase – Hose, kahl – Kohl, radeln – rodeln

Aussprachetipp für das lange u [u:]

Übung 7

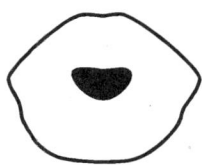

[o:] → [u:]
Sprechen Sie zuerst ein langes o. Schließen Sie den Mund noch etwas mehr. Und spitzen sie die Lippen noch ein bisschen mehr.

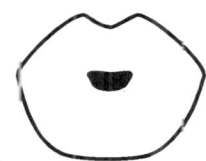

langes o (z<u>o</u>g)

langes u (Z<u>u</u>g)

Üben Sie mit diesen Wörtern:

zog – Zug, bog – Bug, Schote – Schute, Hoho! – Huhu!

Lange und kurze Umlaute

Umlaute sind mit der Zunge veränderte Vokale. Wenn Sie die Zungenmitte etwas nach oben bewegen, dann machen Sie aus dem a ein ä, aus dem o ein ö und aus dem u ein ü.

Aussprachetipp für das lange ä [ɛ:]

Die Lippen und die Zunge sind beim langen und kurzen ä und beim kurzen e gleich.

Übung 8

[a:] → [ɛ:]
Sprechen Sie zuerst das lange a. Heben Sie die Zungenmitte langsam nach oben, bis Sie das ä hören. Lassen Sie den Mund geöffnet.

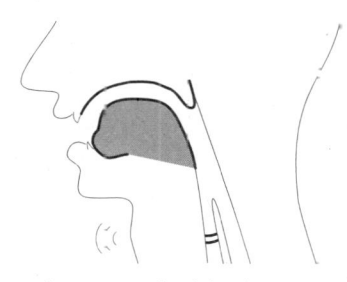

langes a (Z<u>a</u>hlen)

langes ä (z<u>äh</u>len)

Üben Sie mit diesen Wörtern:

Zahlen – zählen, Vater – Väter, sagen – sägen

Aussprachetipps für das lange ö [ø:]

Beim ö sind die Lippen wie beim o und die Zunge ist wie beim e.

Übung 9

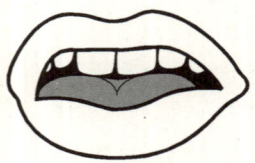

[e:] → [ø:]
Sprechen Sie ein langes e. Spitzen Sie die Lippen wie beim o. (Lassen Sie die Zunge wie beim e.)

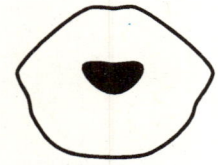

langes e (Sehne)

langes ö (Söhne)

Üben Sie mit diesen Wörtern:

Sehne – Söhne, lesen – lösen, Meere – Möhre, Lehne – Löhne

Übung 10

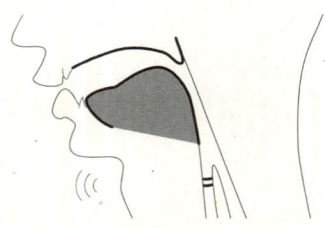

[o:] → [ø:]
Sprechen Sie zuerst ein langes, geschlossenes o. Bewegen Sie die Zungenmitte nach vorne wie beim e. (Die Lippen bleiben wie beim o.)

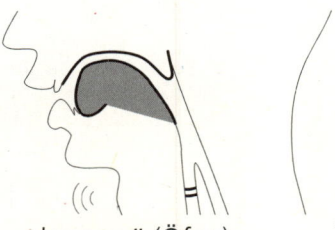

langes o (Ofen)

langes ö (Öfen)

Üben Sie mit diesen Wörtern:

Ofen – Öfen, Vogel – Vögel, schon – schön, Dosen – dösen

Übung 11

[y:] → [ø:]
Sprechen Sie ein ü. Öffnen Sie den Mund etwas. Sie hören ein ö.

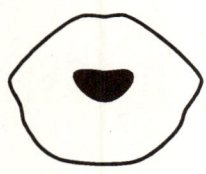

langes ü (Grüße)

langes ö (Größe)

Üben Sie mit diesen Wörtern:

Grüße – Größe, Sühne – Söhne, Kühler – Köhler, Güte – Goethe

Aussprachetipp für das kurze ö [œ]

Übung 12

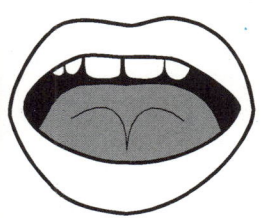

[ε] → [œ]

Sprechen Sie ein kurzes e. Schließen Sie den Mund etwas. Machen Sie die Lippen wie beim kurzen, offenen o. Sie hören ein offenes ö.

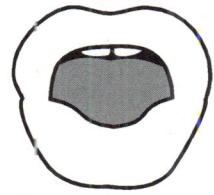

offenes e (kennen)

offenes ö (können)

Üben Sie mit diesen Wörtern:

kennen – können, kennt – könnt, Kellner – Kölner

Aussprachetipps für das lange ü [y:]

Beim ü sind die Lippen wie beim u und die Zunge ist wie beim i.

Übung 13

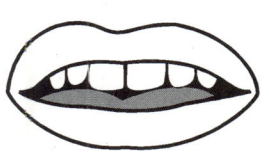

[i:] → [y:]

Sprechen Sie ein langes i. Wenn Sie die Lippen spitzen (wie beim u), dann erklingt ein ü. (Lassen Sie die Zunge wie beim i.)

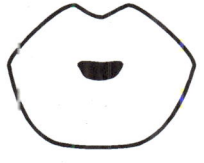

langes i (spielen)

langes ü (spülen)

Üben Sie mit diesen Wörtern:

spielen – spülen, liegen – lügen, Ziege – Züge, Biene – Bühne

Übung 14

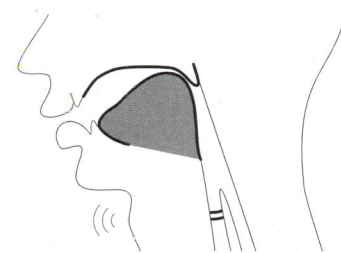

[u:] → [y:]

Sprechen Sie zuerst ein langes u. Bewegen Sie die Zungenmitte nach vorne wie beim i. Sie hören ein ü. (Die Lippen bleiben wie beim u.)

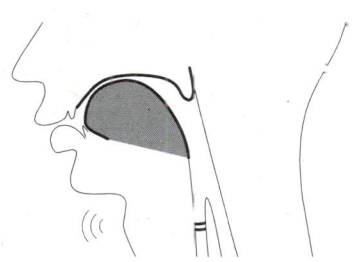

langes u (spulen)

langes ü (spülen)

Üben Sie mit diesen Wörtern:

spulen – spülen, Bruder – Brüder, blute – Blüte

Übung 15

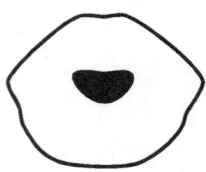

[ø:] → [y:]
Sprechen Sie ein langes, geschlossenes ö. Schließen Sie den Mund etwas. Sie hören ein *ü*.

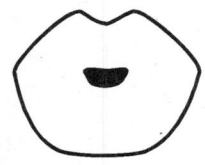

langes ö (Größe)

langes ü (Grüße)

Üben Sie mit diesen Wörtern:

Größe – Grüße, Söhne – Sühne, Köhler – Kühler, Goethe – Güte

Diphthonge au, ei/ai und eu/äu

Ein Diphthong besteht aus zwei Vokalen. Die beiden Vokale sind miteinander verbunden: Der zweite Vokal ist höher als der erste. Der erste Vokal *gleitet* also nach oben zum zweiten, z.B. gleitet man beim *ai* vom tiefen Vokal *a* nach oben zum hohen Vokal *i*: a↗ⁱ. Dabei macht man den Mund etwas weiter zu.
Beide Vokale sind kurz. Der erste Vokal ist betont, der zweite unbetont. Weil der zweite Vokal schwach und unbetont ist, ist er nicht so eindeutig. Es gibt deshalb für die Aussprache mehrere Varianten, z.B. können Sie *ai* wie [ai̯] oder wie [ae̯] sprechen. Probieren Sie bei den Übungen aus, welche Variante Sie am besten sprechen können.

Übung 16) Wörter mit *au*: Haus, Baum

[au̯] = a↗ᵘ

Das *a* gleitet nach oben zum *u*: Sprechen Sie zuerst ein kurzes, offenes *a* und direkt danach ein kurzes, offenes *u*. Dabei schließen Sie automatisch den Mund ein wenig. Betonen Sie nur das *a*.

Üben Sie mit diesen Wörtern:

Tasche – Tusche – tausche

Variante: Sprechen Sie zuerst ein kurzes, offenes *a* und direkt danach ein kurzes, offenes *o*:
[ao̯] = a↗ᵒ

Üben Sie mit diesen Wörtern:
Rachen – Rochen – rauchen, lach – Loch – Lauch

Übung 17) Wörter mit *ei, ai, (ey, ay)*: Partei, Hai, (Norderney, Bayern)

[ai̯] = a↗ⁱ

Das a gleitet nach oben zum *i*: Sprechen Sie zuerst ein kurzes, offenes *a* und direkt danach ein kurzes, offenes *i*. Dabei schließen Sie automatisch den Mund ein wenig. Betonen Sie nur das *a*.

Üben Sie mit diesen Wörtern:

hassen – hissen – heißen, Bass – Biss – beiß

Variante: Sprechen Sie zuerst ein kurzes, offenes *a* und direkt danach ein kurzes, offenes *e*: [aə] = **a↗ᵉ**.

Üben Sie mit diesen Wörtern:

hassen – Hessen – heißen

Übung 18) Wörter mit *eu, äu*: Europa, Häuser

[ɔʏ] = **o↗ᵘ̈**

Das *o* gleitet zum *ü*: Sprechen Sie zuerst ein kurzes, offenes *o* und direkt danach ein kurzes, offenes *ü*. Dabei schließen Sie automatisch den Mund ein wenig. Betonen Sie nur das *o*.

Üben Sie mit diesen Wörtern:

kochen – Küchen – keuchen, Hole – Hülle – heule, Knollen – knüllen – knäulen

Varianten:
● Sprechen Sie zuerst ein kurzes, offenes *o* und direkt danach ein kurzes, offenes *ö*: [ɔœ] = **o↗ö̈**.

Üben Sie mit diesen Wörtern:

koche – Köche – keuche, Holle – Hölle – heule

● Sprechen Sie zuerst ein kurzes, offenes *o* und direkt danach ein kurzes, offenes *e*: [ɔɛ] = **o↗ᵉ**.

Üben Sie mit diesen Wörtern:

Nonne – nenne – neune, Holle – helle – heule, Olle – Elle – Eule

● Sprechen Sie zuerst ein kurzes, offenes *o* und direkt danach ein kurzes, offenes *i*: [ɔɪ] = **o↗ⁱ**.

Üben Sie mit diesen Wörtern:

Motte – Mitte – Meute, Lotte – litte – Leute

Vokaleinsatz ohne h und mit h

Der Vokal-Neueinsatz (Knacklaut)

Im Deutschen „schaltet" man vor einem Vokal am Wortanfang und nach Vorsilben die Stimme neu „ein". Die Stimmlippen schließen einen Moment und öffnen sich dann wieder. Dabei kann man ein leichtes Knacken im Hals hören. Dieser Vokaleinsatz ist sehr typisch für den Klang der deutschen Sprache.

Übung 19
Legen Sie eine Hand an Ihren Hals. Husten Sie. Beim Husten passiert das Gleiche wie beim Vokal-Neueinsatz: Die Stimmlippen schließen und öffnen sich dann plötzlich. Aber beim Neueinsatz brauchen Sie nicht so viel Energie und Luft wie beim Husten.

Übung 20
Machen Sie den Mund weit auf. Atmen Sie dann einen Moment nicht. Dadurch verschließen Sie die Stimmlippen im Hals. Lassen Sie dann die Luft wieder durch. Sie hören ein leichtes Knacken. Sprechen Sie einen Vokal nach diesem Knacklaut.

Übung 21
Üben Sie den Vokal-Neueinsatz langsam mit diesem Zungenbrecher. Bei dem Zeichen [I] müssen Sie den Knacklaut sprechen.

[I]In [I]Ulm [I]und [I]um [I]Ulm [I]und [I]um [I]Ulm herum wachsen viele [I]Ulmen.

Der gehauchte Vokaleinsatz: Wörter mit h

Das *h* muss man am Wortanfang und nach Vorsilben sprechen. Beim *h* atmen Sie so aus, dass man es hören kann. Das *h* ist ein „Luftlaut".

Übung 22
Halten Sie eine Hand etwa 10 bis 15 cm vor ihren Mund. Atmen Sie aus. Sie sollen ihren Atem an der Hand spüren, aber kein Reibegeräusch hören.
Versuchen Sie das ein paarmal. Sprechen Sie dann einen Vokal dazu.

Üben Sie mit diesen Wörtern und Silben:

ha, he, hi, ho, hu, haben, helfen, Himmel, Holz, hören

Wenn das *h* mit dieser Methode gut klappt, können Sie es etwas kürzer sprechen.

Aussprachetipps Konsonanten
Aussprachetraining

Hier finden Sie Tipps, wenn Sie mit der Aussprache bestimmter Konsonanten Probleme haben. Sie müssen nicht alles in diesem Kapitel machen. Suchen Sie sich nur die Laute aus, die für Sie schwierig sind. Oft finden Sie zwei oder drei Tipps für einen Laut. Probieren Sie, was für Sie am besten funktioniert. Üben Sie dann im Übungsteil weiter.

Harte und weiche Konsonanten

Konsonanten „mit Luft" (aspirierte Konsonanten) [k^h] [p^h] [t^h]

Die harten Konsonanten *k, p* und *t* spricht man im Deutschen mit sehr viel Luft. (Das Fachwort dafür ist „aspiriert".) Man spricht **[k^h] [p^h] [t^h],** also zum Beispiel **P**^{h}ass oder **K**^{h}affee. Besonders stark aspiriert man am Wort- und Silbenanfang.

Übung 1

Halten Sie Ihre Hand oder ein Blatt Papier ungefähr 10 bis 15 cm vor Ihren Mund. Versuchen Sie die folgenden Wörter so auszusprechen, dass sich das Papier bewegt.

t^{h}anken, **T**^{h}eich, **T**^{h}aten, **K**^{h}asse, **K**^{h}reis, **p**^{h}acken, **P**^{h}ass, Op**p**^{h}er

Übung 2

Halten Sie eine brennende Kerze 10 bis 15 cm vor Ihren Mund. Sprechen Sie die Wörter von Übung 1 noch einmal. Versuchen Sie die Laute mit so viel Luft zu sprechen, dass sie die Kerze ausblasen.

Übung 3

Die weichen Konsonanten *g, b, d* spricht man mit wenig Luft, also nicht aspiriert. Machen Sie noch einmal Übung 1 und 2 mit dem Papier und der Kerze. Wenn Sie *p, t, k* sprechen, sollen sich das Papier oder die Flamme bewegen. Wenn Sie *b, d, g* sprechen, sollen sich das Papier oder die Flamme nicht bewegen.

t^{h}anken – **d**anken, **T**^{h}eich – **D**eich, **T**^{h}aten – **D**aten, **K**^{h}asse – **G**asse, **K**^{h}reis – **G**reis
p^{t}acken – **b**acken, **P**^{h}ass – **B**ass, Op**p**^{h}er - **O**ber

Stimmhaft und stimmlos

Die harten Konsonanten sind stimmlos. Das heißt, die Stimmlippen im Hals vibrieren nicht, wenn Sie *k, p, t,* oder *s* [s] sprechen. Die weichen Konsonanten sind stimmhaft. Die Stimmlippen im Hals vibrieren. Besonders deutlich ist dieser Unterschied beim *s*.

131

Hartes s [s] und weiches s [z]

Das harte s [s] ist stimmlos. Das weiche s [z] ist stimmhaft.

Übung 4

Legen Sie eine Hand an Ihren Hals. Sprechen Sie ein m. Mmmm. Fühlen Sie die Vibration?
Sprechen Sie jetzt ein s. Versuchen Sie das s so zu sprechen, dass Ihre Stimmbänder vibrieren. Sprechen Sie die folgenden Wörter mit stimmhaftem s [z]:

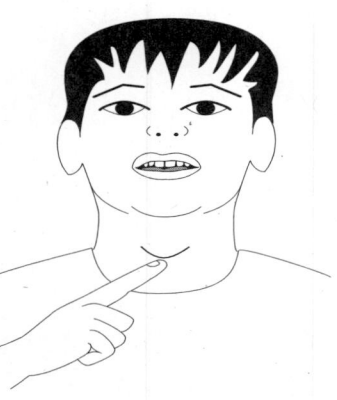

> reisen, Fliesen, Muse, Nase, Esel, Sonne, summen

Übung 5

Halten Sie wieder ihre Hand an ihren Hals. Sprechen Sie abwechselnd ein stimmhaftes s [z] und ein stimmloses s [s]. Beim [z] sollen Sie im Hals eine Vibration fühlen, beim [s] nicht. Üben Sie mit den folgenden Wortpaaren. (Das s im ersten Wort ist stimmhaft, das s im zweiten Wort stimmlos):

> reisen – reißen, Fliesen – fließen, Muse – Muße, Nase – nass, Esel – essen

Übung 6

Probieren Sie den Unterschied stimmhaft/stimmlos jetzt auch bei den anderen harten und weichen Konsonanten. Legen Sie eine Hand an Ihren Hals. Sprechen Sie die Wortpaare von Übung 3) so, dass Sie bei b, d, g eine Vibration fühlen, bei p, t, k aber nicht.

Wörter mit ch

Die Laute ch [ç/x]

In deutschen Wörtern spricht man das ch auf zwei verschiedene Arten: [ç] wie in ich und [x] wie in ach. Die Zunge ist dabei an verschiedenen Stellen im Mund.

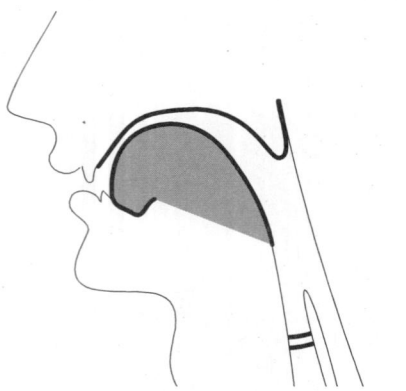

Die Zunge ist bei [ç] weiter vorne.

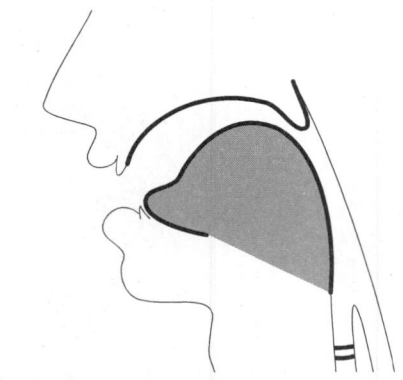

Die Zunge ist bei [x] weiter hinten.

Aussprachetipps für ch [ç] (ich)

Übung 7

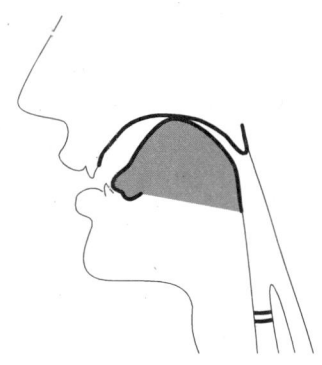

[k] → [ç]

Sprechen Sie *ik* wie in dem Wort *nicken*. Stoppen Sie beim *k*. Bewegen Sie jetzt die Zunge ein bisschen nach unten und nach vorne. Sie hören [ç].

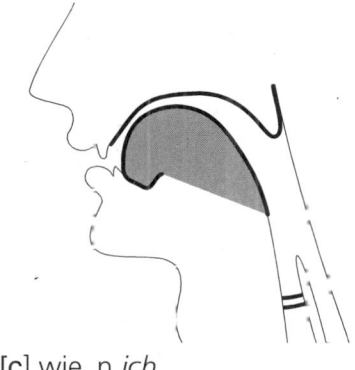

[k] wie in *nicken*

[ç] wie in *ich*

Üben Sie ein paarmal: Ki ki ki k kich kich kich

Üben Sie mit diesen Wörtern: Päckchen, Deckchen, Glöckchen, Röckchen, Söckchen, Wölkchen

Denken Sie daran: [k] ist ein Verschlusslaut: Die Zunge verschließt den Weg. Die Luft kann nicht durch. [ç] ist ein Reibelaut. Die Luft hat einen engen Weg und „reibt" sich am Gaumen (☛ vgl. Mundgymnastik S. 117)

Übung 8

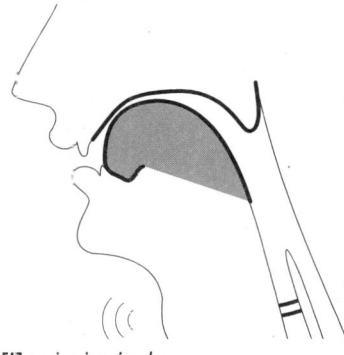

[j] → [ç]

Legen Sie Ihre Hand an Ihren Hals. Sprechen Sie ein stimmhaftes [j] wie in *jede*. Ihre Stimmbänder vibrieren. Sprechen Sie jetzt das *j* ohne Vibration. „Schalten" Sie die Vibration „aus". Sie hören [ç].

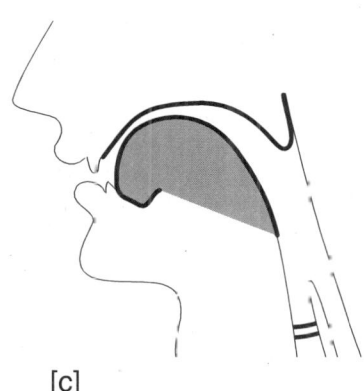

[j] wie in *jede*

[ç]

Üben Sie mit diesen Wörtern: ich, sprechen, euch, Küchen, Köche, lächeln, leicht, Bücher

Aussprachetipp für ch [x] (ach)

Übung 9

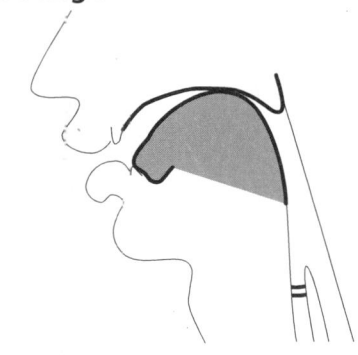

[uk] → [x]

Sprechen Sie [uk] wie in dem Wort *gucken*. Stoppen Sie beim *k*. Ihre Zunge ist hinten und verschließt den Weg für die Luft. Öffnen Sie ganz langsam diese Stelle und lassen Sie die Luft durch. Sie hören ein [x].

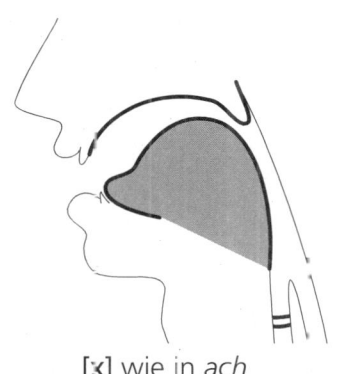

[k] wie in *gucken*

[x] wie in *ach*

Üben Sie ein paarmal: ku ku ku kuch kuch kuch

Üben Sie mit diesen Wörtern:

ach, Sprachen, auch, Kuchen, kochen, lachen, Lauch, Buch

Übung 10:
Üben Sie jetzt [ç] und [x] im Kontrast. Sprechen Sie folgende Wörter. (Das erste Wort ist mit [ç], das zweite mit [x].)

ich – ach, sprechen – Sprachen, euch – auch, Küchen – Kuchen, Köche – kochen, lächeln – lachen, leicht – Lauch, Bücher – Buch

Aussprachetipps für sch [ʃ]

Übung 11:

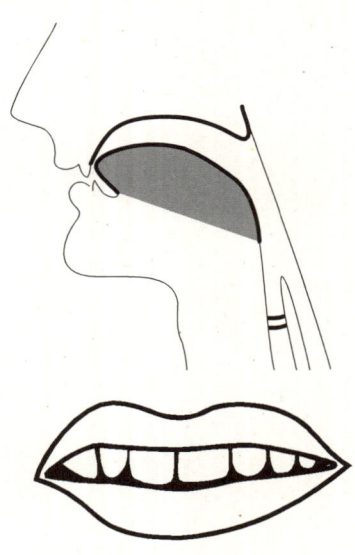

[s] → [ʃ]
Sprechen Sie ein *s*. Bewegen Sie die Lippen nach vorne wie beim *u*. Ziehen Sie die Zunge ein bisschen zurück. Die Zunge ist in der Mitte tiefer als am Rand. Durch diesen „Kanal" geht die Luft. Sie hören ein [ʃ].

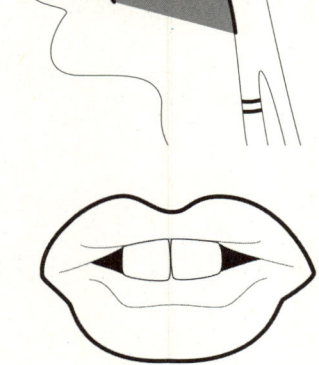

[s]   [ʃ]

Üben Sie mit diesen Wörtern:

Schule, Schuh, Schüler, Schüssel, schüchtern

Üben Sie *s* und *sch* im Kontrast:

Fleiß – Fleisch, Tasse – Tasche, lassen – Laschen, wissen – wischen

Übung 12
Sprechen Sie *sch* [ʃ] zuerst am Wortende, dann in der Wortmitte und dann am Wortanfang. Sprechen Sie folgende Wörter und Sätze.

der Fisch, der Tisch, frisch
die Fische, die Tische, frische Fische
Die frischen Fische schmecken gut. Er wischt die schmutzigen Tische.

Wörter mit st und sp

Am Wort- und Silbenanfang spricht man *sch-t* [ʃt] und *sch-p* [ʃp] (☛ siehe Ausspracheregeln S. 153)

Aussprachetipp [ʃt]

Übung 13

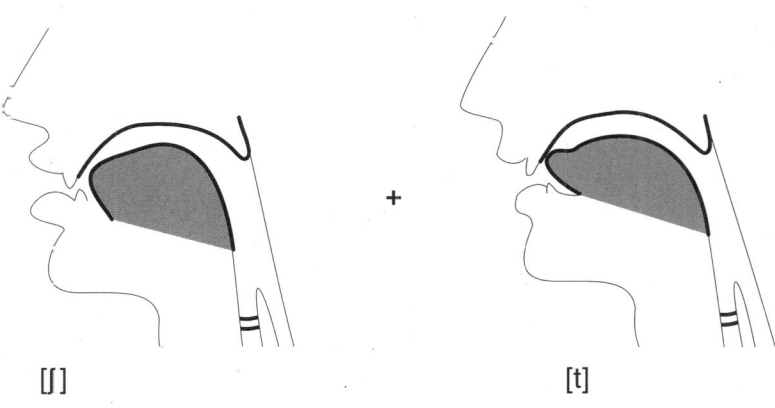

[ʃ]   +   [t]

[ʃ] + [t] → [ʃt]
Sprechen Sie ein *sch* [ʃ]. Drük-ken Sie dann ihre Zunge nach oben an den Gaumen. Die Luft kann nicht mehr durch. Wenn Sie wieder öffnen, hö-ren Sie [ʃt].

Üben Sie *sch* [ʃ] und *sch-t* [ʃt] im Kontrast:
Schein – Stein, Schock – Stock, Scherben – sterben, Schall – Stall

Aussprachetipp [ʃp]

Übung 14

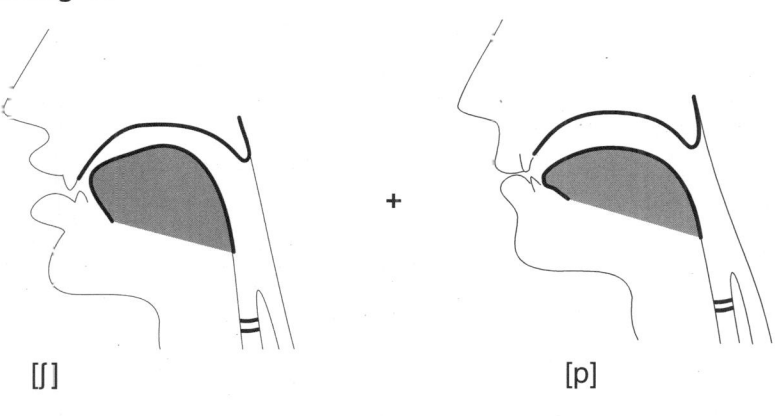

[ʃ]   +   [p]

[ʃ] + [p] → [ʃp]
Sprechen Sie ein *sch* [ʃ]. Ver-schließen Sie dann Ihren Mund mit den Lippen. Wenn Sie wie-der öffnen, hören Sie [ʃp].

Üben Sie *sch* [ʃ] und *sch-p* [ʃp] im Kontrast:
schalten – spalten, Schatz – Spatz, schielen – spielen, Schule – Spule

Wörter mit t, s, z und tz

Der Laut z [ts] ist eine Verbindung aus den beiden Lauten t [t] und s [s].

Aussprachetipp [ts]

Übung 15

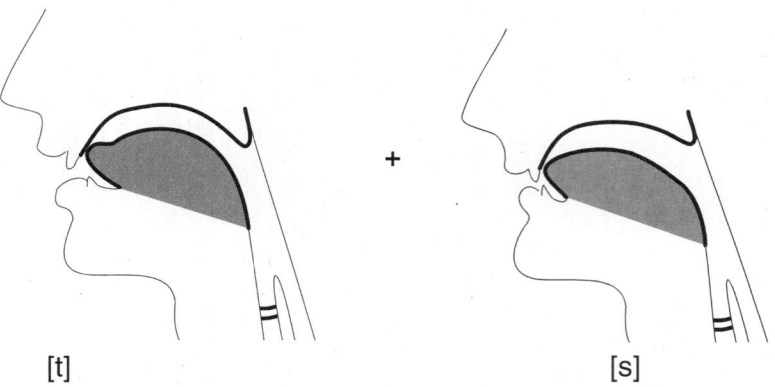

[t]　　　　　　　　　　　　[s]

[t] + [s] → [ts]
Sprechen Sie ein t wie bei **T**ank. Beim t drücken Sie die Zunge an den Gaumen und lassen keine Luft durch. Bewegen Sie den Zungenrücken ein bisschen nach unten, so dass die Luft einen Weg hat. Sie hören [ts].

Zwischen t und s darf man keinen Vokal hören.

Üben Sie ein paarmal mit den Wortpaaren:

Tank – Zank, platt – Platz, recht – rechts, Schutt – Schutz, reiten – reizen

Wörter mit f, v, w, b und pf

Die Laute [v] und [f]

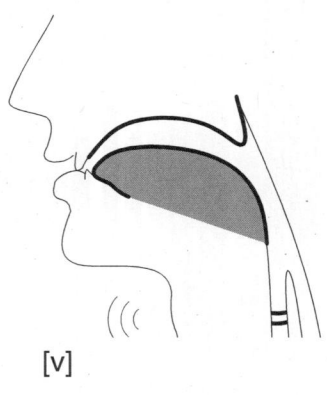

[v]　　　　　　　　　　　　[f]

Zunge und Lippen sind bei w [v] und f [f] gleich. Die Zunge liegt locker im Mund. Die Rückseite der Unterlippe berührt die oberen Schneidezähne. Der Unterschied: [v] ist *stimmhaft*, die Stimmlippen vibrieren. [f] ist *stimmlos*, die Stimmlippen vibrieren nicht.

Aussprachetipp [v]

Übung 16

Lassen Sie Ihre Zunge locker. Legen Sie die Rückseite Ihrer Unterlippe locker an die oberen Schneidezähne. Sprechen Sie ein w wie in **w**ie. Die Luft muss sich an den Zähnen reiben. Legen Sie eine Hand an Ihren Hals. Die Stimmlippen müssen vibrieren.

Üben Sie mit diesen Wörtern: 　was, weder, Weile, warm, Wolle, wach, Wand

Aussprachetipp [f]

Übung 17

Lassen Sie Ihre Zunge locker. Legen Sie Ihre Unterlippe an die Schneidezähne wie bei Übung 16. Drücken Sie die Lippen ein bisschen fester an die Zähne als bei [v]. Sprechen Sie ein *f* wie in *Film*. Legen Sie die Hand an Ihren Hals: Bei [f] vibrieren die Stimmlippen nicht.

Üben Sie mit diesen Wörtern:
Fass, Feder, Feile, Farm, volle, Fach, fand
Viele Vögel fliegen fort

Übung 18

Sprechen Sie jetzt abwechselnd *w* [v] und *f* [f]:
was – Fass, weder – Feder, Weile – Feile, warm – Farm, Wolle – volle, wach – Fach, Wand – fand

Aussprachetipp [pf]

Die Laute *p* [p] und *f* [f] haben Sie schon geübt. Der Laut *pf* [pf] ist eine Verbindung aus diesen beiden Lauten.

Übung 19

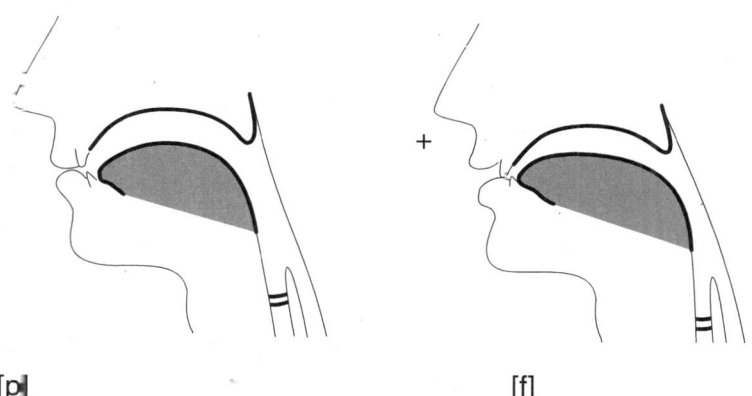

[p]   [f]

[p] + [f] → [pf]
Sprechen Sie ein Wort mit *p* wie *Pause*. Stoppen Sie beim *p*. Ihre Lippen sind verschlossen. Legen Sie jetzt Ihre Unterlippe an Ihre oberen Schneidezähne. Ziehen Sie die Oberlippe ein bisschen hoch. Lassen Sie die Luft durch. Sie hören ein [pf].

Zwischen *p* und *f* darf man keinen Vokal sprechen.

Üben Sie mit diesen Wörtern:
Pfand, Pfeile, Pferd, Hopfen

Üben Sie *p/b* und *pf* im Kontrast:
Panne – Pfanne, Bund – Pfund, Band – Pfand, stoppen – stopfen

Üben Sie *f* und *pf* im Kontrast:
fand – Pfand, Feile – Pfeile, fährt – Pferd, hoffen – Hopfen

Die Laute [b] und [v]

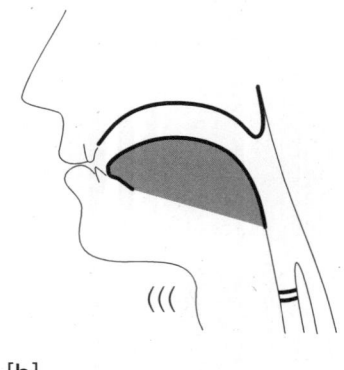

Beide Laute sind stimmhaft. Auch die Zunge ist gleich. Der Unterschied sind die *Lippen*: Bei *b* [b] drücken Sie beide Lippen locker aufeinander und verschließen den Mund. Bei [v] ist die Unterlippe weiter hinten an den oberen Schneidezähnen. Die Lippen berühren sich nicht. [b] ist ein Verschlusslaut. [v] ist ein Reibelaut.

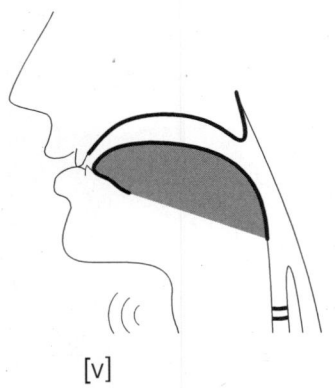

[b]

[v]

Übung 20

Üben Sie [b] und [v] im Kontrast:

Bier – wir, Bach – wach, Band – Wand, Bein – Wein, Bar – war, Besen – Wesen

Wörter mit r

Die r- Laute [r] [ʁ] [ʀ]

Es gibt im Deutschen drei verschiedene Möglichkeiten ein *r* zu sprechen.

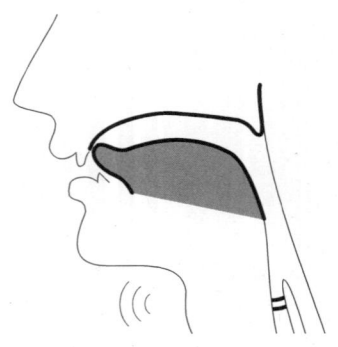

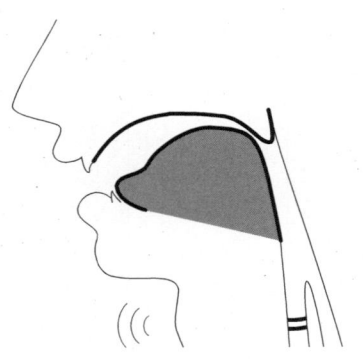

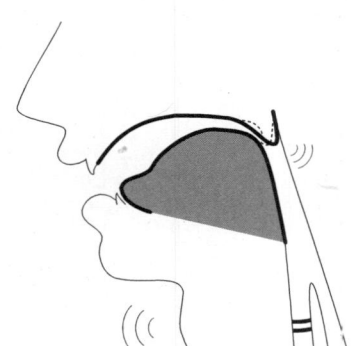

Zungenspitzen-*r* [r] Reibe-*r* [ʁ] Zäpfchen-*r* [ʀ]

Wie Sie auf den Bildern sehen, sind diese r-Laute sehr verschieden. Sie klingen auch verschieden. Aber alle drei *r* kann man benutzen. Wenn es in Ihrer Sprache zum Beispiel ein Zungenspitzen-*r* gibt, können Sie das auch im Deutschen so sprechen. In Deutschland spricht man das *r* in verschiedenen Regionen unterschiedlich. Im Fernsehen und im Radio sprechen die meisten Sprecher heute ein Reibe-*r*. Deshalb finden Sie in diesem Kapitel Aussprachetipps für das Reibe-*r*.

Aussprachetipps Reibe-r [ʁ]

Übung 21

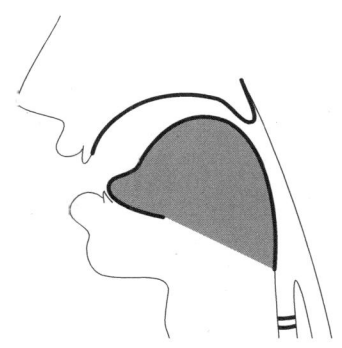

[x] wie in *nach*

[x] → [ʁ]
Sprechen Sie ein *ch* [x] wie in *na**ch***. Legen Sie eine Hand an Ihren Hals. [x] ist stimmlos, die Stimmlippen vibrieren nicht. Versuchen Sie jetzt, den Laut stimmhaft zu sprechen. Schalten Sie die Vibration ein. Sie hören (fast) ein [ʁ].

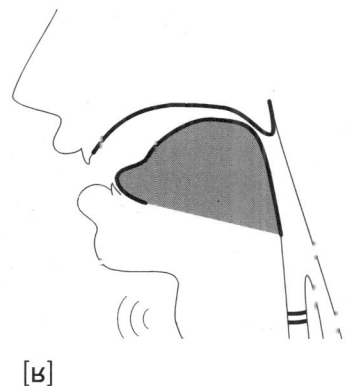

[ʁ]

Hinweis:
Sie brauchen nicht viel Energie für dieses *r*. Man muss es nicht stark hören. Ein leichtes Reibegeräusch ist genug. Wenn Sie das *r* sehr stark sprechen, schwingt das Zäpfchen mit. Dann sprechen Sie ein Zäpfchen-*r*.

Übung 22

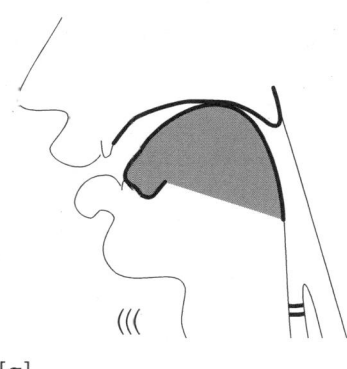

[g]

[g] → [ʁ]
Sprechen Sie ein Wort mit [gu] wie *gut*. Beim *g* drückt die Zunge an den Gaumen und lässt keine Luft durch. Lösen Sie ganz langsam den Verschluss, so dass die Luft durch kann. Wiederholen Sie das ein paarmal ganz langsam. Achten Sie darauf, dass die Stimmlippen vibrieren

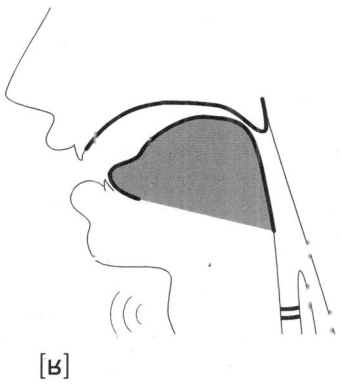

[ʁ]

Üben Sie das Reibe-*r* mit diesen Wörtern:
Guru, gurren, Gurt, grrr, nach – Narr, acht – Art, Nachrichten

Wörter mit r und l

Wenn Sie Probleme mit *l* und *r* haben, dann sprechen Sie besser ein *r*, das weiter hinten im Mund ist. Sprechen Sie ein Reibe-*r* oder ein Zäpfchen-*r*. Denn das *l* ist weit vorne. Wenn sie das *r* hinten sprechen, verwechseln sie beide Laute nicht so leicht.

Übung 23

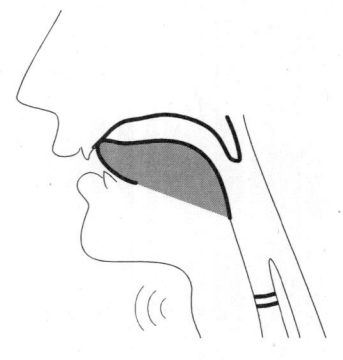

[n]

[n] → [l]

Sprechen Sie ein langes *n*. Halten Sie Ihre Nase zu. Die Luft kann jetzt nicht mehr durch die Nase. Sie muss durch den Mund. Lassen Sie Ihre Zunge an den Seiten ganz locker. „Klappen" Sie die Zunge an den Seiten nach unten. Sie hören ein [l].

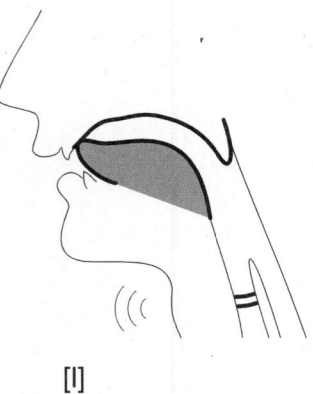

[l]

Übung 24

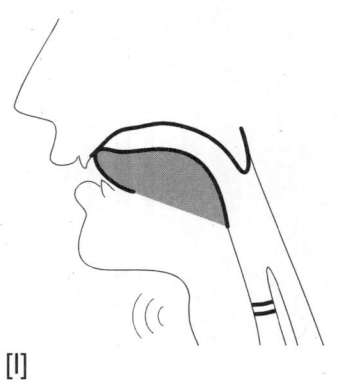

[l]

[l]

Schließen Sie den Mund. Lassen Sie ihn ganz locker. Legen Sie Ihre Zunge dann hinter die oberen Schneidezähne (wie auf dem Bild). Lassen Sie die Zunge da. Die Zungenränder sind ganz entspannt. Öffnen Sie langsam die Lippen. Lassen Sie die Luft an den Zungenrändern vorbei aus dem Mund. Sie hören ein [l]. [l] ist ein stimmhafter Laut, die Stimmlippen vibrieren.

Hinweis:

Beim *l* gibt es kein Reibegeräusch. Wenn Sie ein Reibegeräusch hören, machen Sie den Mund ein bisschen weiter auf.

Üben Sie mit diesen Silben:

la, le, li, lo, lu, lö, lü

Übung 25

Üben Sie [l] zuerst am Wortanfang, dann in der Wortmitte vor Vokalen und Konsonanten und dann am Wortende. Üben Sie mit diesen Wörtern:

Land, leben, Liebe, loben, Lust
malen, zahlen, Teller, Weile
er malt, sie zahlt, alt, Welt, elf, Bild
Mal, Zahl, Teil, weil

Übung 26

Üben Sie *r* und *l* im Kontrast:
Reise – leise, Rauch – Lauch, froh – Floh, Gras – Glas

Vokale, Umlaute und Vokaleinsatz
Ausspracheregeln

Die folgenden Regeln gelten für Vokale und Umlaute.

Lange und kurze Vokale und Umlaute

Man spricht den Vokal *kurz:*	Beispiele:
● 1a) Vokal + *Doppelkonsonant*	das Be**tt**, o**ff**en
● 1b) Vokal + *zwei Konsonanten*	das Ge**ld**, die Wa**nd**
Man spricht den Vokal *lang:*	
● 2) Vokal + *ein* Konsonant + Vokal	die Ro**s**e, mü**d**e
● 3a) *Doppelvokal*	das B**ee**t, das B**oo**t, der **Saa**l
● 3b) *i + e = langes i*	die M**ie**te, die L**ie**be
● 4) Vokal + *Dehnungs-h*	der So**h**n, za**h**len, wo**h**nen

Besonderheiten

Einsilbige Wörter, ein Konsonant am Ende

Bei diesen Wörtern ist nicht klar: Spricht man den Vokal lang oder kurz? Man muss probieren, ob man das Wort länger machen kann.

● Man kann das Wort so *verlängern,* dass nach dem letzten Konsonanten wieder ein Vokal kommt. (Vokal + 1 Konsonant + Vokal) → Man spricht den ersten Vokal *lang.*
Beispiele: der W**e**g – die W**e**ge, der R**u**f – r**u**fen, gr**ü**n – gr**ü**ner
● Man kann das Wort *nicht verlängern.* → Man spricht den Vokal *kurz.*
Beispiele: **a**b, m**a**n, w**e**g, **i**n, **a**m, w**a**s, d**a**s, **e**s
Ausnahme (lang): wen, den, dem, wem

Langer Vokal vor mehreren Konsonanten

Manchmal muss man einen Vokal lang sprechen, obwohl nach dem Vokal zwei oder mehr Konsonanten kommen. Das hängt von der Grundform ab.

● Der Vokal ist in der *Grundform lang.* → Er ist auch in *Ableitungen und Wortkombinationen lang.*

Beispiele: s**a**gen (lang) → du s**a**gst (lang, obwohl drei Konsonanten folgen)
das Telef**o**n (lang) → die Telef**o**nnummer (lang, obwohl zwei n folgen)
Ausnahme: h**a**ben (lang) – du h**a**st, er h**a**t (kurz)

Vokale vor ch, sch, st und x

Man spricht den Vokal

- Vokale vor *ch, sch, st* → meistens *kurz.*
  Beispiele: die S<u>a</u>che, fr<u>e</u>ch, <u>i</u>ch, k<u>o</u>chen, der F<u>i</u>sch, w<u>a</u>schen, die L<u>i</u>ste
  Viele Ausnahmen (lang): die Spr<u>a</u>che, n<u>a</u>ch, h<u>o</u>ch, die N<u>i</u>sche, <u>O</u>stern, die W<u>ü</u>ste, Pr<u>o</u>st, <u>Ö</u>ster-
  reich ...
- *u* vor *ch* → *lang*
  Beispiele: s<u>u</u>chen, der K<u>u</u>chen, das B<u>u</u>ch
- Vokale vor *x* → immer *kurz*, weil man *x* wie zwei Konsonanten
  spricht: **x = k + s**
  Beispiele: M<u>e</u>xiko, das M<u>a</u>ximum, fl<u>e</u>xibel, das T<u>a</u>xi, die H<u>e</u>xe

Wörter mit –ie am Ende

- betontes *ie* am Wortende → Man spricht ein *langes i.*
  Beispiele: die Biolog**ie**, die Fotograf**ie**
- unbetontes *ie* am Wortende → Man spricht **i + e** (Doppellaut).
  Beispiele: die Famil**i+e**, die Lin**i+e**, die Stud**i+e**

Der Buchstabe y

Wörter mit y sind normalerweise keine deutschen Wörter. Sie kommen meistens aus dem Griechi-
schen oder Englischen.

- *y* in griechischen Wörtern → Man spricht *ü.*
  Beispiele: die Ps**y**chologie, die Ph**y**sik, die H**y**pnose
- *y* am Wortende in englischen Wörtern → Man spricht *i.*
  Beispiele: die Part**y**, das Bab**y**, das Hobb**y**
- *y* in der Wortmitte in englischen Wörtern → Man spricht *ai.*
  Beispiele: das N**y**lon, der Fl**y**er

Vokaleinsatz ohne *h* und mit *h*

Man muss einen *Vokal-Neueinsatz* (Knacklaut) oder das *h* sprechen:	Beispiele:
● am *Wortanfang*	das [I]**E**is, [I]**a**ber, das **H**aus, **h**elfen
● *nach Vorsilben*	der Be[I]**a**mte, ver**h**eiratet, ge**h**eim
● in *Wortkombinationen*	das Mittag[I]**e**ssen, das Miets**h**aus
Man muss das *h* sprechen:	
● in den Nachsilben *–haft* und *–heit*	glaub**h**aft, die Krank**h**eit
● zwischen Vokalen in *Ausrufen*	A**h**a!, O**h**o! A**h**oi! Ju**h**e!
Man darf *kein h* sprechen:	
● am *Wortende*	der Schu**h**, der Ze**h**, frü**h**
● im Wort nach langen Vokalen (Dehnungs-h)	der Za**h**n, fa**h**ren, fü**h**len

Besonderheiten

Dehnungs-h und silbentrennendes h

Ein Dehnungs-*h* steht in oder am Ende einer Silbe nach einem langen Vokal, ein silbentrennendes *h* steht am Anfang einer Silbe.

- Dehnungs-*h* → Man spricht das *h nicht.*
  Beispiele: *die Ba*h*n, i*h*m, der Le*h*-rer, za*h*-len*
- silbentrennendes *h* → Man spricht das *h normalerweise nicht,* aber man darf es sprechen.
  Beispiele: die E-**h**e, ge-**h**en, die Schu-**h**e

Das h zwischen zwei Vokalen

In einigen wenigen Wörtern *spricht man ein h,* wenn es *zwischen zwei Vokalen* steht. Diese Wörter muss man extra lernen.
Beispiele: das Ma**h**agoni, das Ve**h**ikel, der A**h**orn, der U**h**u

Die Vorsilben da(r)-, wo(r)-, hin-, her-, ein-, vor-

- Nach *da(r)-, wo(r)-, hin-, her-* spricht man *keinen Vokal-Neueinsatz (Knacklaut).* Man verbindet den Vokal mit dem Konsonanten vorher.
  Beispiele: da-rüber, wo-rauf, hi-nunter, he-rauf
- Bei einigen Wörtern macht man das auch bei den Vorsilben *ein-* und *vor-.*
  Beispiele: ei-nander, vo-ran, vo-rüber, vo-raus
  Ausnahme (mit Knacklaut): ein[I]engen, vor[I]ab, der Vor[I]arbeiter

Vokale, Umlaute und Diphthonge
Rechtschreibregeln

Die folgenden Regeln gelten für Vokale und Umlaute.

Kurze Vokale und Umlaute

Regel 1)
Nach einem kurzen Vokal kommen ein *Doppelkonsonant* oder *zwei verschiedene Konsonanten*.
Beispiele: ho**ff**en, die We**ll**e, das He**ft**, die We**lt**

Besonderheiten

Doppelkonsonant + Konsonant

Manchmal muss man einen Doppelkonsonanten schreiben, obwohl danach noch ein anderer Konsonant kommt. Das hängt von der Grundform ab.

Ein Wort hat in der *Grundform* einen Doppelkonsonanten. → Der *Doppelkonsonant bleibt* auch in Ableitungen und Wortkombinationen.

Beispiel: ho**ff**en → er ho**ff**t (drei Konsonanten)
der Schlu**ss** → der Schlu**ss**strich (fünf Konsonanten)

Kurzer Vokal + k oder z

- Man schreibt nicht Doppel-k: k̶k̶ → Man schreibt *ck*.
  Beispiel: der We**ck**er, der Bä**ck**er, die Lü**ck**e
  Ausnahmen (einige internationale Wörter): der Akku, der Akkusativ...

- Man schreibt nicht Doppel-z: z̶z̶ → Man schreibt *tz*.
  Beispiele: si**tz**en, der Pla**tz**
  Ausnahmen: die Pizza, die Skizze, die Razzia

144

Lange Vokale und Umlaute

Regel 2) *Langer Vokal + 1 Konsonant*
Nach einem langen Vokal kommt nur *ein Konsonant.*
Beispiele: die Ho**s**e, mü**d**e, der Re**g**en, der Ta**g**, gu**t**

Regel 3) *Doppelvokal*
a) Nur *a*, *e* und *o* kann man verdoppeln. Die anderen Vokale kann man nicht verdoppeln:
aa, ee, oo ~~**ii, uu, ää, öö, üü**~~
Beispiele: der S**aa**l, das M**ee**r, das B**oo**t

b) Ein *langes i* schreibt man meistens *ie.*
Beispiele: d**ie** M**ie**te, der Br**ie**f, s**ie**, l**ie**ben

Regel 4) *Vokal + Dehnungs-h*
a) Ein Dehnungs-*h* steht meist vor *l, m, n, r.*
Beispiele: die Za**hl**, ne**hm**en, der Za**hn**, fa**hr**en
Merksatz: *Lass **m**ich **n**icht **r**aten.*

b) Meist steht *kein Dehnungs-h*, wenn *vor* dem langen Vokal *p, t, v, sp, qu, sch* oder *mehrere Konsonanten* kommen.
Beispiele: der **T**on, **sp**aren, be**qu**em, die **Sch**ule, die **Bl**ume
Merksatz: ***P**eter **t**rinkt **v**iel **sp**anischen **Qu**itten**sch**naps.*

Dehnungs-*h*-Formel: ~~*p, t, v, sp, qu, sch*~~ + langer Vokal + Dehnungs-*h* + *l, m, n, r*

Besonderheiten

Mehrere Konsonanten nach langem Vokal

In *Ableitungen und Wortkombinationen* schreibt man manchmal nach einem langen Vokal zwei oder mehr Konsonanten. Der Vokal bleibt trotzdem lang.

Beispiele: der T**a**g (lang)   → t**ä**glich (lang)
               s**a**gen (lang)   → du s**a**gst (lang)

Langes i

Man schreibt
* einfaches *i*   — am *Wortanfang*
                    Beispiele: der **I**gel, die **I**dee
                  — in *internationalen Wörtern* oft auch in der *Wortmitte*
                    Beispiele: das Kl**i**ma, pr**i**ma, die B**i**bel, das Vent**i**l
                  — in *internationalen Wörtern mit den Endungen -in(e), -iv(e)*
                    Beispiele: die Mediz**in**, die Masch**ine**, akt**iv**, die Initiat**ive**

* *ih*   — bei den *Personalpronomen:* **ih**r, **ih**m, **ih**n, **ih**nen

* *ieh*   — wenn das Wort von einem *Verb mit silbentrennendem h* kommt
                    Beispiel: se**h**en – er s**ieh**t, lei**h**en – er l**ieh** (Präteritum)

Kein Dehnungs-h

Es steht *kein Dehnungs-h*
— in der Vorsilbe **ur-**
Beispiele: der **Ur**wald, **ur**alt
— in den Nachsilben **-bar, -sal, -sam, -tum**
Beispiele: wunder**bar**, das Schick**sal**, ein**sam**, das Eigen**tum**

Umlaute

Die Buchstaben *ä, ö* und *ü* gibt es in vielen Sprachen nicht. Das gibt manchmal Probleme, wenn man z.B. E-Mails in andere Länder schicken möchte oder wenn der Computer diese Buchstaben nicht hat. Dann kann man die Umlaute so schreiben: *ä = ae, ö = oe, ü = ue.*

Diphthonge

Die Diphthonge *au, ei/ai/ay/ey, eu/äu* bestehen aus zwei Vokalen. Deshalb gelten für sie die Regeln für lange Vokale und Umlaute.

> Nach einem Diphthong kommt kein Doppelkonsonant, *kein* ck, *kein* tz.
> Beispiel: hei**z**en, die Bäu**m**e, die Pau**s**e, rei**ß**en

Die Diphthonge *ei/ai/ay/ey* klingen gleich und die Diphthonge *eu/äu* klingen gleich.

Rechtschreibtipps

Sie hören [ai̯]   → Sie schreiben meistens *ei*.
Die Diphthonge *ay*, *ey* und *ai* sind im Deutschen ziemlich selten.

Sie hören [ɔy̯]   → Sie schreiben *äu*, wenn das Wort von einem *Wort mit au* kommt.
Beispiele: das H**au**s – die H**äu**ser, der Tr**au**m – tr**äu**men
→ Sie schreiben *eu*, wenn es kein Wort mit *au* dazu gibt.
Beispiele: n**eu**, die K**eu**le, h**eu**len

Konsonanten
Ausspracheregeln

Doppelkonsonanten, ck, tz

Doppelkonsonanten (z.B. nn, mm, ll) spricht man nicht doppelt. Doppelkonsonanten sind ein Signal: Man muss den Vokal vorher kurz sprechen. Die Konsonanten selbst spricht man wie einfache Konsonanten (*n, m, l*).

Die Buchstaben *ck* sind wie Doppel-*k*.   → Man spricht *k*.
                                              Beispiele: lecker, backen

Die Buchstaben *tz* sind wie Doppel-*z*.   → Man spricht *z*.
                                              Beispiele: sitzen, die Hitze

Harte und weiche Konsonanten

Zu den harten, stimmlosen Konsonanten gehören *k* [k], *p* [p], *t* [t] und hartes *s* [s]. Zu diesen Konsonanten gibt es jeweils einen ähnlichen weichen, stimmhaften Konsonanten: *g* [g], *b* [b], *d* [d] und *s* [z].

Auch den Konsonanten *v* kann man hart/stimmlos sprechen wie *f* [f] oder weich/stimmhaft wie *w* [v]. (☞ Ausspracheregeln: Wörten mit *f, v, w, b* und *pf*)

Manchmal muss man die weichen Konsonanten hart sprechen. Das Fachwort dafür ist *Auslautverhärtung*.

Man schreibt *b, d, g, s, v*	→ Man spricht [p] [t] [k] [s] [f]	
	● am *Wortende* ● am *Silbenende* ● vor *Konsonanten*	Beispiele: gi**b**, das Kin**d**, der Ta**g**, das Moti**v** a**b**fahren, aus**a**rbeiten, en**d**lich du gi**b**st, sie trä**g**t, der Her**b**st

Besonderheit: Keine Auslautverhärtung

Vor *-ler, -nen, -ner, -rig* bleiben die Konsonanten *weich*.
Beispiele: der Hän**d**ler, re**g**nen, der Or**d**ner (auch: die Or**d**nung), ü**b**rig, kle**b**rig

Wörter mit ch

Die Laute [ç] wie in ich und [x] wie in ach

Die Buchstabenkombination *ch* spricht man im deutschen Wörtern auf zwei verschiedene Arten: [ç] und [x].

Man schreibt *ch*	→ Man spricht:
● nach dunklen Vokalen oder Diphtongen (*a,o,u,au*) Beispiele: l**a**chen, k**o**chen, der K**u**chen, br**au**chen	→ [x] (wie ach)
● nach hellen Vokalen oder Diphtongen (*e,i,ä,ö ü,eu/äu,ei*) Beispiele: **e**cht, m**i**cheln, l**ä**cheln, f**eu**cht, l**ei**cht	→ [ç] (wie ich)
● nach Konsonanten Beispiele: das Mä**d**chen, ma**n**chmal, die Ki**r**che	→ [ç] (wie ich)
● in der Verkleinerungssilbe *-chen* immer Beispiele: Stühl**chen**, Häus**chen**, auch nach dunklen Vokalen: Frau**chen**	→ [ç] (wie ich)

Besonderheiten

Internationale Wörter

In internationalen Wörtern spricht man das *ch* häufig so ähnlich wie in der Sprache, aus der das Wort kommt. Man spricht meistens:
● *sch* [ʃ] in französischen Wörtern: der **Ch**ef, der **Ch**ampagner, die **Ch**ance
● *k* [k] in griechischen Wörtern: der **Ch**or, der **Ch**arakter, **ch**ronisch
  Aber: vor *e* und *i* spricht man [ç]: die **Ch**emie, die Bron**ch**itis
● *tsch* [tʃ] in spanischen und englischen Wörtern: der **Ch**ili, der Ma**ch**o, die **Ch**ips, das Mat**ch**

Wörter mit chs

● Man *schreibt chs*.   →   Man *spricht ks* [ks].
  Beispiele: se**chs**, wa**chs**en, we**chs**eln

Ausnahme: Wenn *das s zu einer Grammatikendung* gehört (z.B. Konjugation, Superlativ, Nachsilbe, Genitiv), spricht man *ch/s* getrennt: *ch+s*
Beispiele: du lach/st, näch/ste, höch/ste, wach/sam, des Fach/s

Wörter mit ig

Man schreibt -ig	→	Man spricht:	Beispiele:
● am Wortende	→	[iç] wie *ich*	wen**ig**, Kön**ig**
● vor Vokalen	→	[ig] wie *ig*	wen**ig**er, Kön**ig**e
● vor Konsonanten	→	[iç] wie *ich*	wen**ig**stens

Ausnahme: Vor der Nachsilbe *-lich* spricht man *-ig* wie *-ik* [ik]
Beispiele: kön**ig**lich, led**ig**lich

Die Verkleinerungssilbe -chen

Treffen ein *Wort mit s und die Verkleinerungssilbe -chen* zusammen, spricht man nicht *sch* [ʃ], sondern getrennt *s/chen* [sç].
Beispiele: das Häus/chen, das Häs/chen, das Mäus/chen, das Näs/chen

Wörter mit sp und st

Die Buchstaben *st* kann man *s-t* [st] oder *sch-t* [ʃt] sprechen, die Buchstaben *sp* kann man *s-p* [sp] oder *sch-p* [ʃp] sprechen.

Man spricht *s-t* [st] oder *s-p* [sp]	Beispiele:
● in der *Wortmitte*	die Kü**st**e, das Fen**st**er, die We**sp**e
● am *Wortende*	der Ga**st**, Pro**st**
Man spricht *sch-t* [ʃt] oder *sch-p* [ʃp]	
● am *Wortanfang*	**st**ehen, **sp**ielen, die **St**act, der **Sp**ort
● nach *Vorsilben*	auf**st**ehen, das Bei**sp**iel
● in *Wortkombinationen*	die Haupt**st**adt, das Gewinn**sp**iel

Besonderheit: Englische Wörter

Bei englischen Wörtern spricht man auch am Wortanfang oft *s-t* [st] wie im Englischen. Manchmal können Sie *beide Möglichkeiten* benutzen.
Beispiele: Englische Wörter mit [st]: das **St**eak, der **St**ar, der **St**retch, die **St**ewardess, die **St**ory, **st**and-by, das **St**atement ...

Wörter mit t, s, z, und tz

Wörter mit tz

☛ Ausspracheregeln: Doppelkonsonanten, *ck, tz, S. 147*

Wörter mit th

Wörter mit *th* kommen aus dem Griechischen.
Man schreibt *th*.   ➔   Man spricht [t].
Beispiele: das **Th**eater, die Biblio**th**ek, die Apo**th**eke, sympa**th**isch

Internationale Wörter mit der Endung –tion

Man schreibt *-tion*.   ➔   Man spricht -zion [t͜s ion].
Beispiele: die Organisa**tion**, die Kommunika**tion**, interna**tion**al

Wörter mit f, v, w, b und pf

Wörter mit v

Den Buchstaben *v* kann man wie *f* [f] sprechen oder wie *w* [v].

Man spricht *v* wie *f* [f]	Beispiele:
● in *deutschen Wörtern*	der **V**ater, der **V**ogel, **v**iel
● in den *Vorsilben vor-, ver-*	**v**orlesen, **v**erkaufen, der **V**erkäufer
Man spricht *v* wie *w* [v]	
● in *internationalen Wörtern*	das **V**isum, die **V**ioline, das Uni**v**ersum, das **V**ideo, das **V**entil
	Ausnahme (wie *f*): **V**ize (der Vizepräsident)

Besonderheiten

Auslautverhärtung

(☛ Ausspracheregeln: harte und weiche Konsonanten)
Am Wortende spricht man auch in internationalen Wörtern *v* wie *f* [f].
Beispiel: das Moti**v**, nai**v**, akti**v**

Wörter mit ph

Wörter mit *ph* kommen aus dem Griechischen.
Man schreibt *ph*.   ➔   Man spricht [f].
Beispiele: die **Ph**ysik, die **Ph**ilosophie
Viele griechische Wörter schreibt man heute auch mit *f*.
Beispiele: das Tele**f**on, das **F**oto

Vokalisierung des r

Man kann das *r* konsonantisch (als Konsonant) oder vokalisch (als Vokal) sprechen.

Konsonantisches *r*: Es gibt drei Möglichkeiten ein konsonantisches *r* zu sprechen (☞ Aussprache-übungen S. 138).
Vokalisches *r*: Man spricht das *r* wie ein schwaches *a* [ɐ].

Man spricht ein *konsonantisches r:*
- am *Wortanfang*
  Beispiele: das **R**egal, **r**egnen, **r**ichtig
- *vor Vokalen, Umlauten und Diphthongen*
  Beispiele: be**r**uhigen, die Leh**r**e**r**in, die Tü**r**en, g**r**üßen, auf**r**äumen

Man spricht ein *vokalisches r* (schwaches *a*):
- bei Wörtern mit *-er am Wortende*
  Beispiele: bess**er**, der Bäck**er**, lieb**er**, d**er**
- in der Kombination *-ern*
  Beispiele: wund**ern**, bohn**ern**, jamm**ern**
- *nach langen Vokalen* (außer langem *a*)
  Beispiele: wi**r**, seh**r**, die Tü**r**, der Verkeh**r**, das Mee**r**, der Bä**r**
- in den *Vorsilben er-, her-, ver-, vor-, zer-*
  Beispiele: e**r**zählen, ve**r**stehen, vo**r**schlagen, ze**r**stören

Man kann *konsonantisches oder vokalisches r* sprechen:
- *nach kurzen Vokalen* am Wortende oder vor Konsonanten
  Beispiel: das We**r**k, die Fo**r**m, das Do**r**f, dü**rr**, he**rr**lich, der Spo**r**t
- *nach einem langen a* am Wortende oder vor Konsonanten
  Beispiel: die Fah**r**t, das Haa**r**, das Jah**r**

Besonderheit: Konsonantisches r in den Vorsilben her- und vor-

Wenn nach den *Vorsilben her-* und *vor-* ein Vokal kommt, verbindet man oft das *r* mit dem folgenden Vokal. Dann muss man *das r konsonantisch* sprechen.
Beispiel: he-**r**ein, he-**r**aus, vo-**r**an, vo-**r**aus
Ausnahme: vor-ab, der Vor-arbeiter

Konsonanten
Rechtschreibregeln

Für die Konsonanten gibt es nicht so viele Rechtschreibregeln wie für die Vokale. Aber aus den Aussprachregeln lassen sich viele Rechtschreibtipps ableiten.

Doppelkonsonanten, ck, tz

Man schreibt Doppelkonsonanten, *ck* und *tz nur nach kurzen Vokalen.*
Beispiele: die So**nn**e, ha**ck**en, si**tz**en

Man schreibt *einfache Konsonanten, z* oder *k*
- *nach langen Vokalen*   Beispiele: woh**n**en, der Ha**k**en, die Bre**z**el
- *nach Diphthongen*   Beispiel: hei**z**en, das Hau**s**
- *nach Konsonanten*   Beispiele: mer**k**en, der Pil**z**, die Wan**d**

Harte und weiche Konsonanten

Problem: Weiche Konsonanten spricht man am Wortende hart. (☞ Aussprachregeln harte und weiche Konsonanten: Auslautverhärtung, S. 147)

Rechtschreibtipp

Machen Sie die Wörter länger, so dass nach dem Konsonant noch ein Vokal kommt. Dann wissen Sie oft, wie Sie das Wort richtig schreiben müssen.
Beispiel: der Ta**g** (Man hört [k]) – die Ta**g**e (Man hört [g])

Wörter mit s, ss, ß

Sie hören:	Sie schreiben:	Beispiele:
• ein weiches, stimmhaftes s [z]	→ immer **s**	rei**s**en, die Na**s**e, **s**ehen
• ein hartes, stimmloses s [s]		
— *nach kurzen Vokalen*	→ **ss**	na**ss**, kü**ss**en, ein bi**ss**chen
— *nach langen Vokalen*	→ **ß**	grü**ß**en, der Fu**ß,** die Stra**ß**e
— *nach Diphthongen*	→ **ß**	rei**ß**en, hei**ß**en, drau**ß**en

Hinweis: Am Wort- und Silbenende spricht man ein *s* immer hart, stimmlos (Auslautverhärtung). Dann ist nicht klar: Schreibt man *s*, *ss*, oder *ß*? Das kann man nicht hören.
Beispiele: das Gl**a**s, der Gr**u**ß / w**a**s, der K**u**ss

Wörter mit ch

Problem: *ch* spricht man in internationalen Wörtern verschieden.
Beispiele: der **Ch**ef [ʃ], die **Ch**ips [tʃ], der **Ch**or [k]

Problem: *chs, ks, x* klingen gleich.
Beispiele: der Ke**ks**, das Ta**x**i, se**chs**

Dafür gibt es keine Rechtschreibregeln. Sie müssen die Wörter einzeln lernen.

Rechtschreibtipp

Wörter mit *x* sind oft internationale Wörter.
Sie hören ein internationales Wort mit **[ks]**.   → Sie schreiben **x**.
Beispiele: das Ta**x**i, fle**x**ibel, e**x**tra

Wörter mit sp und st

Problem: *st* und *sp* spricht man am Wortanfang und nach Vorsilben *sch-t* [ʃt] und *sch-p* [ʃp].

Rechtschreibtipps

Sie hören:		Sie schreiben:
[ʃt] und [ʃp] am Wortanfang	→	*st* und *sp* Es gibt im Deutschen keine Wörter mit *scht* oder *schp* am Wortanfang.
[ʃp] mitten im Wort	→	fast immer *sp* Die Buchstabenkombination *schp* kommt sehr selten vor.
[ʃt] mitten im Wort	→	meistens *st* Auch die Buchstabenkombination *scht* ist selten. Sie kommt bei Verben mit *sch* in bestimmten Grammatikformen vor. Beispiel: er du**sch**t, sie du**sch**te

Wörter mit t, s, z, und tz

Wörter mit z und tz

☞ Rechtschreibregeln: Doppelkonsonanten, *ck* und *tz*, S. 152

Internationale Wörter mit -tion

Sie hören [tsion].   ➔ Sie schreiben *tion.*
Beispiele: die Reak**tion**, funk**tion**ieren

Wörter mit f, v, w, b und pf

Wörter mit v, f und w

Problem: *v* klingt manchmal wie *w* [v] (die **V**ase) und manchmal wie *f* [f] (**v**iel).

Rechtschreibtipp

Sie hören: Sie schreiben:
w [v] in internationalen Wörtern   ➔ fast immer *v*
Beispiele: das **V**entil, die **V**ase, das **V**erb

die Vorsilben *ver-* und *vor-*   ➔ immer mit *v*
Beispiele: **v**erkaufen, **v**orlesen, der **V**erkäufer, der **V**erkehr, die **V**orsilbe

Wörter mit f und pf

	Sie schreiben	Beispiele:
● nach *n*	➔ **f**	ei**nf**ach, fü**nf**, die Zuku**nf**t
● nach *m*	➔ **pf**	i**mpf**en, der Stru**mpf,** e**mpf**angen

Besonderheit: Wortkombinationen

Bei *Wortkombinationen* können auch *n* und *pf* zusammentreffen.
Beispiel: die Kranke**n-pf**lege

Vokalisierung des r

Problem: *r* spricht man oft vokalisiert wie ein schwaches *a*.

Rechtschreibtipps

Sie hören:

- *a* [ɐ] am *Wortende* (*„bessa"*)

- *Vokal + schwaches a*
  (*„oa"*, *„ua"*, *„ea"*, *„üa"*, *„öa"*)

- die Vorsilben *er-, her-, ver-, vor-, zer-*

Sie schreiben:

→ *er* am Wortende (bess**e**r)
Es gibt im Deutschen nur sehr wenig
Wörter mit a am Ende (z.B. Opa, Oma, ja,
Komma...).

→ *Vokal + r*
(z.B. Do**r**f, Wu**r**st, Tee**r**, Tü**r**, Körne**r**)
Es gibt im Deutschen fast keine Wörter mit
a nach einem anderen Vokal. Nur die Kom-
bination *ia* kommt in internationalen
Wörtern vor (z.B. Init**ia**tive, soz**ia**l, gen**ia**l,
Ind**ia**ner...).

→ immer *r*.

Laute und Buchstaben

Laute sind das, was ich höre und spreche. Buchstaben sind das, was ich lese und schreibe.
Die Kombination von Lauten und Buchstaben ist in verschieden Sprachen unterschiedlich. Wenn ich eine Sprache richtig schreiben und lesen will, muss ich diese Kombination kennen.

Beispiel:
Den Laut [ʃ] schreibe ich im Deutschen mit drei Buchstaben *sch*, im Französischen mit *ch*, im Englischen mit *sh*.
Die Buchstaben *ch* spricht man im Deutschen [ç] oder [x], im Französischen [ʃ], im Englischen [tʃ].

Für die Laute gibt es eine *internationale Lautschrift*. Das ist sehr praktisch, denn so kann man die Sprachen besser vergleichen. In vielen Wörterbüchern finden Sie Informationen über die Aussprache in dieser Lautschrift. In unserem Übungsprogramm finden Sie die Zeichen für die Lautschrift oben in den Kapitelüberschriften und bei den Beispielwörtern am Anfang eines Kapitels. Die Lautzeichen sind immer in eckigen Klammern [ ].
Sie müssen die Lautschrift nicht extra lernen, wenn sie mit diesem Buch arbeiten wollen. Aber wenn es Sie interessiert: Hier haben Sie noch einmal eine Übersicht über die Laute und Buchstaben, mit denen wir in diesem Buch arbeiten.

Laut hören und sprechen		**Buchstabe(n)** lesen und schreiben	**Beispiel:**
Vokale und Umlaute			
[aː]	langes a	**a, aa, ah**	malen, Saal, Zahn
[a]	kurzes a	**a**	Wand
[eː]	langes e	**e, ee, eh**	Regen, Beet, fehlen
[ɛ]	kurzes e / kurzes ä	**e, ä**	Messer, hässlich
[ə]	schwaches e	**e**	Suppe
[iː]	langes i	**i, ie, ih, ieh**	Idee, Liebe, ihm, er sieht
[ɪ]	kurzes i	**i**	bitte
[oː]	langes o	**o, oo, oh**	oben, Boot, wohnen
[ɔ]	kurzes o	**o**	Sonne
[uː]	langes u	**u, uh**	gut, Ruhm
[ʊ]	kurzes u	**u**	unten
[ɛː]	langes ä	**ä, äh**	Träne, zählen
[øː]	langes ö	**ö, öh**	böse, Söhne
[œ]	kurzes ö	**ö**	können
[yː]	langes ü	**ü, üh, y**	müde, kühl, Physiker
[ʏ]	kurzes ü	**ü, y**	Mütze, Gymnasium
Diphthonge			
[aɪ̯]		**ei, ai, (ey, ay)**	mein, Mai, Meyer, Bayern
[aʊ̯]		**au**	Haus
[ɔy]		**eu, äu**	heute, Europa, Häuser

Laut hören und sprechen	Buchstabe(n) lesen und schreiben	Beispiel:

Vokaleinsatz

[I] mit Knacklaut	kein Buchstabe	[I]aber, Be[I]amter, be[I]eilen
[h] gehaucht	**h**	**H**aus, ver**h**alten

Harte und weiche Konsonanten

[b] weich	**b, bb**	**B**aum, E**bb**e
[p] hart	**p, pp, b**	**P**anne, Pu**pp**e, Betrie**b**
[d] weich	**d, dd**	**d**u, pa**dd**eln
[t] hart	**t, tt, th, d**	**T**on, Mu**tt**er, **Th**eater, Gel**d**
[g] weich	**g, gg**	**g**ehen, E**gg**e
[k] hart	**k, ck, c, g, kk, ch**	**k**ommen, E**ck**e, **C**omputer, Vertra**g**, A**kk**usativ, **Ch**or
[z] weich	**s**	le**s**en, **S**onne
[s] hart	**ss, ß, s**	la**ss**en, rei**ß**en, Gla**s**

Wörter mit ch, k, sch und tsch

[ç]	**ch, -(i)g**	i**ch**, billi**g**
[x]	**ch**	la**ch**en
[k]	**k, ck, c, g, kk, ch**	**k**ommen, E**ck**e, **C**omputer, Vertra**g**, A**kk**usativ, **Ch**or
[ʃ]	**sch, ch**	**Sch**ule, **Ch**ef
[tʃ]	**tsch, ch**	deu**tsch**, **Ch**ips
[ks]	**ks, chs, x**	Ke**ks**, se**chs**, He**x**e

Wörter mit st und sp

[st]	**st**	Fen**st**er
[ʃt]	**st**	**St**ein, ver**st**ehen
[sp]	**sp**	We**sp**e
[ʃp]	**sp**	**Sp**iel, ver**sp**rechen

Wörter mit t, s, z, und tz

[t]	**t, tt, th, d**	**T**on, Mu**tt**er, **Th**eater, Gel**d**
[s]	**ss, ß, s**	la**ss**en, rei**ß**en, Gla**s**
[ts]	**ts, z, tz, -t(ion)**	Arbei**ts**amt, **Z**eit, si**tz**en, Organisa**t**ion

Wörter mit f, v, w, b und pf

[v]	**w, v**	**w**ollen, **V**entil
[f]	**f, v, ph**	**f**ertig, **V**ater, **v**orbei, **Ph**ysik
[pf]	**pf**	To**pf**, **pf**eifen

Vokalisierung des r, Wörter mit r und l

[r] Zungenspitzen-r	**r, rr**	**R**egen, i**rr**en
[ʁ] Reibe-r	**r, rr**	**R**egen, i**rr**en
[R] Zäpfchen-r	**r, rr**	**R**egen, i**rr**en
[ɐ] schwaches a	**-(e)r, (Vokal)+ r**	abe**r**, Ve**r**keh**r**, ve**r**stehen
[l]	**l, ll**	**l**achen, fa**ll**en

Übungsformen/Spiele

Viele der in einzelnen Kapiteln verwendeten Übungsformen lassen sich auch auf andere Kapitel übertragen. Wir möchten Ihnen deshalb im Folgenden einige Übungsformen vorstellen und Ihnen Vorschläge machen, wie Sie damit arbeiten können. Im Anschluss finden Sie einige Blanko-Vorlagen, eine Liste der verwendeten Zungenbrecher und ein Quiz.

Wechselspiel: Wo wohnt Familie....

☛ Beispiel Seite 162/163, Spielvorlage und Namenslisten S. 164

Die beiden Partner haben unterschiedliche Informationen, die sie gegenseitig erfragen und in ihr Schema eintragen müssen. Das Beispiel im Übungsteil bezieht sich auf lange und kurze Vokale. Im Prinzip kann man dieses Spiel aber mit allen Lauten durchführen, die man üben möchte.

Spielvorschlag

Auf Seite 162/163 finden Sie eine Blanko-Spielvorlage. Auf der Seite 164 sind Namenslisten zu den verschiedenen Kapiteln. Liste 1 enthält Namen, die unterschiedlich klingen und unterschiedlich geschrieben werden. Liste 2 enthält zusätzlich Namen, die gleich klingen wie Namen auf Liste 1, sich aber in der Schreibweise unterscheiden.

Variante 1: Kopieren Sie das Spiel und die Namenslisten 1 zu einem Thema und geben Sie jedem Mitspieler ein Spiel und eine Liste. Die Partner tragen die Namen auf der Liste in ihr Haus ein. Anschließend fragen sie sich gegenseitig und tragen die Namen in das andere Haus ein. Ein Modelldialog ist auf der Spielvorlage vorgegeben.

Variante 2: Sie können das Spiel erschweren, wenn Sie auch Namen verwenden, die gleich klingen, aber unterschiedlich geschrieben werden, z.B. Meyer und Meier (Liste 1 und Liste 2). Die Teilnehmer müssen zusätzlich erkennen, welche Namen gleich klingen und nachfragen. Dieser Dialog sollte vor dem Spiel eingeübt werden, evtl. mit Hilfe der Namensliste:

Beispiel: ● Wo wohnt Familie Meyer?
             ■ Meier mit ei?
             ● Nein, Meyer mit ey.

Hinweise:

Die Zahl der Namen auf der Liste stimmt nicht immer mit der Anzahl der „Wohnungen" überein. In diesem Fall bleiben einige Wohnungen leer oder die TN entscheiden, welche Namen sie weglassen. (Dialogbeispiel: Wo wohnt Familie X? Familie X wohnt hier nicht.)

Achten Sie darauf, dass die TN die Namensliste nicht der Reihe nach abfragen. Da beide Partner die gleiche Liste haben, ist sonst zu leicht zu erkennen, welcher Name gemeint sein soll, auch wenn er vielleicht nicht korrekt ausgesprochen wird.

Spiel mit Namenslisten

☞ Namenslisten S. 164

Die Namenslisten können Sie auch für ein anderes Spiel verwenden: Sie teilen jedem Kursteilnehmer einer Namen aus der Liste zu, den Sie ihm verdeckt auf einem Zettel geben. Anschließend projizieren Sie die Gesamtliste mit einem Overheadprojektor an die Wand oder schreiben alle Namen an die Tafel. Nun sagen die TN ins Plenum: „Ich möchte gern Herrn oder Frau .... sprechen". Wer sich angesprochen fühlt, steht auf. Mit Hilfe seines Zettels kann man überprüfen, ob die gesuchte Person mit seinem Namen übereinstimmt.

Lesen und auswendig sprechen

☞ Beispiel S. 13

Die Arbeitsanweisung für die TeilnehmerInnen lautet folgendermaßen:
1. Lesen Sie still einen Satz.
2. Decken Sie den Satz mit der Hand zu und sehen Sie Ihren Partner an.
3. Sprechen Sie den Satz auswendig.
4. Ihr Partner kontrolliert und macht dann weiter.

Diese Übung können Sie für alle Texte verwenden, wobei Dialoge natürlich besonders geeignet sind. Im Buch finden Sie viele Ausspracheübungen in Dialogform. Ziel der Übung ist es, dass die TN Sätze nicht nur mechanisch ablesen, sondern genauer wahrnehmen und sich einprägen. Aussprache-, Verständnis- und Konzentrationsprobleme werden dabei sehr schnell deutlich. Mit etwas Training erreichen Sie, dass die TN Dialoge mit Blickkontakt zum Partner wesentlich lebendiger und natürlicher sprechen.

Hinweis:
Viele Dialoge finden Sie auch auf den CDs. Sie können als Vorbild für die TN dienen.

Zungenbrecher

☞ Liste der im Übungsteil verwendeten Zungenbrecher S. 165

Zungenbrecher sind eine beliebte Übung im Phonetikunterricht. Hier ein paar Variationsvorschläge zum üblichen Hören und Nachsprechen.

Variante 1: Zwei Partner sprechen den Zungenbrecher gemeinsam. Sie beginnen langsam und steigern dann allmählich das Tempo. Wer zuerst einen Fehler macht, hat verloren.

Variante 2: Dieses Spiel lässt sich auch als Gruppenwettspiel spielen. Jeweils zwei Personen aus den gegnerischen Mannschaften treten gegeneinander an. Die Mannschaften dürfen sich abwechselnd einen Zungenbrecher aussuchen oder gehen eine vorher vereinbarte Liste durch.

Variante 3: Mit einem Korken im Mund zu sprechen ist schwierig, erhöht aber die Sensibilität für das Geschehen im Mund beim Sprechen. Verteilen Sie Korken an die TN und lassen Sie sie einen Zungenbrecher mit Korken im Mund üben. Anschließend – ohne Korken – gibt es oft Erfolgserlebnisse.

Laufdiktat

Ein Laufdiktat im Unterricht funktioniert folgendermaßen:
1. Kopieren Sie einen (nicht zu langen) Text so groß, dass er gut lesbar ist.
2. Lesen Sie den Text einmal vor.
3. Hängen Sie den Text an vier bis fünf verschiedenen Stellen im Klassenraum auf.
4. Die TN gehen zu dem Text, versuchen sich einen Satz zu merken, gehen zurück an ihren Platz und schreiben auf, was Sie behalten haben. Wenn sie nicht mehr weiterwissen, stehen Sie wieder auf und gehen zum Text.
5. Wenn sie fertig sind, überprüfen sie noch einmal, ob sie alles richtig geschrieben haben.

Hinweis:
Die TN dürfen nicht immer an den gleichen Platz gehen, sondern müssen zwischen den verschiedenen Plätzen, an denen die Texte hängen, wechseln. Es ist ein großer Unterschied, wie weit die Entfernung zwischen Lesen und Aufschreiben ist.

Alle Diktate im Übungsteil können Sie auch als Laufdiktate verwenden. Sie brauchen Sie nur aus dem Lösungsteil zu kopieren und zu vergrößern.

Laufdiktate trainieren das Einzelwortlernen. Sie üben das genaue Hinsehen und Behalten. Sie sind außerdem eine Übung, die Ihre TN auch alleine zu Hause mit beliebigen Texten sehr gut durchführen können.

Kim-Spiel

Beim Kim-Spiel gibt es eine Liste von 10 bis 20 Wörtern, die gelernt werden sollen. Die TN dürfen die Liste eine bestimmte Zeit (ca. 30 Sekunden bis 2 Minuten) ansehen. Anschließend sollen sie möglichst viele der Wörter aus dem Gedächtnis aufschreiben.
Auch Kim-Spiele trainieren das Einzelwortlernen. Es empfiehlt sich die Wörter nicht beliebig zusammenzustellen, sondern zu einem bestimmten Thema zu sammeln (z.B. Wörter mit Doppelvokal). Gut geeignet sind Wörter, die sich den Rechtschreibregeln entziehen und ohnehin extra gelernt werden müssen.

Partnerdikat mit Wörtern aus der Lektion

☛ Beispiel S. 34, Blanko-Vorlage S. 166

Sie finden im Übungsteil öfter die Anweisung für die TN: „Machen Sie eine Liste mit zehn Lernwörtern aus der Lektion. Diktieren Sie die Wörter Ihrem Partner."
Wenn Sie dafür die Vorlage S. 166 verwenden, können Sie diese Übungsform noch etwas systematisieren und zusätzlich das Regelwissen trainieren.

Variante 1: Spalte 1 wird abgeschnitten. Hier trägt Partner A die Wörter ein, die er diktieren will. Er muss sie also auch selbst einmal schreiben. Partner B schreibt die diktierten Wörter in Spalte zwei. Anschließend werden beide Listen verglichen, Partner B schreibt falsch geschriebene Wörter noch einmal richtig in Spalte 3. In Spalte 4 wird eingetragen, ob die Schreibweise einer Regel folgt (z.B. Doppelkonsonant nach kurzen Vokal) oder eine Ausnahme darstellt. Diese Übung können Partner A und B gemeinsam machen.

Variante 2: Sie suchen selbst die Wörter aus, die Sie trainieren möchten und schreiben Sie in die Liste. Sie kopieren die Liste und lassen sie gegenseitig diktieren. Auf diese Weise können Sie auch steuern, welche Regeln Sie einüben möchten.

Quiz zum Regelwissen

☞ Kopiervorlage der Spielkarten S. 183-186

Wenn Sie mit Ihren Schülern die Aussprache- und Rechtschreibregeln geübt haben, möchten Sie dieses Regelwissen vielleicht zu einem späteren Zeitpunkt spielerisch auffrischen oder überprüfen.

Das können Sie mit unserem Quiz. Die einzelnen Kärtchen werden auf Karton kopiert und ausgeschnitten. Auf der Vorderseite steht eine Frage zu den Regeln, auf der Rückseite die Lösung.

Variante 1: Sie lassen die Aufgaben in Gruppen gemeinsam lösen.

Variante 2: Sie können ein Wettspiel machen in Vierergruppen mit Spielleiter. Der Spielleiter liest die Fragen vor. Wer die richtige Antwort weiß, bekommt die Karte. Gewonnen hat, wer am Ende die meisten Karten hat.

Hinweis:
Die Fragen sind unterschiedlich schwierig. Wählen Sie vorher aus, welche Sie in Ihrer Gruppe bearbeiten wollen. Am besten probieren Sie das Quiz vorher mit Ihren KollegInnen aus.

Partner A

Sie haben eine Liste mit Familiennamen bekommen. Schreiben Sie die Namen in das Haus.

im Dachgeschoss

im zweiten Stock

im ersten Stock

im Erdgeschoss

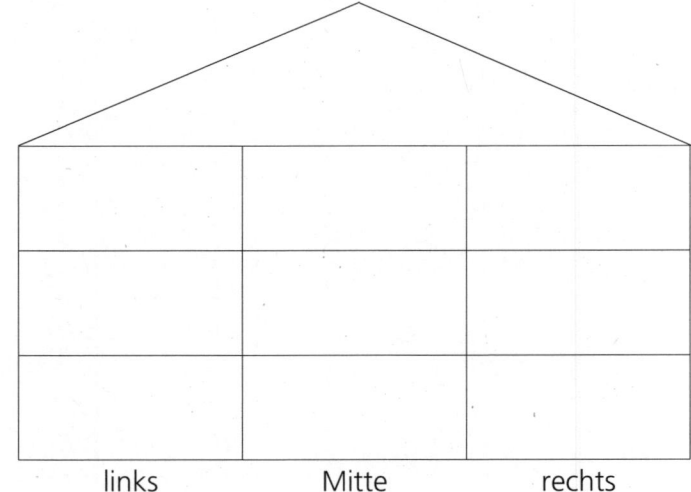

links　　　　Mitte　　　　rechts

Erklären Sie Ihrem Partner, wo die Familien wohnen.

Beispiel:　　Partner A:　Wo wohnt Familie _____?

　　　　　　　Partner B:　Familie _____ wohnt im Erdgeschoss rechts.

_____

Sie möchten wissen, wo die Familien in dem Haus von Ihrem Partner wohnen. Fragen Sie Ihren Partner. Schreiben Sie dann die Namen in das Haus.

im Dachgeschoss

im zweiten Stock

im ersten Stock

im Erdgeschoss

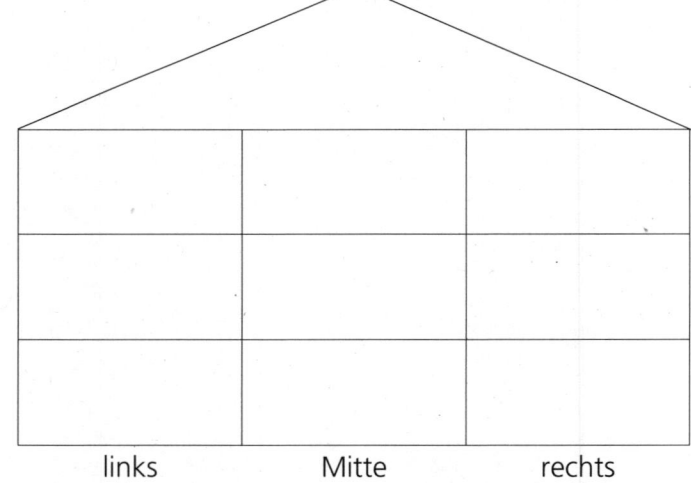

links　　　　Mitte　　　　rechts

Partner B

Sie haben eine Liste mit Familiennamen bekommen. Schreiben Sie die Namen in das Haus.

im Dachgeschoss

im zweiten Stock

im ersten Stock

im Erdgeschoss

links   Mitte   rechts

Erklären Sie Ihrem Partner, wo die Familien wohnen.

Beispiel: Partner A: Wo wohnt Familie _____?

              Partner B: Familie _____ wohnt im Erdgeschoss rechts.

Sie möchten wissen, wo die Familien in dem Haus von Ihrem Partner wohnen. Fragen Sie Ihren Partner. Schreiben Sie dann die Namen in das Haus.

im Dachgeschoss

im zweiten Stock

im ersten Stock

im Erdgeschoss

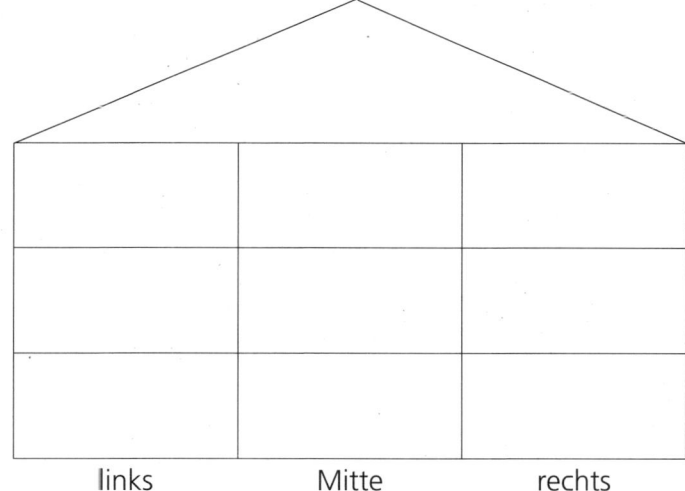

links   Mitte   rechts

Namenslisten

Für das Wechselspiel „Wo wohnt Familie...." und für das Spiel mit Namenslisten

lange und kurze Vokale	Wörter mit a, ä, e und i	Wörter mit o, ö und e	Wörter mit u, ü und i	Umlaute + Vokale
Liste 1	**Liste 1**	**Liste 1**	**Liste 1**	**Liste 1**
Mehler	Bahlmann	Keller	Biller	Müller
Meller	Ballmann	Kehler	Bieler	Mühler
Mahler	Bellmann	Koller	Buhler	Mähler
Maller	Behlmann	Kohler	Buller	Mäller
Mohler	Bählmann	Köller	Büller	Möhler
Moller	Billmann	Köhler	Bühler	Möller
Muhler	Bielmann			Mehler
Muller				Miller
Mieler				Mieler
Miller				Muhler
Liste 2	**Liste 2**	**Liste 2**	**Liste 2**	**Liste 2**
Meeler	Bällmann	Kooler	Büler	Meller
Maaler	Beelmann	Keeler	Bihler	
Maler	Baalmann	Koler	Buler	
Mooler	Balmann	Köler		
Muler				
Moler				

Diphtonge + Vokale	Wörter mit ch, k, sch und tsch	Wörter mit t, s, z und tz	Wörter mit f, v, w, p und pf	Wörter mit st und sp
Liste 1	**Liste 1**	**Liste 1**	**Liste 1**	**Liste 1**
Mailer	Nichtig	Zausel	Waber	Stil-Stein
Mauler	Nichtisch	Zauzel	Wafer	Spiel-Stein
Mäuler	Nischtisch	Sausel	Wawer	Schiel-Stein
Mahler	Niktig	Tausel	Wapfer	Stil-Spein
Mohler	Nichtik	Tauzel	Faber	Stil-Schein
Miller	Nischtig	Zautel	Pfaber	Spiel-Schein
Mieler	Nischtik	Sautzel	Pfafer	Spiel-Spein
Mäller	Niktisch		Pfawer	Schiel-Schein
Mähler	Niktik		Fawer	Schiel-Spein
	Nitschtig		Baber	
			Bafer	
Liste 2	**Liste 2**	**Liste 2**		
Meyler	Nichtich	Zautzel		
Mayler	Niktich	Tsausel		
Meiler	Nitschtich	Sauzel		
Meuler	Nischtich			

Zungenbrecher

- Esel essen Nesseln nicht, Nesseln essen Esel nicht.

- In Ulm und um Ulm und um Ulm herum wachsen viele Ulmen.

- Ob er aber über Oberammergau oder aber über Unterammergau oder aber überhaupt nicht kommt, ist nicht gewiss.

- Hinter Hermann Hannes Haus hängen hundert Hemden raus, hundert Hemden hängen raus hinter Hermann Hannes Haus.

- Der Mondschein schien schon schön.

- Fischers Fritz fischt frische Fische, frische Fische fischt Fischers Fritz.

- Ein Student aus Stade stolperte mit seinen Stiefeln über einen spitzen Stein.

- Zwischen zwei Zwetschgenzweigen zwitschern zwei Zeisige.

- Der Potsdamer Postkutscher putzt den Potsdamer Postkutschkasten.

- Wir Wiener Waschweiber würden weiße Wäsche waschen, wenn wir wüssten, wo weiches Wiesenwasser wär'.

- Dreiunddreißig reitende Ritter reiten dreimal rufend ums rote Rathaus.

- Frieder klaut Flieder, Flieder klaut Frieder.

- Blaukraut bleibt Blaukraut und Brautkleid bleibt Brautkleid.

Regeln

Warum schreibt man diese Wörter so?
Gibt es dafür eine Regel?
Überlegen Sie mit Ihrem Partner.

Vergleichen Sie Ihre Liste und die Liste Ihres Partners.
Haben Sie Fehler?
Schreiben Sie falsche Wörter hier noch einmal richtig.

1. _____
2. _____
3. _____
4. _____
5. _____
6. _____
7. _____
8. _____
9. _____
10. _____

Ihr Partner diktiert Ihnen zehn Wörter: Schreiben Sie die Wörter.

1. _____
2. _____
3. _____
4. _____
5. _____
6. _____
7. _____
8. _____
9. _____
10. _____

✂ -

Wörterliste

Diktieren Sie Ihrem Partner die Wörter von dieser Liste.

1. _____
2. _____
3. _____
4. _____
5. _____
6. _____
7. _____
8. _____
9. _____
10. _____

Lösungen

Lange und kurze Vokale und Umlaute

Hören

1) 1 lahm / Lamm 2 wieder = wieder 3 wüsste / Wüste 4 den / denn 5 sucht / Sucht 6 Ofen = Ofen
7 Tränen / trennen 8 Höhle = Höhle

2) 1a Staat 2b Kelle 3a Wiesen 4b offen 5b spucken 6b Ratten 7a Beet 8b Schiff 9a Rose 10a Ruhm
11b Wellen 12a Höhle 13a fühlen 14a Tränen 15b Möller 16b Hütte

3) **lang**: ledig, die Währung, die Blume, das Boot, das Paar, die Söhne, müde, die Liebe
kurz: die Sonne, die Wand, der Schnupfen, das Wetter, sitzen, der Bäcker, der Platz, können, die Lücke,
das Geld

Lesen und sprechen

8)

	Der Vokal ist lang / kurz		Beispielwort:
1a) Vokal + *Doppelkonsonant*		X	Sonne, stellen
1b) Vokal + *zwei Konsonanten*		X	Wand, Geld
2) Vokal + *1 Konsonant + Vokal*	X		ledig, müde
3a) *Doppelvokal*	X		Beet, Boot, Paar
3b) *i + e*	X		Liebe, Miete
4) Vokal + h	X		Höhle, fühlen

9) Stuttgart, Mühlheim, Mannheim, Siegen, Wuppertal, Mittenwald, Wetzlar, Ahrensfelde,
Hagen, Düsseldorf, Rödermark, Saarbrücken, Kassel, Offenbach, Solingen, Köln, Bielefeld

11) Baalmann, Möhler, Kienmüller, Bahlmahn, Sönnke, Söhnke, Ballmann, Kinnmüller, Kinnmühler,
Möller

Dialog 1 Baalmann, Dialog 2 Söhnke, Dialog 3 Möller, Dialog 4 Kinnmühler

13) 1 Ich suche die Gästeliste für das Osterfest. 2 Wir sprechen die Sprache noch nicht perfekt. 3 In Österreich gibt es keine Küste und keine Wüste. 4 Such doch das Kuchenrezept im Kochbuch.

14) 0. der Weg (die Wege) lang 0. Ich gehe weg (-), kurz 1. der Zug (die Züge) lang 2. der Mut (mutig) lang
3. was (-) kurz 4. hin (-) kurz 5. rot (rote) lang 6. klug (klüger) lang 7. es (-) kurz

15) 1. du gibst (geben) lang 2. er hofft (hoffen) kurz 3. sie lässt (lassen) kurz 4. er hat gesucht (suchen) lang
5. rötlich (rot) lang 6. die Telefonnummer (Telefon) lang 7. die Zugfahrt (Zug) lang

16) ● Guten Tag, Herr Köhnke. Wie geht es Ihnen? ■ Guten Tag, Frau Müller. Danke, gut. Und Ihnen? ● Es
geht. Ich fühle mich nicht sehr wohl. ■ Was fehlt Ihnen denn? ● Ich bin krank. Ich habe Schnupfen
und Husten. ■ Oh, das tut mir Leid. Legen Sie sich doch ins Bett. ● Ja, das mache ich. Auf Wiedersehen. ■ Auf Wiedersehen und gute Besserung.

17) **Namen**: Mahler, Maller, Ballmann, Bahlmann, Schmitt, Schmied, Keller, Kehler, **Krankheiten**: Fieber,
Halsweh, Magenschmerzen, Rückenschmerzen, eine Erkältung, Kopfschmerzen, Grippe, müde Beine
Ratschläge: Nehmen Sie doch Nasentropfen. Nehmen Sie doch eine Tablette. Gehen Sie doch zum
Arzt. Essen Sie nicht so fett. Rauchen Sie lieber nicht. Bleiben Sie doch im Bett. Trinken Sie Tee. Gehen Sie spazieren. Legen Sie die Beine hoch.

Richtig schreiben: kurze Vokale und Umlaute

19) Regel 1: Nach einem kurzen Vokal kommen *ein Doppelkonsonant* oder *zwei verschiedene Konsonanten*.

20) l/ll? die Wolke, bestellen, helfen, wollen, halten
s/ss? die Flüsse, fasten, maskieren, der Kessel, lassen
n/nn? senden, fünf, gewinnen, die Badewanne, winken
f/ff? hoffen, das Heft, lüften, treffen, der Kaffee
m/mm? das Zimmer, das Arbeitsamt, die Ampel, bekommen

21) Regel: Man schreibt nicht Doppel-k. Man schreibt **ck**. Man schreibt nicht Doppel-z. Man schreibt **tz**.

22) 0. bekommen, er bekommt 1. rennen, du rennst 2. bringen, du bringst 3. treffen, sie trifft 4. vergessen, er vergisst 5. der Schluss, der Schlussstrich 6. die Wand, die Wandfarbe 7. bestellen, ihr bestellt

Richtig schreiben: lange Vokale und Umlaute

23) Vokal + 1 Konsonant, Doppelvokal, i+e, Vokal + h

25) Regel 2: Nach einem einfachen langen Vokal kommt nur <u>ein</u> Konsonant.
Regel 3a (Doppelvokal): Nur diese drei Vokale kann man verdoppeln: aa, ee, oo.
Regel 3b: Ein langes i schreibt man meistens i+e.
Regel 4a (Vokal + h) *Nach einem Dehnungs-h stehen normalerweise diese 4 Konsonanten: l, m, n, r.*
Merksatz: *Lass **m**ich **n**icht **r**aten.*

26) Regel 2: die Rose, müde, ledig **Regel 3a):** der Zoo, die Waage, das Meer **3b):** sieben, die Liebe
Regel 4a): die Fahne, zehn, die Uhr, ihnen, die Höhle, der Verkehr, angenehm, bohren, ihm
Regel 4b): sparen, klar, die Qual, die Träne, die Schale

27) a/ah/aa? die Wahl, das Brautpaar, fahren, sparen, baden
e/eh/ee? der Lehrer, bequem, der Regen, die Erdbeere, leer
ih/ie? ihnen, liegen, die Biologie, der Dieb, ihr, viel
o/oh/oo? die Hose, das Ohr, das Tor, der Sohn, das Boot
u/uh? das Ruder, rufen, der Ruhm, die Kuhle, die Schule
ä/äh? wählen, die Träne, die Zähne, später, der Käse
ö/öh? verwöhnen, die Töne, die Söhne, schön, lösen
ü/üh? die Rübe, die Stühle, die Schüler, die Bühne, die Tür

28) 1. Staat 2. Beet, Erdbeeren, Gelee 3. Boot 4. Kaffee 5. Ehepaar 6. Allee 7. Schnee 8. Haare 9. Mittelmeer 10. Zoo

29) 0. ge-hen (silbentrennendes h) 0. neh-men (Dehnungs-h) 1. zie-hen (silbentrennendes h) 2. se-hen (silbentrennendes h) 3. feh-len (Dehnungs-h) 4. bezah-len (Dehnungs-h) 5. we-hen (silbentrennendes h) 6. stehlen (Dehnungs-h) 7. fah-ren (Dehnungs-h)

30) 1. Meer, mehr 2. Teilnahme, Familienname 3. mahlen, malen 4. Mahlzeit 5. wieder, widersprechen 6. Wagen 7. Lieder, Augenlider 8. Lehre 9. war, wahr 10. Bundestagswahl 11. Uhr, Urgroßvater, uralt

Richtig schreiben – lange und kurze Vokale und Umlaute

31) Die Mutter muss zum Ar**z**t gehen, weil ihr Rü**ck**en schmer**z**t. Bevor sie geht, sagt sie ihren Kindern, was sie tun sollen: „Ei**k**e, kannst du bitte den Ha**k**en im Arbeits**z**immer befestigen und dann Hol**z** ha**ck**en und einhei**z**en. Schließ bitte auch die Dachlu**k**e und füttere die di**ck**e Ka**tz**e. Und pass bitte auf, dass dein Bruder nicht wieder auf den frisch gepu**tz**ten Boden spu**ck**t." Ei**k**e ni**ck**t.

32) Aber die Mutter ist noch nicht **zufrieden**. Sie **ermahnt ihren Sohn Otto**: „Sieh nicht so **viel** fern, **spiel lieber** ein bisschen mit deiner Schwester **Anna**. Und du Annette, **stell bitte** die **Blumen** in die Vase und **renn** nicht **wieder** den ganzen Tag auf der **Straße** herum." **Schließlich küsst** sie **alle** und geht zum **Arzt**.

33) 1. Rucksack 2. Kelle 3. wählen 4. Tränen 5. Wecker 6. Wellen 7. Haken 8. lüften 9. Währung

Wörter mit a, ä, e und i

Hören

1) 1 raten = raten, 2 Fete / fette, 3 innen = innen, 4 Fete = Fete, 5 Ratten / raten, 6 zäh = zäh, 7 Zeh = Zeh, 8 zäh / Zeh, 9 zieh / Zeh, 10 Kind / kennt, 11 wir / wer, 12 ihnen / innen

2) 1a) lahm, 2b) trennt, 3b) denn, 4a) schief, 5b) Quallen, 6a) quälen, 7b) wenn, 8b) Mitte, 9a) Beet, 10a) siezen, 11b) Väter, 12a) sägen, 13b) Segen, 14a) sehen, 15b) Bären, 16a) ziehen, 17b) älter, 18a) Welle, 19b) Pelz

3) bitter, riechen, die Fläche, das Gras, fremd, schnell, lachen, lächeln, die Dame, der Mensch, der Fisch, die Gräte, der Dreck, quälen, knacken, lehren

Lesen und sprechen

10) Regel:

	Der Vokal ist lang / kurz	Beispielwort:
1a) Vokal + *Doppelkonsonant*	x (kurz)	schlimm
1b) Vokal + *zwei Konsonanten*	x (kurz)	Kind
2) Vokal + *1 Konsonant + Vokal*	x (lang)	leben
3a) *Doppelvokal*	x (lang)	Staat
3b) *i + e*	x (lang)	Liebe
4) Vokal + *h*	x (lang)	Sahne

11) 1 Hee! Sie! – Häh? Ich? 2 Jedes Kind kennt ihn. 3 Viel Glück und viel Segen auf all deinen Wegen. 4 Hasen hassen nasse Nasen. 5 Der Neandertaler trägt einen Bärenpelz und isst Beeren und Pilze. 6 Der Esel liebt das Telefon. Er redet sieben Stunden schon. Esel essen Nesseln nicht. Nesseln essen Esel nicht.

Richtig schreiben

12) **f/ff?** der Affe, helfen, das Gift, werfen, die Waffel, verhaften, der Apfelsaft, der Griff, das Schiff, schaffen, geschafft, **t/tt?** das Wetter, die Welt, die Watte, warten, retten, **n/nn?** ändern, tanken, die Tanne, tanzen

13) **m/mm?** 1 Das ist **schlimm**. 2 Ich **schäme** mich. **l/ll?** 3 Fahr **schneller**. 4 Es ist nicht mehr so lange **hell**. 5 Das **hält** nicht. 6 Kannst du den Apfel **schälen**? 7 Kannst du bitte auch noch diesen **Teller** **spülen**? 8 Wir wanderten durch Berge und **Täler**. 9 Der Hund **bellt**. 10 Er hat ein schönes **Fell**. **n/nn?** 11 Er ist ein **Spinner**. 12 Die Regen**rinne** ist kaputt. 13 Das ist nicht **sinn**voll.

14) 1. der Saal, 2. die Waage, 3. der See, das Meer, 4. die Allee, 5. der Teer, 6. die Armee, das Heer, der Speer, 7. das Paar, 8. die Tournee, 9. das Gelee, der Aal, die Beere, 10. der Tee, der Kaffee, 11. das Beet, 12. die Seele, 13. die Idee, 14. die Fee, 15. leer

15) **a/aa/ah:** der Laden, der Saal, bezahlen, die Vorwahl, das Gras, das Schaf, wahnsinnig, das Paar, die Gabel, erfahren, die Wahrheit, **ä/äh:** während, spät, er schläft, regelmäßig, der Wähler, der Käse, die Ernährung, **e/ee/eh:** die Fee, reden, regeln, nehmen, neben, der Tee, stehlen, die Schere, der Nebel, leer, kleben.

16) ZÄHÖÖKLUZMEHHEKELLETRRIOZIKLKLÖÖZPÜKLLATTKEHLEDFDFRERIEPZIOPPZIOPPZIOPPZIOPLOOT COPZIGIWEZZFFDFDFQWEWSIEZENHGHGJJKJGHFSÄGENFTIUILAMMIHHMZEHENMLLSSÄÄSSDPZID SRTAÜSZQUZOTOOZDAZFEEKLESSALLOPSCHIEFTASPHENNEÖKLKJHMNBVCSEGENJHFAZFFDFDFQ WEZFFDFDFQWEZFFDFDFQWEZFFDFDFQWEEWDFDFQWE
1. die Kehle, 2. die Kelle, 3. das Lamm, 4. schief, 5. die Henne, 6. Zehen, 7. siezen, 8. Segen, 9. sägen, 10. zäh

19) A) 1 Mitte, 2 schief, 3 lahm, 4 Vokal, 5 Polizisten B) 1 Vater, 2 sitzen, 3 Kehle, 4 Konsonant, 5 Beet

21) 1 **Zahlen** Sie den **Käse** bitte an der **Kasse**. 2 Das **Gerät schaltet** sich automatisch ab. 3 Ich hatte den Hund **lieb**, **bis** er mich **biss**. 4 **Liebt** sie ihn? – Nein, sie **hasst** ihn. 5 Nach **vier Bier schlief** er ein. 6 Bei **Grippe** solltest du ins **Bett** gehen. 7 **Willst** du dein neues Fahrrad nicht in den **Keller stellen**? Sie werden es dir sonst **stehlen**. 8 **Schläft** er immer noch? Du musst mal an seinen **Zehen ziehen**. – Lass die **Schlaffen schlafen**. 9 Wenn man einen Baum **fällt**, **fehlt** er. 10 Beim Abschied konnten sie sich nur unter **Tränen trennen**. 11 So, **Kinder**, es ist **spät**. Darf ich euch in die **Betten bitten**? Gute Nacht.

22) Konjunktiv II oder Indikativ?
1 Ich **hätte** gerne wieder so ein Fahrrad, wie ich es vorher **hatte**. 2 Wir dachten, dass sie früher **kämen**. 3 Ich **spräche** gern mit ihm. 4 Wir **sprachen** gestern über dich. 5 Könntest du mal mit ihr **sprechen**? 6 Wir **sprächen** mit ihnen, aber sie **sprechen** nicht mit uns. 7 Wo unsere Kollegen in den Ferien **waren**, **wären** wir jetzt auch gerne. 8 Ich dachte, dass hier die neuen Bücher **lägen**. – Da **lagen** sie auch. Aber ich musste sie woanders hin**legen**. 9 Wolltest du den Text nicht bis heute **lesen**? – Ja, ich sagte, ich **läse** ihn bis heute. Aber dann **las** ich einen Krimi. 10 In der letzten Zeit **sahen** wir uns nicht sehr oft. Es wäre schön, wenn wir uns öfter **sähen**. – Ja, ich möchte dich auch bald wieder**sehen**.

Wörter mit o, ö und e

Hören

1) 1 Hölle = Hölle, 2 Söhne / Sehne, 3 Vogel / Vögel, 4 Höhle = Höhle, 5 Tochter / Töchter, 6 Höhle / Hölle, 7 Töchter = Töchter, 8 möchte / mochte, 9 helle / Hölle, 10 schön / schon

2) 1b Robbe, 2a Ofen, 3a Kehle, 4b Pollen, 5a Höhle, 6a Töne, 7b Bett, 8b Vogel, 9a Söhne, 10b lesen, 11a Öfen, 12b Meere, 13b Tochter, 14a Kölner

3) die B*o*hne, das K*o*rn, das *Ö*l, das M*e*hl, der K*o*ch, die K*ö*chin, die M*ö*hre, der Sp*e*ck, der T*o*pf, der L*ö*ffel, das M*e*sser, der B*e*sen, der D*o*sen*ö*ffner

Lesen und sprechen

6) Regel:

	Der Vokal ist lang / kurz		Beispielwort:
1a) Vokal + *Doppelkonsonant*		x	das Bett
1b) Vokal + *2 Konsonanten*		x	der Kölner
2) Vokal + *1 Konsonant + Vokal*	x		die Robe
3) *Doppelvokal*	x		das Meer
4) Vokal + *h*	x		mehr

7) ● G*u*ten T*a*g. Ich s*u*che *Ö*l. ■ *Ö*l? G*i*bt's n*i*cht m*e*hr. ● *U*nd *i*ch m*ö*chte M*e*hl. ■ M*e*hl? *I*st leider *a*lle. ● W*o* s*i*nd M*ö*hren? ■ M*ö*hren? Ausverkauft. ● K*ö*nnen Sie m*i*r s*a*gen, w*o* D*o*sen*ö*ffner s*i*nd? ■ D*o*sen*ö*ffner? *I*rgendw*o* d*a*hinten, glaube *i*ch. ● *U*nd w*o* f*i*nde *i*ch Br*o*t. ■ Br*o*t? Ich weiß n*i*cht. Fragen Sie mal d*i*e K*o*llegin d*a*.

8) der Kart*o*ffelbrei, der S*o*cken, der K*o*chlöffel, der R*o*tkohl, die S*o*jaspr*o*ssen, das V*o*llk*o*rnbr*o*t, die B*o*hne, der H*o*nig, das S*o*nnenbl*u*men*ö*l, der W*o*dka

Richtig schreiben

9) l/ll? das Feld, die Eltern, die Welt, die Welle **n/nn?** die Sonne, können, ich konnte, das Konzert, das Konto, sondern, der Mönch, das Ende

10) f/ff? öffentlich, geöffnet, hoffentlich, öfter, der Pfeffer, **n/nn?** die Tonne, die Töne, trennen, der Onkel, **t/tt?** das Fett, das Wetter, die Kette, die Motte, nötig, **l/ll?** der Teller, der Wolf, ölig, bestellen, helfen

170

11) **Vok + Kon + Vok:** die Flöte, lesen, die Rose, die Dose, **Dehnungs-h + l m n r:** die Kehle, der Sohn, die Möhre, mehr, sehr, stehlen, das Mehl, **p t v qu sch sp+ kein Dehnungs-h:** polieren, das Tor, schön, der Ton, **Ausnahme:** der König

12) **o/oh/oo?** die Hose, doof, der Franzose, das Brot, das Ohr, die Kohle, ohne, oder, **ö/öh?** die Möhre, französisch, die Lösung, die Söhne, böse, mögen, nötig, **e/eh/ee?** der Besen, fegen, stehlen, treten, verehren, wegen, die Schere, der Teer, der Lehm, nehmen, der Tee

13) Ich war letzte **Woche** mit meinem **Sohn Otto** im **Zoo.** Ich **wollte** gerne ins **Vogelhaus,** aber er fand die **Vögel total** langweilig. **Otto wollte** zuerst zu dem **großen Löwen.** Er **wollte** ihn mit den **Möhren** füttern, die er **mitgenommen** hatte. Der **Löwe** schlief allerdings **noch** in seiner **Höhle. Mögen Löwen Möhren?** **Otto wollte** dann die **Robben** mit seinem **Brot füttern.** Aber sie **mochten** das nicht, sie **mögen wohl** nur Fisch. **Otto konnte** das nicht einsehen. Er ist ein **Trotzkopf** und er **meckerte** und **motzte** die ganze Zeit. Ich dachte, es wird ein **toller** Tag im **Zoo,** aber mit **Otto** war es mal wieder die **Hölle.**

14) GEEFFEHÖHLENODWETRAELÖZÖCKDBESENÖKETTOROBETRPSELLHHÖLLEECKRSSOPQRSTVEW XYZROBBENPPOGHTHSCHEREFFBEETZFALGMESSEROOTWEDEOFENBCDFGHJKLMNPQTONNELÖ ZÖCK

1. Besen, 2. Schere, 3. Brotmesser, 4. Holzofen, 5. Tonne, 6. Höhlen, 7. Hölle, 8. Robe, 9. Robben, 10. Beet

15) 1. das Bröt-chen 2. der Boh-nen-ein-topf, 3. der Do-sen-öff-ner, 4. der Kar-tof-fel-brei, 5. der Koch-topf, 6. das Kü-chen-mes-ser, 7. der Möh-ren-sa-lat, 8. der Rot-kohl, 9. das Voll-korn-brot

Wörter mit u, ü und i

Hören

1 1 Biene = Biene, 2 spülen / spielen, 3 spulen / spülen, 4 drücken / drucken, 5 spielen = spielen, 6 fühlen / füllen, 7 Bühne = Bühne, 8 spülen = spülen, 9 Mus = Mus, 10 Biene / Bühne, 11 muss / Mus

2 1a) siezen, 2a) Hüte, 3b) muss, 4b) füllen, 5b) Schiff, 6a) Ruhm, 7a) Bruder, 8b) spülen, 9b) lügen, 10b) Mütter, 11a) Gericht, 12b) brüllen

3 schwitzen, die Nummer, sieben, müde, schlimm, schimpfen, der Müll, der Süden, der Mut, der Kuchen, schüchtern, schwierig, die Schule, das Buch, der Schuss, schießen

Lesen und sprechen

6 Regel:

	Der Vokal ist lang / kurz		Beispielwort:
1a) Vokal + *Doppelkonsonant*		x	schlimm
1b) Vokal + *2 Konsonanten*		x	schwitzen
2) Vokal + *1 Konsonant + Vokal*	x		Bruder
3) *i + e*	x		spielen
4) Vokal + *h*	x		Ruhm
Extra-Regel: u vor ch ist in der Regel lang.			Buch

7 1 Sind Sie müde? – Ja, ich bin müde. 2 Wollen wir uns duzen oder siezen? – Ich sage lieber „du". 3 Wo sind die Bücher? – Die liegen da drüben. 4 Wie sieht denn die Küche aus? – Hier geht es ja drunter und drüber. 5 Die kleinen Brüder mussten spielen. – Der große Bruder müsste spülen. 6 Gern möchte ich einmal den Ruhm fühlen. – Lass uns ein Glas mit Rum füllen.

Richtig schreiben

8) **I/II:** still, die Pille, der Film, das Bild, die Brille, der Müll, billig, die Milch, gültig, die Hülle, die Hülse, er füllt, die Rille

9) 1 Bullen, 2 Brille, 3 Schielst, 4 Null zurückspulen, 5 Hülle, Füller, 6 brüllt, 7 Willi, Kiel, Schulferien, Nil

10) **i/ie/ih:** sieben, die Biene, der Igel, isolieren, die Maschine, explosiv, das Sieb, ihnen, das Ventil, wiegen, die Turbine, schießen, das Klima, die Kabine, die Wiese, das Motiv, viel, mies, die Medizin, ihr, die Alternative, siegen, fliegen, das Benzin, verlieren, die Schwiegermutter, kommunikativ, liefern, aktiv

11) stehlen, sehen, geschehen, sich etwas ausleihen, leihen, befehlen, fliehen

12) **Vokal + Konsonant + Vokal:** müde, der Süden, wütend, die Pute, die Tüte, **Dehnungs-h + l m n r:** die Uhr, ihm, ihnen, ihr, der Stuhl, **p, t, v, sp, qu, sch + kein Dehnungs-h:** die Schule, pulen, schwül

13) **u/uh:** die Schule, die Uhr, der Beruf, der Gruß, das Huhn, das Ufer, rufen, der Stuhl, der Betrug, sie fuhr **ü/üh:** das Gefühl, bügeln, üben, spülen, der Kühlschrank, der Führerschein, betrügen, berühmt, wütend, die Wüste **i, ie, ih:** er fliegt, lieben, ihn, das Motiv, das Lied, riechen, verlieren, der Igel, er sieht

14) 1 Die Butter ist noch im Kühlschrank. 2 Die Milch ist schlecht. Ich schütte sie weg. 3 Ach du meine Güte! Wir müssen noch unser Baby füttern! 4 Moritz schüttelt die Sprudelflasche. 5 Max war wütend. 6 Ich habe noch nie bei einer Verlosung gewonnen. Ich ziehe nur Nieten. 7 Das Fenster ist kaputt. Du musst ein neues Glas einsetzen und das Fenster kitten. 8 Ich werde eine größere Wohnung in der Stadtmitte mieten.

16) Einige Dinge mit u, ü und i, die es bei Üldi gibt: das Bier, die Birne, die Blume, die Butter, der Briefumschlag, die Büchse, das Bügelbrett, das Bügeleisen, die Bürste, die Butter, die Dickmilch, das Gemüse, das Gewürz, die Gurke, der Kuchen, das Kühlregal, die Milch, das Mus (das Apfelmus, das Pflaumenmus), die Nuss, das Radieschen, die Rübe, die Südfrucht, die Tiefkühlkost, die Tüte, die Wurst, die Zwiebel

17) 1. die Spül-bürs-te, 2. das Bü-gel-ei-sen, 3. das Bü-gel-brett, 4. die Müll-tü-te, 5. der Brief-um-schlag, 6. die Tief-kühl-kost, 7. die Süd-frucht, 8. das Ra-dies-chen, 9. Rü-cken-schmer-zen, 10. Ü-bel-keit

18) klüger, lustiger, schmutziger, gesünder, kürzer, runder, besser

19) 1. wieder 2. Wiederholungen 3. widersprechen 4. widerlich 5. Widerstand 6. Wiedervereinigung 7. das Für und Wider 8. Widerwillen 9. Auf Wiedersehen!

20) 1. spülen, 2. Biene, 3. Hütte, 4. siezen, 5. Gerücht, 6. brüllt, 7. drucken, 8. drücken

21) 1 **Mutter** steht in der **Küche** und backt einen **Kuchen.** 2 Mein **Bruder Udo** isst die **Krümel.** 3 **Uwe muss** noch seine **Füße** waschen. 4 Wird dir auch beim **Fliegen** immer **übel?** – Ja, mir wird auf **Flügen übel.** 5 Die **Miete** ist in der Stadt**mitte** nicht **billig.** 6 Wir **lieben** das **Leben hier.** 7 Wir **rudern** über den **Fluss** ans andere **Ufer.** 8 Es ist **schwül** heute. Und die **Mücken** hier. **Widerlich.** 9 Du bist ein **Biest.** 10 Der Kollege, der neben mir **sitzt, siezt** mich.

Diphthonge: Wörter mit au, ei/ai, und eu/äu

Hören

1) 1b) Reis, 2b) Ruhm, 3 b) Fohlen, 4b) Leute, 5b) mal, 6a) sausen, 7a) Maus, 8b) täuschen, 9b) aus, 10a) Reise, 11a) leiden, 12a) Geigen, 13b) wähnen, 14a) Wein, 15b) Leuchte, 16b) Sohle, 17a) scheu, 18b) Motte, 19a) Höllen, 20a) heulen, 21b) schämen, 22a) häuslich

Lesen und sprechen

2)

geschrieben:	ey	ai	äu	ei	au	eu	ay
	i ↗	i ↗	ü ↗	i ↗	u ↗	ü ↗	i ↗
gesprochen:	a	a	o	a	a	o	a

Richtig schreiben

7) 1. die Häuser (das Haus), 2. träumen (der Traum), 3. die Leute (–), 4. aufräumen (der Raum), 5. teuer (–), 6. das Feuer (–), 7. die Mäuse (die Maus), 8. der Verkäufer (verkaufen), 9. neu (–), 10. der Säufer (saufen), 11. der Läufer (laufen), 12. der Räuber (rauben), 13. die Freude (–), 14. die Zäune (der Zaun), 15. heulen (–), 16. säubern (sauber), 17 das Gebäude (bauen), 18. die Säue (die Sau), 19. verträumt (der Traum), 20. die Säure (sauer)

8) 1. Saiten, 2. Seiten, 3. Kaiser, 4. Kairo, 5. Leichen, 6. Mai, 7. Kai, 8. rein, 9. laichen. 10. Mayer mit ay, 11. Laie, 12. Hain, 13. Weise, 14. Waise, 15. bayerisches, 16. Norderney, 17. Taifun, 18. Haie, 19. Mais

10) 1. Reise, 2. Lied, 3. weise, 4. Biene, Beine, 5. Wiese, 6. Riese, 7. Leid

11) Ein trauriges Schweine-Gedicht
Trinken **Schweine** zu viel **Wein**,
dann **wähnen** sie, ein **Schwan** zu sein.
„He, **renn** doch mal ins Wasser **rein**!",
ruft **hämisch** dann der **Schwan** zum **Schwein**.
Jetzt **baden beide**.
„Obwohl ich Wasser sonst **vermeide**!"
„Du wirst dich hier nie **heimisch** fühlen",
sagt stolz der **Schwan** zum armen **Schwein**,
„Im Wasser wirst du dich verkühlen."
Der **Schwan** ist so **gemein**.
Sein **Neid** bringt unser **Schwein** in Not.
Es wartet auf ein Rettungsboot.
Am Ufer liegen **keine Kähne**. Bald ist's tot.

12) 1 Das **Gebäude** ist ganz **neu**. 2 Der **Verkäufer** macht ein **Päuschen**. 3 Der Mond **scheint** und die Sterne **leuchten**. 4 Hör auf zu **heulen**, die Wunde wird bald **heilen**. 5 Du bekommst eine **Beule**. **Beile** sind gefährlich, du darfst nicht damit spielen. 6 Die **Polizei** muss die **Leichen** den **Zeugen zeigen**. 7 Die **Maus läuft aus** dem **Haus**. 8 Die Katze **faucht**, wenn du sie in den **Teich tauchst**, denn Wasser ist ihr viel zu **feucht**. 9 Die **Eule** ist in **Eile**. Sie findet keine **Mäuse**. Jetzt frisst sie eine **Meise**. 10 Ein **Schweine-Räuber raubt** einem **Bauern** drei **Säue**. 11 Die **Scheunen scheinen** zu brennen. 12 Wir machen eine **Feier** mit einem schönen **Feuer**.

Vokaleinsatz ohne h und mit h

Hören

1) 1 Freiheit 2 helfen 3 elf 4 behalten 5 beeilen 6 ungern 7 siegst 8 gaben 9 fast

2) 1a aus 2b heiß 3b Hund 4b Hauch 5a erfahren 6a hoch oben 7b Barhocker 8b Bauherr

3) 1 Romanist, 2 Roman isst, 3 Romanist, 4 Roman isst, 5 Roman isst, 6 herüber, 7 Herr Über 8 Herr Über, 9 herüber, 10 herüber, 11 Freundin, 12 Freund in, 13 Freund in, 14 Freund in, 15 Freund in

Lesen und sprechen

8) 1 /Er /arbeitet /als Be/amter /im /Arbeits/amt. 2 Wenn die Straßen ver/eist sind, verreise /ich nicht. 3 Kannst du bitte den /Abfall/eimer hinuntertragen. 4 Worüber hat /er sich so ge/ärgert? 5 Meine Groß/eltern sind schon /ur/alt. 6 Be/eil dich! Wir müssen noch zum Hals-Nasen-/Ohren/arzt. 7 Warum sprecht /ihr nicht mehr mit/einander? 8 Hör /auf zu spielen /und komm herauf. 9 Der Sportver/ein hat /achtzig /aktive Mitglieder. 10 Die Vor/arbeiten kommen gut voran.

9) **Man muss das h sprechen**: das Haar, erhalten, der Bauernhof, das Gehirn, glaubhaft, die Behörde, heißen, die Erholung, verheiratet, die Krankheit
Man darf das h nicht sprechen: mehr, zahlen, die Fähre, er steht, der Schuh, nehmen, ihnen, das Frühstück

10) ■ 1 Wohnen Sie in einem Hochhaus? ● Nein, in einem Reihenhaus. 2 ■ Fühlen Sie sich nicht wohl? ● Nein, es ist so heiß heute. 3 ■ Ich habe mir ein sehr schönes Unterhemd gekauft. ● Aha. Wieviel hast du bezahlt? 4 ■ Woher kommt er und wohin geht er? ● Ich habe keine Ahnung. 5 ■ Verstehst du das? ● Ich verstehe nur Bahnhof.

Richtig schreiben

11) 1 Er geht **hinunter**. 2 Er geht **hin und her**. 3 Hans, **ans** Telefon bitte. 4 Wo ist **Herr Über**? Er soll **herüber** kommen. 5 Geh bitte **voran**. 6 Geh bitte **vor an** die Kasse. 7 Sind die Straßen **vereist**? 8 Sind sie **verreist**? 9 Er ist kein **Bauer,** er ist **Bauherr**. 10 In dem Schloss steht ein **barocker Barhocker**. 11 Wir **hungern ungern**. 12 Ein **Hering** trägt keinen **Ehering**.

13) IELVNK<u>BEAMTE</u>KCO<u>ABFALLEIMER</u>IEÖEPSJCEORBI<u>BAUERNHOF</u>ERCBAKKKTLECI<u>BAUHERR</u>LELS<u>PORTVEREIN</u>LEICK<u>BAROCK</u>LE<u>HOCKER</u>LMWLI<u>ERHOLEN</u>ICKD<u>HOCHHAUS</u>LEK<u>BAHNHOF</u>LONXK ENGKIEFSTENBLÄAELI
1. Hocker 2. Sportverein 3. Bahnhof 4. Bauherr 5. Bauernhof 6. Hochhaus 7. Barock 8. Beamte 9. erholen 10. Abfalleimer

Harte und weiche Konsonanten

Hören

1) 1 aßen = aßen 2 Dorf / Torf 3 weise / weiße 4 bellen = bellen 5 glauben / klauben 6 Bar = Bar 7 Wangen = Wangen 8 Waden / waten

2) 1b) Greis 2a) Bass 3a) Teich 4a) Muse 5a) reißen 6b) rauben 7a) Klinke 8b) Waden

3) 1 Daten, 2 weiße, 3 Gepäck, 4 weise, 5 Gebäck, 6 Taten

Lesen und sprechen

8)

	weich/hart			weich/hart			weich/hart
1 **B**rücke	X		2 Betrie**b**	X		3 ar**b**eiten	X
4 **g**estern	X		5 Vertra**g**	X		6 En**d**e	X
7 **d**rei	X		8 Gla**s**	X		9 en**d**lich		X
10 **S**ahne	X		11 Gel**d**	X		12 O**b**st		X

9) Regel:

b, g, d, s spricht man	weich/hart		Beispielwort
● am Wort*anfang*	X		**S**ahne, **d**rei
● am Wort*ende*		X	Betrie**b**, Gla**s**
● im Wort *vor Vokalen*	X		ar**b**eiten, En**d**e
● im Wort *vor Konsonanten*		X	en**d**lich, O**b**st

10) **hart / stimmlos:** das Lo**b**, das Glei**s**, wa**s**, er lü**g**t, we**g**, der Ber**g**, der Mun**d**, das Hem**d**, gi**b**, das Flugzeug, die Wan**d**farbe, der Herb**st**, rei**ß**en
weich / stimmhaft: **d**raußen, rei**s**en, lü**g**en, die Ar**b**eit, das Ge**b**irge, der **S**ommer, die Klei**d**er, ge**b**en, **s**ehr, **g**rau

Richtig schreiben – b/p, d/t, g/k

13) 1. die Erfolge – der Erfolg 2. die Elektroherde – der Elektroherd 3. üben – er übt 4. glauben – ihr glaubt 5. streiten – der Streit 6. milder – mild 7. härter – hart

14) b/p? Prost, die Brust, pellen, er hebt, ihr gebt, es piept, grob **d/t?** trinken, dringen, der Deich, friedlich, weit, der Held **g/k?** das Laken, klauben, die Gunst, ihr tragt, er hinkt, der Vertrag

15) 1 **Brigitte winkt** ihrem **Freund** zum **Abschied.** 2 **Gregor** nimmt den **Zug,** denn er hat **Flugangst.** 3 **Dieter,** der **Tankwart, wird abends** immer **durstig.** 4 **Petra liebt Raubtiere.** 5 Sie **hupt** und **blinkt,** aber er sieht sie nicht. 6 Der **Ober backt,** der **Opa packt.** 7 Das **geflickte Hemd fliegt** in den **Abfall.** 8 **Karsten** ist ein **erfolgreicher Börsenmakler.** 9 Er möchte den **Staubsauger** reparieren, aber er hat kein **Werkzeug.** 10 Das **Kleid** ist **hässlich,** aber es war **billig.**

16) 1. Schnaps 2. Hauptstadt 3. Schlips 4. Gipsbein 5. Herbst 6. Erbsen 7. Stöpsel 8. Krebs 9. hübsch 10. selbstständig 11. Obst

17) 1. Rat 2. seit, seid 3. versinkt 4. wird, Wirt 5. bat 6. singt 7. Rindfleisch 8. Radwege 9. fällt

18) 1. entfernt 2. endlosen 3. endlich 4. entschieden 5. entdeckt 6. endgültig 7. Endbahnhof 8. Endfassung 9. entlassen

19)

	hart/weich			hart/weich			hart/weich	
1 Esel	X		2 lassen	X		3 Straße	X	
4 Nase	X		5 nass	X		6 Fuß	X	
7 Sonne	X		8 küssen	X		9 was	X	
10 reisen	X		11 reißen	X		12 sie liest	X	

20) Regel: weiches / stimmhaftes s [z] → Man schreibt immer **s.**
hartes / stimmloses s [s] → Man schreibt **ss** oder **ß.**
Am Wortende und vor Konsonanten schreibt man manchmal auch **s.**

21) langer Vokal / Doppellaut: der Fuß, die Straße, reißen, außerdem, gießen, groß, heißen, der Blumenstrauß
kurzer Vokal: lassen, der Schluss, küssen, nass, wissen, essen, er muss, der Fluss

22) Regel (hartes / stimmloses s): Nach *langem Vokal:* → Man schreibt **ß.**
Nach *kurzem Vokal:* → Man schreibt **ss.**

23) 1 reißen 2 riesig 3 rissig 4 reisen 5 der Fleiß 6 fleißig 7 das Eis 8 eisig 9 der Fluss 10 fließen 11 flüssig 12 die Fliesen 13 das Geheimnis 14 die Geheimnisse 15 der Schluss 16 schließlich

24) Meine liebe **große** Schwester,
ich bin vor einer Woche in Hamburg angekommen. Ich habe auch schon ein **preiswertes** Zimmer gefunden. Es ist ein **bisschen hässlich** und im **Erdgeschoss** ist eine Kneipe mit lauter Musik. Aber es ist schwer etwas **Besseres** zu finden. Die Stadt ist sehr **interessant.** Es gibt einen **großen Fluss** mit einem **riesigen** Hafen und viele **Museen.** Ich habe auch schon Freunde gefunden und wir haben viel **Spaß** zusammen. Letzte Woche waren wir in den Städten **Kassel** und **Gießen.** Das Deutschsprechen ist manchmal **stressig** und es gibt einige **Missverständnisse.** Aber ich lerne ganz **fleißig.** Gestern ist etwas Dummes **passiert.** Ich habe beim **Fußball**spielen nicht richtig **aufgepasst** und bin hingefallen. Es ist nichts gebrochen, aber mein **Fuß** tut weh und ich **muss** ganz langsam gehen. Schreib mir bald und **lass** mich **wissen,** wie es dir geht. Und **vergiss** bitte nicht meine Blumen zu **gießen.** Bis bald.
Gruß und **Kuss** dein Julius

25)

Infinitiv	Präsens	Präteritum	Partizip II	Substantiv
küssen	er küsst	er küsste	geküsst	der Kuss
essen	er isst	er aß	gegessen	das Essen
schließen	er schließt	er schloss	geschlossen	das Schloss
wissen	er weiß	er wusste	gewusst	das Wissen
lesen	er liest	er las	gelesen	die Lesung
beißen	er beißt	er biss	gebissen	der Biss
gießen	er gießt	er goss	gegossen	der Guss
müssen	er muss	er musste	gemusst/müssen*	—
messen	er misst	er maß	gemessen	das Maß
lassen	er lässt	er ließ	gelassen/lassen*	[die Gelassenheit]

* Anm.: Bei den Modalverben und dem Verb „lassen" kann es beide Formen im Perfekt geben.

Wörter mit ch

Hören

1) 1 Kirche / Kirsche 2 Menschen = Menschen 3 Akt = Akt 4 Nacht / nackt 5 Männchen / Menschen 6 Becher = Becher 7 Kirche = Kirche 8 Becher / Bäcker

2) [ç]: 1 Blech, 4 fertig , 5 vielleicht, 6 Mädchen, 9 keuchen

[x]: 2 Achtung, 3 buchen, 7 Hochzeit 8 brauchen

3) 1a) Kirche 2b) Menschen 3a) Gicht 4a) dich 5b) Bäcker 6b) sickern 7a) machen 8a) tauchen 9b) waschen 10b) nackt 11a) acht 12b) Dock

Lesen und sprechen

		[ç]	[x]
8) Regel:			

● Nach dunklen Vokalen (*a,o,u*) und nach *au* spricht man *ch*:   [x] = X

● Nach hellen Vokalen (*e,i,ä,ö,ü*) und nach *eu/äu* und *ei* spricht man *ch*:   [ç] = X

● Nach Konsonanten spricht man *ch*:   [ç] = X

9) Man spricht [ç]: die Bücher, wichtig, herzlich, wöchentlich, rechts, weich, feucht, gehorchen

Man spricht [x]: einfach, die Wochenzeitung, brauchen, besuchen

10) Aachen, Aurich, Berchtesgaden, Bochum, Cochem, Eichenzell, Friedrichshafen, Gelsenkirchen, Lauchheim, Leuchtenberg, Lörrach, Lüchow, Vechta, München

12) 1 die Tochter – die Töchter, 2 die Sprache – die Sprachen, 3 der Bauch – die Bäuche, 4 der Kuchen – die Kuchen, 5 das Tuch – die Tücher, 6 die Küche – die Küchen, 7 die Nacht – die Nächte

Richtig schreiben

16) 1 Häs/chen, Mäus/chen 2 Näs/chen 3 Wäsche, Hös/chen 4 Geschichten, Dornrös/chen 5 biss/chen, Gläs/chen 6 Päus/chen

18) 1. salziger – salzig 2. die Teppiche – der Teppich 3. fleißiger – fleißig 4. ärgerlicher – ärgerlich 5. richtiger – richtig 6. freundlicher – freundlich 7. die Könige – der König

19) Gestern habe ich **italienisch** gekocht, aber alles war ganz **schrecklich.** Die Suppe war zu **salzig** und auch zu **wenig flüssig.** Der Salat war nicht **frisch** und **knackig.** Und für die Salatsauce habe ich zu viel **Essig** genommen. Die Nudeln waren **ölig**, das Fleisch nicht **saftig.** Und der **Nachtisch, Pfirsicheis** mit **Honig**, ist mir auf den **Teppich** gefallen. Ich war sehr **ärgerlich** und **unglücklich.** Aber **zufällig** ist mein Nachbar vorbeigekommen. Er ist **Koch** in einem **italienischen** Restaurant. Er hat mir geholfen. Am Ende war alles **rechtzeitig fertig.** Es schmeckte **köstlich** und es wurde **noch** ein sehr **fröhlicher** Abend.

20) 1. Taxi 2. sechs 3. die Nixe 4. Wachs 5. Achseln 6. Examen 7. flexible 8. Export 9. Sachsen 10. wechseln 11. Ex-Frau 12. Kekse 13. Praxis 14. Experte 15. Text 16. wachsen 17. exakt 18. mixen 19. Tricks

21) 1 **Erich** und **Endrik** singen in einem **Chor.** 2 Der **Chef**arzt schickt mich wegen meiner **chronischen Bronchitis** zur **Kur.** 3 Fried**rich** ist **schön** und **charmant** und hat auch einen guten **Charakter,** aber leider ist er auch ein bisschen **chaotisch** und **komisch.** 4 Kannst du bitte die **Krippe** unter den **Christ**baum stellen? 5 Gegen den **Champion** hat er keine **Chance.** 6 Wir müssen für den **Charter**flug in die **Tschechische** Republik **einchecken.** 7 Ich möchte bitte ein Pfund **Champignons**, einen **Chinakohl**, 100 Gramm **scharfe Chilischoten**, eine Tüte **Chips** und einen **Lutscher.** 8 Wenn ich im Lotto gewinne, fahre ich mit einem **Chauffeur** die Elb**chaussee** entlang und trinke jeden Tag **Champagner.** 9 Es hat soviel geregnet. Der Rasen ist ganz **matschig.** Deshalb kann das Tennis**match** leider nicht stattfinden.

Wörter mit st und sp

Hören

1. 1a) Schein 2b) Stock 3b) stützen 4a) Scherben 5b) spalten 6b) Spatz 7a) schielen 8b) Spule

Lesen und sprechen

4.

	s-/sch-			s- /sch-			s-/sch-
1 Straße	X	2	Beispiel	X	3	Post	X
4 Spannung	X	5	umsteigen	X	6	lispeln	X
7 Steuern	X	8	verstehen	X	9	Angst	X
10 Sport	X	11	gestört	X	12	lustig	X

5.

Regel	s-/sch-	Beispielwort
Am Wortanfang spricht man	X	Straße, Spannung
Nach einer Vorsilbe (an, be, ge, ver, ...) spricht man	X	umsteigen
Mitten im Wort und am *Wortende* spricht man	X	Post, lustig, lispeln

6. **s-t / s-p**: der Durst, die Besten, die Espe, räuspern, husten
sch-t / sch-p: aufstehen, bestehen, sparen, bestimmt, aufgestanden, gesperrt, der Stempel, der Spiegel, einsteigen

7. die Arbeitsstelle, der Bleistift, das Frühstück, das Gewinnspiel, die Großstadt, die Lehrstelle, der Lippenstift, das Schmuckstück, der Verkehrsstau

8. Bei den fettgedruckten Buchstaben müssen Sie *sch* sprechen.
■ Du bist so **st**ill. Hast du Ang**st**? ● Ja, vor dem Test. Be**st**immt be**st**ehen nur die Be**st**en. ■ Herr Ober, ich habe vor einer Viertel**st**unde ein **Sp**iegelei be**st**ellt. ● Ihre Be**st**ellung dauert noch ein bisschen. Der Koch ist im **Sp**ielcasino. ■ Sind Sie beruf**st**ätig? ● Ja, ich bin selb**st**ständiger **St**euerberater. ■ Glaub**st** du an Astrologie? ● Selbstver**st**ändlich. Mein **St**ernzeichen ist **St**ier. Und deins? ■ Mein **St**ernzeichen ist **St**einbock.

9. 1. E 2. D 3. J 4. H 5. C 6. I 7. F 8. A 9. B 10. K 11. G

10) Es gibt verschiedene Möglichkeiten. Zum Beispiel: 1. steigen – einsteigen – eingestiegen 2. steigen – aussteigen – ausgestiegen 3. sprechen – versprechen – versprochen 4. stellen – vorstellen – vorgestellt 5. stellen – einstellen – eingestellt. 6. stecken – einstecken – eingesteckt 7. sperren – zusperren – zugesperrt 8. spannen – aufspannen – aufgespannt 9. spielen – vorspielen – vorgespielt.

Richtig schreiben

11) 0. spielen – gespielt 0. waschen – sie wäscht 1. stehen – gestanden 2. aussteigen – ausgestiegen 3. duschen – geduscht 4. Stuhl – Bürostuhl 5. vertauschen – vertauscht 6. spielen – der Plattenspieler 7. spät – die Verspätung

12) gestehen, verstehen, geschehen, getauscht, vorstellen, geschlossen, die Verschlechterung, vermischt, der Zebrastreifen, gesperrt, erschrecken, verschönern, zerstören, das Gewinnspiel, wünschten, der Wunschtraum

13) 1 Mein Mann **frühst**ückt nach der **Früh**schicht. 2 Frau **St**einer ist **Schr**iftstellerin. 3 Er hat mir **scho**n viele **schö**ne Briefe aus **Sp**anien nach **St**uttgart ge**schi**ckt. 4 Er **schw**immt **st**ändig gegen den **Str**om. 5 Ich habe **best**immt eine **St**unde im **Herbst**sturm an der S-Bahn **St**ation auf dich gewartet. 6 Mach nicht so ein **entt**äuschtes Gesicht.

14) **Gest**ern bin ich **spät auf**gestanden. Es hat **ge**schneit. Auf den **St**raßen war alles voll **Schn**ee. Die S-Bahn ist nicht mehr gefahren. Der Bus auch nicht. Deshalb **musst**e ich nicht in die **Schu**le gehen. Ich habe den ganzen Tag mit meiner **Schw**ester **ge**spielt. Nach dem **Früh**stück sind wir im Park **sp**azieren gegangen und **Schl**itten gefahren. **Sp**äter haben wir einen **Schn**eemann gebaut. Normalerweise **str**eiten wir oft. Aber **ge**stern haben wir nicht **ge**stritten. Das war ein **lust**iger Tag. Wir haben viel **Sp**aß gehabt!

15) 1. Lippenstift 2. Lehrstelle 3. Hauptstadt 4. Bushaltestelle 5. Poststempel 6. Verkehrsstau 7. sparen 8. Sprechstundenhilfe

Wörter mit t, s, z und tz

Hören

1) 1b) Zeile 2a) reiten 3b) kurz 4a) heißt 5b) reizt 6a) pusten 7a) reißen 8b) Schutz 9a) Tasse 10a) Saum 11a) so 12b) heizen 13a) seit

2) 1 Kasten 2 putzen 3 Würste 4 Geiz 5 Katzen 6 Reis 7 pusten 8 Würze 9 Tatzen 10 Geist 11 tasten 12 Reiz

Richtig schreiben

8) lang: duzen, geizig, die Heizung
kurz: schmutzig, das Salz, ganz, plötzlich, der Blitz, die Katze, tanzen, verdutzt, der Witz, der Satz, benutzen, der Spatz

9)

Regel:	z	tz	Beispielwort:
Nach *langen Vokalen* schreibt man	X		duzen
Nach *Konsonanten* schreibt man	X		Salz
Nach *kurzen Vokalen* schreibt man		X	schmutzig

10) 1 siezen 2 der Marktplatz 3 entsetzlich 4 der Holztisch 5 die Kopfschmerzen 6 das Putzmittel 7 es blitzt 8 es reizt mich 9 sitzen 10 der Hausarzt 11 versalzen 12 die Brezel

11) **Lutz** und **Heinz reisen** mit ihrer **Katze Zausel** in die **Schweiz.** Sie **sitzen zehn** Stunden im **Zug.** Ihre **Katze verschmutzt** den **ganzen Sitzplatz** und **ritzt** mit ihren **spitzen** Krallen Löcher hinein. **Lutz zieht** seine frisch **geputzten** Schuhe aus. Durch die Socken kann man seine **Zehen sehen. Heinz** bestellt im **Zug**restaurant eine **Pizza.** Die **Pizza** ist **versalzen.** Das findet er gar nicht **witzig.** Draußen **blitzt** und donnert es. Aber in der **Schweiz** scheint die Sonne. Sie gehen **spazieren** und die **Katze** jagt **Spatzen.**

12) 1. die Geburt – die Geburtsurkunde. 2. die Hochzeit – die Hochzeitstorte 3. kurz – der Kurzschluss 4. der Aufenthalt – die Aufenthaltserlaubnis 5. die Nacht – nachts 6. das Herz – die Herzschmerzen 7. die Krankheit – die Krankheitsbescheinigung

13) 1 Das Arbeitsamt hat für ihn einen Arbeitsplatz als Übersetzer gefunden. 2 Franziska ist unkompliziert und witzig, aber auch ziemlich geizig. 3 Zieht bitte die schmutzigen Schuhe aus. Der Boden ist frisch geputzt. 4 Nachts muss ich immer Schmerzmittel nehmen. 5 Setzen Sie sich bitte auf einen Sitzplatz im Wartezimmer. Der Arzt kommt gleich. 6 Nach der Hochzeitszeremonie unterschreiben die Trauzeugen die Heiratsurkunde.

14) organisieren – die **Organisation** / funktionieren – die **Funktion** / konstruieren – die **Konstruktion** / kommunizieren – die **Kommunikation** / dirigieren – die **Direktion** / frustrieren – die **Frustration**

15) **Fritz** und **Franziska** gehen auf die **Hochzeitsparty** einer früheren **Arbeitskollegin.** Lisa, die Braut, arbeitet **jetzt** bei einer **internationalen Organisation** als **Übersetzerin.** Hans, der Bräutigam, arbeitet in einer **Zeitschriftenredaktion.** Sie haben sich vor zehn Monaten auf einem Kongress über moderne **Kommunikationsmedien** kennen gelernt. Die **Hochzeitsfeier** findet in einem großen Hotel statt. An der **Rezeption** bekommt jeder Gast eine rote Rose. **Zuerst** gibt es leckeres Essen und dann **tanzt** das Brautpaar einen **Walzer.** Später wird die Musik immer **hitziger** und die **Hochzeitsgäste** geraten ins **Schwitzen.** Als die **Hochzeitstorte,** eine ziemlich **komplizierte** dreistöckige **Konstruktion** angeschnitten wird, gibt es **plötzlich** einen **Kurzschluss** und alle Lichter gehen aus. Auch die Musikanlage **funktioniert** nicht mehr. Bis alles repariert ist, essen die Gäste ihre **Portion** von der Torte bei **Kerzen**licht. Das ist sehr romantisch. Die Party ist noch sehr **kurzweilig.**

Wörter mit f, v, w, b und pf

Hören

1) 1 Fass, 2 was, 3 Wiese, 4 bis, 5 Bass, 6 wissen, 7 fies, 8 wallen, 9 fallen, 10 Ballen

2) 1 die Zukunft, 2 der Strumpf, 3 die Pfanne, 4 der Napf, 5 der Befehl, 6 die Pflanze, 7 der Affe, 8 der Apfel, 9 der Saft

3) 1 das Visum (w), 2 der Vogel (f), 3 viel (f), 4 das Klavier (w), 5 der Vulkan (w), 6 voll (f), 7 der Vater (f), 8 der Ventilator (w), 9 verkaufen (f), 10 das Universum (w), 11 der November (w), 12 brav (f)

4) 1 b) hüpfte, 2 a) fand, 3 b) Pfeile, 4 a) Zoff, 5 a) fährt, 6 b) Hopfen

Lesen und sprechen

15) Das sind internationale Wörter, die es vielleicht auch in Ihrer Sprache gibt: das Visum, das Universum, der Vulkan, der November, der Karneval, die Kurve, die Violine, das Klavier, der Kavalier, der Ventilator, die Veranda, Volt, das Verb, das Video
Das sind deutsche Wörter, die es in Ihrer Sprache wahrscheinlich nicht gibt: der Vogel, der Verkehr, das Vieh, vier, viel, vielleicht, von, vorn, vorher, verkaufen, vortanzen

16) **v wie f:** brav, vier, aktiv, passiv, der Verkehr, der Vetter, verkaufen, das Vieh, viel, der Vogel, voll,
v wie w: das Klavier, der November, das Universum, die Vase, Volt

17) 1 V(w)egetarier essen kein V(f)ieh. 2 Der Arzt v(f)erschreibt mir V(w)itamine. 3 Für das Univ(w)ersum gibt es kein V(w)isum. 4 Am elften Nov(w)ember fängt der Karnev(w)al an. 5 Ich bin im V(w)olleyball-V(f)erein. 6 Marek holt sich einen V(w)ampir-Film aus der V(w)ideothek.

18) 1 die Wüste, 2 der Vulkan, 3 die Fabrik, 4 verdienen, 5 die Wolke, 6 der Vetter, 7 die Wirtschaft, 8 vorher, 9 brav, 10 vielleicht, 11 der Wunsch, 12 die Ferien, 13 die Kurve, 14 fangen, 15 voll, 16 fröhlich, 17 vormittags, 18 die Violine, 19 vorschlagen, 20 die Versicherung, 21 lauwarm, 22 der Kavalier

19) OIUPOSADDEIUZTÄREZTREBRAVMMVIEHNBVCCVASEMNB VCIEXDSAADSDEDFÜDEFEDVETTER ERSFDOOGHERTWSADDEBBHJKLÖPBINDENNVIEBBASERVEN TILPOIUZTREWVENTILATORHGIFJ KKLAVIERPOIUZTREVORNPOIUZAADTR EWACHDSIDOOSDEDFEDERNELRTWSADDEBBHBACHE RTWSADDEBBHFASSERTWPOIUZTRESADIDEBBHWEILEEBBHAAJKLBESENDSDSPOISADDEUZTR EDEDBÜRSTESDBEIßENDSDSADEDOOPSDQVIOLINEWI
1. Bach, 2. wach, 3. Fass, 4. Weile, 5. binden, 6. beißen, 7. Vase, 8. Federn, 9. Besen, 10. Vieh, 11. Vetter, 12. brav, 13. Bürste, 14. Ventilator, 15. Ventil, 16. Klavier, 17. Violine, 18. vorn

20) 1 Die Arbeiter dieser Fabrik verdienen zu wenig Geld. Sie fordern mehr Lohn. 2 Wir fahren in den Kurven sehr vorsichtig. 3 Über der Wüste schwebt eine kleine Wolke. 4 Der Kavalier spielt wundervoll Klavier. 5 Wer hat meine Violine versteckt? 6 Das Ventil von meinem Fahrradschlauch ist kaputt. 7 Er hat viel verloren. 8 Er versuchte zu fliegen. 9 Er fiel vom Vordach. 10 Das Video gefiel mir ganz gut. 11 Werner wurde wieder furchtbar wütend. 12 Dein Cousin ist ziemlich dick. – Ja, stimmt, mein Vetter wird immer fetter. 13 Er trank so viel, bis er vom Stuhl fiel.

21) 1 Die Bayern feiern mit Weißbier. 2 Herr Feinbein trinkt Weißwein. 3 Ich fahr' in die Bar, in der ich schon gestern war. 4 Frische Bettwäsche ist im Wandschrank. 5 Mit deinen dicken Wurstfingern kannst du nicht Klavier spielen. 6 Der Videofilm war wirklich wunderbar. 7 Der Biber hat wieder Fieber.

22) 1 die Impfung, 2 empfangen, 3 die Zukunft, 4 die Dampflokomotive, 5 vernünftig, 6 abfahren, 7 die Strümpfe, 8 die Abfahrt, 9 der Abfalleimer, 10 empfehlen, 11 der Hanf, 12 der Konflikt, 13 das Senfglas, 14 die Konferenz, 15 der Raubvogel (rauben + Vogel), 16 das Hauptfach, 17 das Pferdefleisch, 18 der Sumpf, 19 die Hoffnung, 20 der Krampf, 21 sanft

Vokalisierung des r

Hören

1) Fettgedruckte *r* müssen Sie als *r* sprechen.
der Mechaniker, studieren, das **R**egal, die Vorspeise, f**r**ühstücken, verkaufen, die Leh**r**e**r**in, e**r**raten, nervös, der Feb**r**uar, das Jahr, die Jah**r**eszeit, gestern, er fäh**r**t, fah**r**en

2) 1 Trompete / Trompeter, 2 Wunden / wundern 3 Träume = Träume, 4 Mieter = Mieter, 5 Besuche / Besucher, 6 rattern / Ratten 7 Lehre / Lehrer, 8 enden = enden

3) 1b) Mieter 2b) lieber 3a) Silbe 4a) jeder 5b) Siege 6a) lese 7b) bohnern 8a) trauern 9a) Speichen 10b) Silben 11a) eisern 12b) ändern

Lesen und sprechen

7) Hört man das *r*?

	ja/nein		ja/nein			ja/nein
1 aber	X	2 erzählen	X	3	richtig	X
4 sauber	X	5 verstecken	X	6	Traum	X
7 der	X	8 Ohr	X	9	grün	X
10 Koffer	X	11 leer	X	12	Ohren	X
13 vorlesen	X	14 Verkehr	X	15	verraten	X

8) **Grundregel:** Ein konsonantisches r spricht man vor Vokalen, Diphthongen und Umlauten.

9) **Man spricht r wie r:** ich höre, die Brille, das Büro, frei, das Gramm, der Rücken, der April
Man spricht r wie a: du hörst, das Fenster, gestern, die Mauer, das Tier, vier, vierzig, vorher

10) Fettgedruckte *r* müssen Sie als *r* sprechen.
- Ich fah**r**e morgen nach Pa**r**is.   ● Oh, du fährst nach Paris?
- Ich spa**r**e für einen Computer.   ● Du sparst für einen Computer?
- Ich hö**r**e gern irische Musik.   ● Ah, du hörst gern irische Musik?

immer meine Geldbörse verlie**r**en, mein Fahrrad repa**r**ie**r**en, meine Freundin fotog**r**afie**r**en, eine persische Vorspeise p**r**obie**r**en, die Hausaufgaben meiner Kinder kont**r**ollie**r**en, im Kurs stö**r**en

Richtig schreiben

13) 1. Ja, ich dachte, das ist viel schwerer. 2. Das dauert etwa ein Jahr. 3. Spielt deine Schwester Harfe oder Klavier? 4. Mein Opa ist Rentner. Er reist gern. Er macht eine Reise um die Erde. 5. Er wartet im Hafen auf ein Schiff. 6. Meine Oma geht lieber in die Oper. 7. Mein Vater arbeitet bei der Sparkasse. 8. Ich werde meiner Tochter ein paar Bücher vorlesen. 9. Sie liebt Geschichten mit Rittern, Pferden, Lanzen und scharfen Schwertern . 10. Wir sahen gestern einen Western im Fernsehen. 11. Er steht im Bad und rasiert seinen Bart. 12. Wir essen alle gerne Spargel. 13. Werner war lange in der Bar. 14. Sie hat ihr Kleid mit einem Messer zerschnitten. 15. Er hat sich mit einem Schraubenzieher schwer verletzt. 16. Ich habe jetzt leider keine Lust mehr. 17. Wir sind fertig.

14) 1 (ein) faul**er** Schüler (Singular) 2 faul**e** Lehrer (Plural) 3 (ein) kaputt**er** Roboter (Singular) 4 arbeitslos**e** Fischer (Plural) 5 kaputt**e** Roboter (Plural) 6 (ein) frisch**er** Fisch (Singular) 7 (ein) arbeitslos**er** Fischer (Singular) 8 faul**e** Schüler (Plural) 9 (ein) billig**er** Bäcker (Singular) 10 (ein) fleißig**er** Lehrer (Singular)

15) 1 Mein **Bekannter** spielt **Trompete**. Aber er ist kein **bekannter Trompeter**. 2 Der Kaffee ist **bitter, bitte** gib mir **Zucker**. 3 **Rainer Schneider** macht eine **Lehre**. 4 **Holger Weber** ist **Lehrer**. 5 Der **Schneider** muss die **Enden ändern**. 6 Ich bin ein **Spieler** und **spiele** mit meinem **Vermieter** um meine **Miete**.

16) 1 Ich muss noch die Daten **speichern**. 2 Für unser Chili con carne fehlen noch **Bohnen**. 3 Am Auto ist etwas kaputt, ich höre irgendetwas **rattern**. 4 Bei meinem Fahrrad fehlen zwei **Speichen**. 5 In unserem Keller leben ein paar **Ratten**. 6 Die Reinigungskraft möchten jetzt den Flur **bohnern**. 7 Die Polizei wird sich über diese **Wunden wundern**.

17) Wir fuhren gestern von unserem Urlaubsort mit dem Auto nach Hause. Als wir eine Dreiviertelstunde unterwegs waren, fing es an zu regnen und ein Sturm kam auf. Das Fahren wurde ziemlich gefährlich, weil viel Wasser auf der Straße war. Es wurde immer kälter. Wegen der Kälte fingen die Straßen an zu vereisen. Wir kamen erst nach vier Stunden, gegen Mitternacht, zu Hause an. Ich werde nie wieder mit dem Auto verreisen.

Wörter mit r und l

1) 1 Floh / froh 2 froh / Floh 3 Roben = Roben 4 spülen = spülen 5 schlecken = schlecken 6 Schrecken / schlekken 7 spüren / spülen 8 Roben / loben

2) 1a) Raub 2a) Regen 3b) lau 4a) rasten 5b) Blei 6a) Frucht 7b) schlank 8a) Kraut 9a) spüren 10b) wählen

3) 1 Kehlen, 2 lasch, 3 klagen, 4 kehren, 5 Schrot, 6 rasch, 7 Kragen, 8 Lektor, 9 Schlot, 10 fühlen, 11 Rektor, 12 führen

9) 1 Frieder klaut Flieder. 2 Liese reist nach Rügen. 3 Die Mutter rügt ihn, weil er lügt. 4 Sie legen sich im Regen an den Strand. 5 Das ist richtig leicht. 6 Sie ist ganz schlank, aber ihr Freund sieht aus wie ein Schrank. 7 Die Rinde der Linde ist rissig. 8 Die Kinder raufen und laufen dann weg. 9 In einer Schule arbeitet der Rektor, in einem Verlag der Lektor.

10) 1. Lotte liest gerne Romane. 2. Sie liebt romantische Literatur. 3. Die Hasen fressen gerne frisches Gras. 4. Im Wald leben viele Rehe. 5. Es regnet schon drei Tage lang. 6. Seid leise, die Kinder schlafen schon. 7. Der Ball ist rund.

11) 1. der Laubbaum, 2. der Raubfisch 3. der Laubfrosch 4. der Raubritter 5. der Raubvogel 6. der Laubwald

Aussprachetraining – Mundgymnastik

Übung 1
aktive Sprechwerkzeuge: die Lippen, die Zungenspitze, der Hintergaumen (damit verschließen Sie den Weg durch die Nase), der Zungenrücken, die Stimmlippen, der Unterkiefer;
passive Sprechwerkzeuge: der Vordergaumen, die Zähne

Übung 3
1 = e [e:], 2 = i [i:], 3 = a [a:], 4 = k [k], 5= t [t]

Übung 4
Mit dem Zungenrücken können Sie die Tonhöhe verändern: Wenn der Zungenrücken höher ist, ist auch der Ton höher.

Übung 6
1 = i [i:], 2 = a [a:], 3 = u [u:], 4 = f [f], 5 = b [b], 6 = sch [ʃ]

Übung 7
Verschlusslaute: t [t], k [k], b [b], d [d], g [g], p [p];
Reibelaute: s [z/s], f [f], w [v], ch [ç/x], j [j]

Übung 10
stimmhafte Laute: m [m], l [l], w [v], n [n];
stimmlose Laute: p [p], t [t], sch [ʃ], f [f]

Aussprachetraining – Lippen und Zunge bei Vokalen und Umlauten

Übung 1

Beim o kann man den Unterschied gut sehen und beim Sprechen auch gut fühlen: beim kurzen, offenen o ist der Mund weiter geöffnet als beim langen, geschlossenen o. Auch beim e, ö und ü ist der Unterschied deutlich.

Anders beim langen und kurzen i, hier ist die Zunge, d.h. die Höhe des Zungenrückens, wichtiger für den Klangunterschied.

Übung 2

Die Ausnahme ist das a! Beim langen a ist der Mund weiter geöffnet als beim kurzen a. Aber beim a ist der Klangunterschied zwischen dem langen und dem kurzen Vokal minimal und nicht wichtig. Sie brauchen ihn nicht zu üben wie bei den anderen Vokalen und Umlauten.

Übung 3

1. Beim langen ö sind die Lippen wie beim **langen o**.
2. Beim kurzen ö sind die Lippen wie beim **kurzen o**.
3. Beim langen ü sind die Lippen wie beim **langen u**.
4. Beim kurzen ü sind die Lippen wie beim **kurzen u**.
5. Beim langen ä sind die Lippen wie beim **kurzen e** und wie beim **kurzen ä**.
6. Beim kurzen ä sind die Lippen wie beim **kurzen e** und wie beim **langen ä**.

Übung 4

1. Beim langen ö ist die Zunge wie beim **langen e**.
2. Beim kurzen ö ist die Zunge wie beim **kurzen e/ä** und wie beim **langen ä**.
3. Beim langen ü ist die Zunge wie beim **langen i**.
4. Beim kurzen ü ist die Zunge wie beim **kurzen i**.
5. Beim langen ä ist die Zunge wie beim **kurzen ä** und wie beim **kurzen e**.
6. Beim kurzen ä ist die Zunge wie beim **langen ä** und wie beim **kurzen e**.

Doppelvokale	Lange Vokale	Dehnungs-*h*
Einen Doppelvokal spricht man lang. Welche Vokale kann man verdoppeln?	Es gibt drei Möglichkeiten einen langen Vokal zu schreiben. Welche?	Welche vier Konsonanten kommen normalerweise nach einem Dehnungs-*h*?
Langes *i*	**Kurze Vokale, *k* und *z***	**Wörter mit *ch***
Wie schreibt man ein langes i meistens? Geben Sie ein Beispiel.	Wie schreibt man k und z nach kurzen Vokalen? Nennen Sie je ein Beispiel.	Warum spricht man *ch* manchmal wie sch [ʃ] (Chef), manchmal wie k [k] (Chor), manchmal wie tsch [tʃ] (Chips)?
Wörter mit *sp* und *st*	**Wörter mit *r***	**Lange Vokale**
Wann spricht man *sp* wie sch-p [ʃp] und *st* wie sch-t [ʃt]?	Wann spreche ich ein *r* wie ein schwaches *a*?	Nach dem *a* in „du sagst" kommen drei Konsonanten. Trotzdem spricht man das a lang. Warum?
Lange und kurze Vokale	**Lange und kurze Vokale**	**Lange und kurze Vokale**
Welche Vokale spricht man vor *ch* normalerweise kurz, welchen Vokal spricht man vor *ch* meistens lang?	„Der Fisch" (kurzes *i*) und die „Nische" (langes *i*). Welches Wort ist die Ausnahme?	„Der Osten" (kurzes *o*) und „Ostern" (langes *o*). Welches Wort ist die Ausnahme?

Lösung: Nach einem *Dehnungs-h* stehen normalerweise die Konsonanten *l, m, n, r.* Merken kann man sich diese Regel mit dem Satz: **L**ass **m**ich **n**icht **r**aten.	**Lösung:** 1) langer Vokal + *ein* Konsonant 2a) Doppelvokal b) i-e 3) Vokal + *Dehnungs-h*	**Lösung:** Man kann nur *a, e,* und *o* verdoppeln. Die anderen Vokale und die Umlaute kann man nicht verdoppeln.
Lösung: Viele Wörter mit *ch* sind internationale Wörter aus anderen Sprachen. Dann spricht man das *ch* so wie in der Sprache, aus der das Wort kommt. z.B. Chef (französisch) Chor (griechisch) Chips (englisch)	**Lösung:** Nach kurzen Vokalen schreibt man *ck* (der Bäcker, nicken) und *tz* (sitzen, der Platz)	**Lösung:** Ein langes *i* schreibt man meistens *ie.* Beispiele: die Liebe, die Miete
Lösung: *sagst* ist eine Ableitung von *sagen.* Wenn der Vokal in der Grundform lang ist, ist er auch in Ableitungen lang.	**Lösung:** ● am Wortende in -er (aber, lieber) ● in den Vorsilben er-, her-, ver-, vor-, zer- ● in der Kombination -ern (wandern) ● nach langen Vokalen, außer a (sehr, das Meer)	**Lösung:** ● am Wortanfang (das Spiel, die Stadt) ● nach Vorsilben (das Beispiel, verstehen) ● in Wortkombinationen (die Hauptstadt)
Lösung: Ein Vokal vor *st* ist meistens kurz. *Ostern* ist die Ausnahme.	**Lösung:** Ein Vokal vor *sch* ist meistens kurz. *Nische* ist die Ausnahme.	**Lösung:** Vor ch meistens kurz: *a, e, i, o* (machen, frech, ich, der Koch) Vor *ch* meistens lang: *u* (das Buch)

Kurze Vokale	Wörter mit *s*	Harte und weiche Konsonanten
Warum steht nach dem kurzen o in er „hofft" ein Doppel-f, nach dem kurzen e in „das Heft" aber nur ein einfaches f?	Ein stimmloses *s* kann man *ss* oder *ß* schreiben. Wann schreiben Sie *ss*? Wann schreiben Sie *ß*? Nennen Sie je ein Beispiel.	Manchmal muss man die weichen Konsonanten *b,d,g* hart sprechen. Wann?
Wörter mit *r*	**Dehnungs-*h***	**Harte und weiche Konsonanten**
Das *r* spricht man manchmal wie ein schwaches a und manchmal wie *r*. Wann müssen Sie das *r* wie *r* (konsonantisch) sprechen?	Wenn *vor* einem langen Vokal bestimmte Konsonanten stehen, kommt *nach* dem langen Vokal normalerweise kein Dehnungs-*h*. Welche Konsonanten sind das?	Was versteht man unter „Auslautverhärtung"?
Lange und kurze Vokale	**Wörter mit *h***	**Lange und kurze Vokale**
„Der Mund" (kurzer Vokal) und „der Mond" (langer Vokal). Welches Wort ist die Regel, welches die Ausnahme?	Wann muss man das *h* sprechen? Wann darf man das *h* nicht sprechen?	Warum wird das e in „weg" kurz gesprochen, das e in „der Weg" aber lang?
Wörter mit *ch*	**Wörter mit *v***	**Lange und kurze Vokale**
ch kann man [x] wie in *ach* oder [ç] wie in *ich* sprechen. Nach welchen Lauten spricht man [x], nach welchen Lauten spricht man [ç]?	Den Buchstaben *v* kann man *w* [v] sprechen oder *f* [f]. Wann spricht man *w* [v], wann spricht man *f* [f]? Nennen Sie je ein Beispiel.	Warum ist die Schreibweise von *hören* eine Ausnahme?

Lösung: Man spricht *b,d,g* hart: ● am Wortende (gib, das Kind) ● am Silbenende (abfahren, endlich) ● vor Konsonanten (er trägt, das Obst)·	**Lösung:** Nach kurzen Vokalen schreibt man *ss*. Beispiel: Wasser Nach langen Vokalen schreibt man *ß*. Beispiel: Straße	**Lösung:** Nach einem kurzen Vokal stehen normalerweise ein Doppelkonsonant oder zwei verschiedene Konsonanten. (z.B. Heft). **Aber**: *hofft* kommt von *hoffen*. Wenn ein Wort in der Grundform einen Doppelkonsonanten hat, hat es auch in den Ableitungen einen Doppelkonsonanten.
Lösung: Am Wort- und Silbenende und vor Konsonanten spricht man die weichen Konsonanten *b, d, g* hart wie *p, t, k*. Das Fachwort dafür ist Auslautverhärtung.	**Lösung:** Wenn vor dem langen Vokal *p, t, v, sp, qu, sch* oder mehrere Konsonanten zusammenstehen, kommt nach dem langen Vokal normalerweise kein Dehnungs-*h*. Diese Konsonanten kann man sich mit dem Satz merken: **P**eter **t**rinkt **v**iel **sp**anischen **Qu**itten**sch**naps.	**Lösung:** Das r spricht man konsonantisch (als r): ● am Wortanfang (der Regen) ● vor Vokalen, Umlauten, Diphthongen (die Lehrerin, aufräumen) Man kann es konsonantisch sprechen: ● nach kurzen Vokalen am Wortende oder vor Konsonanten (das Dorf) ● nach einem langen *a* (die Fahrt)
Lösung: ● Man kann das Wort so verlängern, dass nach dem Konsonanten wieder ein Vokal kommt (der Weg – die Wege) ➔ Man spricht den ersten Vokal lang. ● Man kann das Wort nicht verlängern (weg) ➔ Man spricht den Vokal kurz.	**Lösung:** Man spricht das *h*: ● am Wortanfang (das Haus) ● nach Vorsilben (aufheben) ● in Wortkombinationen (das Mietshaus) Man spricht kein *h*: ● am Wortende (der Schuh) ● wenn es ein Dehnungs-*h* ist (nehmen)	**Lösung:** *Mund* ist die Regel, denn ein Vokal vor zwei Konsonanten ist normalerweise kurz. *Mond* ist die Ausnahme.
Lösung: Vor einem *r* kommt nach einem langen Vokal normalerweise ein Dehnungs-*h*.	**Lösung:** ● *v* spricht man wie *w* in internationalen Wörtern (das Visum, das Ventil) ● *v* spricht man wie *f* in deutschen Wörtern (der Vater, viel) ● *v* spricht man wie *f* in den Vorsilben ver- und vor- (verstehen, vorlesen)	**Lösung:** ● Nach *a, o, u* und *au* spricht man das *ch* [x] wie in ach. ● Nach *e, i, ä, ö, ü, eu (äu)* und Konsonanten spricht man das *ch* [ç] wie in ich.